Manuel Torres Remon

Gestión de bases de datos con
SQL Server

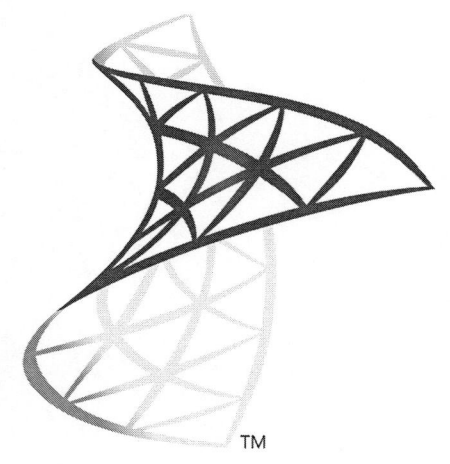
TM

Gestión de bases de datos con SQL Server

© Manuel Torres Remon

Derechos reservados © Empresa Editora Macro EIRL, Lima – Perú
Primera edición: Empresa Editora Macro EIRL, Lima – Perú, julio de 2024

Primera edición: MARCOMBO, S.L. 2026

© 2026 MARCOMBO, S.L. www.marcombo.com
Gran Via de les Corts Catalanes 594, 08007 Barcelona
Contacto: info@marcombo.com
Ilustración de cubierta: Jotaká

ISBN: 978-84-267-4099-1
D.L.: B 18026-2025
Impreso en Servicepoint
Printed in Spain

Libro ecológico
Impreso con papel procedente de bosques gestionados de manera eficiente, libre de cloro.

Manuel Torres Remon

El autor es ingeniero de Sistemas Computacionales y licenciado en Educación con especialidad en Computación e Informática. Se ha dedicado a la consultoría y docencia de cursos de tecnología desde hace 20 años y ha brindado capacitaciones en las instituciones más importantes de Lima.

Recibió formación tecnológica en el instituto Manuel Arévalo Cáceres, ubicado en el distrito de Los Olivos. Posteriormente, se graduó como ingeniero en la Universidad Privada del Norte y obtuvo su licenciatura en la Universidad Alas Peruanas. En todas estas entidades educativas adquirió una sólida formación profesional, evidenciada a lo largo de su destacada trayectoria en las diferentes instituciones en las que ha trabajado.

Actualmente se desempeña como docente de Tecnología en instituciones educativas como la Escuela Superior de Tecnología del SENATI, IEST Manuel Arévalo Cáceres y Cibertec. En todas ellas imparte cursos de Tecnología, especialmente Programación, Base de datos y Análisis de Sistemas.

Agradecimientos

Escuché alguna vez esta frase: «La lectura de un libro enriquece de conocimientos y empobrece la ignorancia». Hoy en día es difícil encontrar un libro impreso, pues son pocas las personas que llevan uno en la mano; han sido reemplazados por dispositivos móviles. Por esto mi primer agradecimiento es para usted, amigo lector, por adquirir este material en el que he invertido tanto tiempo y esfuerzo para comprobar que los códigos expuestos sean los correctos. Mil gracias por adquirir mi sacrificio.

Asimismo, deseo agradecer a la gran familia de la editorial Macro por confiar nuevamente en mi persona y poder publicar con ellos.

También las gracias a mis hijas, Ángela Victoria, Fernanda Ximena y Linda Lucero, por el sacrificio que les ha supuesto que yo me dedicara a elaborar esta obra. Ellas siempre serán la razón de todo lo que hago.

Presentación

SQL Server es un sistema integrado de gestión de base de datos que permite a las organizaciones tener el control automatizado de sus archivos. En la actualidad, una factura ya no necesita ser física porque puede ser enviada por correo electrónico. En el Perú, por ejemplo, se aprobó el uso de las imágenes como medio de sustento legal mediante las leyes 26612 y 681, considerándose a estas con el mismo valor legal que el documento original. Gracias a esto, es posible prescindir del uso de papelería y pasar a utilizar archivos digitales. En este contexto, SQL Server es especialmente útil ya que permite tener el control de los archivos, administrándolos de manera eficaz, rápida y segura.

La programación Transact SQL propone realizar procesos de manera profesional mediante scripts que se ejecutan tanto en el cliente como en el servidor; dominar estos scripts será de gran utilidad. A diferencia de los lenguajes de programación, que siembran la cultura de la programación nativa, SQL Server propone instrucciones o sentencias para obtener resultados. Transact SQL rompe ese esquema y reduce el protagonismo de los lenguajes de programación al usar estructuras entendidas en el motor de base de datos de SQL Server 2022.

Transact SQL Server 2022 tiene como objetivo principal gestionar la información almacenada en una base de datos sin delegar toda la responsabilidad de la gestión a los lenguajes de programación. Por el contrario, usa estructuras propias de estos, como IF o WHILE, para procesar reglas de negocio. Esta versión no presenta grandes cambios en el trabajo de programación en comparación con Transact SQL, de modo que, si no se tiene esta versión, aún es posible ejecutar los casos desarrollados con SQL Server 2008 o versiones posteriores.

Índice

Capítulo 3 | Gestión de tablas

Capítulo 5 | Transact SQL

Capítulo 6 | Procedimientos almacenados

Capítulo 7 | Funciones

Capítulo 8 | Cursores

Capítulo 9 | Triggers

Capítulo 1

Introducción a las bases de datos

1.1 Introducción

En la actualidad, el término *base de datos* es extensamente usado en todos los ámbitos donde se desarrolla el ser humano. No es un término relacionado en exclusiva con los ordenadores; hoy en día se considera como la única solución para el manejo de todo tipo de información, sea grande o pequeña.

Es posible afirmar que las bases de datos han logrado un nivel de usabilidad extremadamente amplio. Prueba de ello es que la información que se almacena es usada y generada tanto por seres humanos como por máquinas. Se calcula que cada día Google procesa cerca de 25 petabytes, más o menos un millón de gigabytes de datos; Facebook comparte más de 10 millones de fotografías y YouTube sube una hora de vídeo cada segundo. Esto genera un problema de sobrepoblación de información; tenemos toda la información posible, pero, sin una buena administración, esta no sirve para nada. En este sentido, es difícil encontrar un dato específico debido a la gran cantidad de información disponible. Es aquí donde entran las bases de datos, las cuales permiten tener la información de manera administrada.

Figura 1. Base de datos
Fuente: http://conceptodefinicion.de/wp-content/uploads/2014/10/basededatos.jpg

En la actualidad, las bases de datos están informatizadas y presentan una ventaja en la administración del espacio que ocupan en comparación con una base de datos física, pues la información almacenada se puede encontrar en un servidor local o en un servidor web como la nube. En ambos casos se ofrece un alto nivel de seguridad de la información por usuario, propio del sistema de gestión de base de datos. Asimismo, la información se encontrará disponible en cualquier momento desde cualquier dispositivo que se conecte a internet.

1.2 Información

1.2.1 Concepto

Existen diferentes términos relacionados con la información. En la Edad Media se definía el concepto *información* como dar forma a la materia y a la mente, lo cual da significado a muchas de las cosas, principalmente a los modelos del pensamiento humano. Aquí podría radicar la diferencia que existe entre los diferentes entes que generan información, ya que el ser humano considera la información como el significado que tienen las cosas.

Sobre esto, podemos decir que la información está formada por un grupo de datos previamente ordenados, los cuales permiten construir un mensaje con significado. En este sentido, la información permite resolver problemas en todos los ámbitos. Si hablamos de una organización, puede determinar la toma de decisiones que necesita la gerencia.

Por otro lado, en términos informáticos, la información es un conjunto de datos estrictamente organizados, los cuales pueden ser procesados para construir nueva información a través de mensajes, instrucciones, operaciones o funciones, usadas en diferentes dispositivos como el ordenador, sitios web o dispositivos móviles. La información presenta el siguiente ciclo de vida:

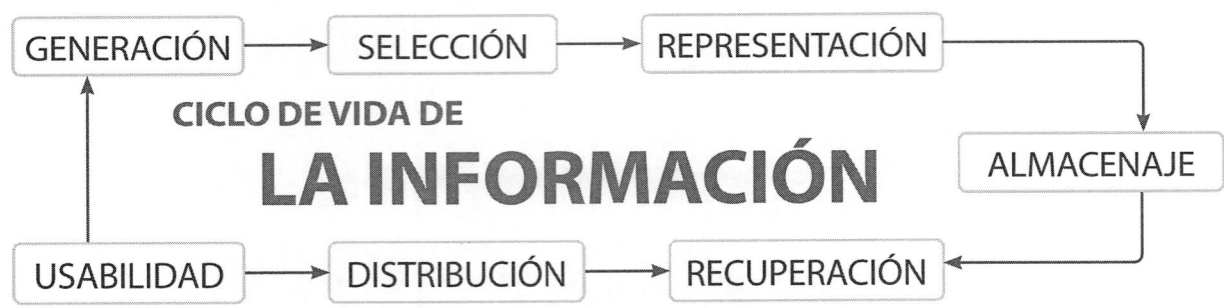

Figura 2. Ciclo de vida de la información en términos informáticos
Fuente: Elaboración propia

El ciclo comienza con la generación de información, la cual ya hemos dicho que puede ser generada tanto por seres humanos como por máquinas. La selección hace referencia a que toda esa información puede ser seleccionada a conveniencia del usuario. Por otro lado, la representación es el entendimiento que se le da a la información seleccionada y que podrá almacenarse como parte de un proceso. Podríamos decir que, una vez almacenada la información, esta se podrá recuperar de tal forma que permita una distribución filtrada y ordenada. Todos estos elementos que componen el ciclo de vida de la información trabajan en comunión para poder usar esa información en un determinado tiempo.

Finalmente, para cualquier otro tipo de ciencia, la información es considerada como un conjunto de elementos que dan significado y sentido a las cosas, como objetos y/o entidades del mundo a través de códigos y modelos.

1.2.2 Características

La información resulta muy importante para el ser humano y la sociedad. Actualmente, es usada al redactar un documento, escribir información por redes sociales, editar imágenes fotográficas y publicarlas en Facebook, o grabar un video y subirlo a YouTube. Todo tipo de información presenta las siguientes características:

a. **Exacta:** no debe presentar variaciones; al contrario, debe ser ordenada y previamente almacenada para que sea considerada exacta.

b. **Objetiva:** ha de tener una base de criterios previamente establecidos, para que cualquier usuario pueda manipularla en cualquier circunstancia y obtener resultados óptimos.

c. **Dirección:** toda información debe tener una dirección específica, como la información solicitada por una compañía de teléfonos o la información requerida en un centro de salud.

d. **Válida y veraz:** es considerada como tal cuando presenta criterios ordenados y uniformes, ya que debe medir de forma precisa el resultados de su uso.

e. **Continua:** debe mantenerse estable durante el tiempo. Puede variar por diferentes medios, como por una modificación, pero siempre deberá mantener la información a pesar de los cambios.

f. **Oportuna:** hace referencia a la capacidad de los usuarios para obtener información cuando lo necesiten, ya sea en forma textual o gráfica.

1.3 Base de datos

1.3.1 Definición

Descrita de forma general, una base de datos es una colección de datos almacenados de manera coherente y, especialmente, permanente. Estos datos pueden ser manipulados en cualquier tiempo y ser compartidos entre múltiples usuarios. Por otro lado, en informática es considerada como un conjunto de datos relacionados entre sí con un objetivo específico. Entonces, podemos decir que una base de datos proporciona acceso a los datos a todo tipo de usuarios, los cuales podrán manipular, visualizar, registrar, actualizar, eliminar y todo lo que se pueda realizar con la información proporcionada.

Finalmente, cabe mencionar que las bases de datos pueden ser de distintos tamaños y que presentan diversos grados de dificultad. Por otro lado, pueden ser almacenadas localmente, es decir, en la unidad de almacenamiento de una computadora o cualquier dispositivo. Asimismo, pueden ser distribuidas, lo cual implica que la información sea almacenada en equipos remotos y se pueda acceder a ella a través de una red.

Figura 3. Representación de la información en una base de datos
Fuente: http://www.imagensocial.es/wp-content/
uploads/2014/06/gestion_bases_datos.jpg

1.3.2 Objetivos

Independientemente de la forma como se use una base de datos, siempre contará con ventajas, ya que el uso de esta parte de la necesidad de tener la información coherente a la mano en cualquier momento. A continuación, veamos algunos objetivos que presentan las bases de datos:

a. **Independencia de la información:** toda aplicación que se desarrolle y use una base de datos lo podrá realizar mediante la política de independencia, lo cual quiere decir que cualquier aplicación podrá usar la base de datos al mismo tiempo.

b. **Coherencia en los resultados:** al recuperar información desde la base de datos esta devolverá el valor esperado, siempre y cuando se especifiquen correctamente los criterios de búsqueda.

c. **Redundancia de datos:** reduce la duplicidad de datos aprovechando al máximo el espacio en el disco y la inconsistencia de los datos.

d. **Compartir información:** esto permite que cualquier usuario autorizado tenga acceso a la información en cualquier momento.

1.4 Sistema de base de datos

Es un sistema que permite administrar de manera correcta las bases de datos y los usuarios que acceden a ella. Esta administración de datos se realiza con un sistema llamado DBMS *(Database Management System)*, lo que se traduce al español como sistema de administración de bases de datos. Este posee un conjunto de servicios que permiten gestionar los datos de una base de datos:

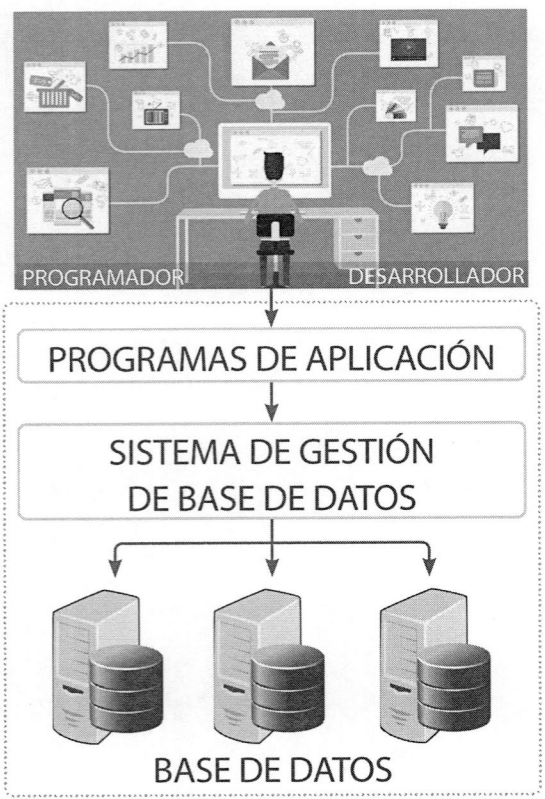

Figura 4. Sistema de base de datos
Fuente: Elaboración propia

Un sistema de administración de base de datos puede dividirse en tres subsistemas:

a. **Sistema de control de archivos:** permite almacenar la información contenida en la base de datos en un medio físico.

b. **Sistema de administración interna:** permite distribuir la información de la base de datos en un determinado orden.

c. **Sistema de administración externa:** permite mostrar la información por medio de una interfaz que permitirá al usuario interactuar con la información contenida.

A continuación, veamos los sistemas de administración de bases de datos más conocidos:

 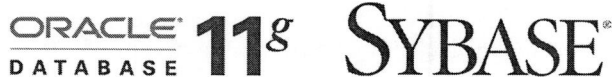

1.5 Tipos de usuarios de una base de datos

El manejo de la información de una organización no solo es responsabilidad de una persona, puesto que a cualquier individuo que tenga contacto con la base de datos se le llamará usuario. Este puede ser de los siguientes tipos:

1.5.1 DBA (administrador de base de datos)

Es el encargado de llevar a cabo todas las actividades relacionadas con la base de datos, como la implementación, la administración y el software que usará la base de datos. Una de las actividades que realiza es autorizar el acceso a las bases de datos; es el responsable del nivel de seguridad que ofrece la información de una organización. La responsabilidad del administrador de la base de datos incluye políticas y procedimientos relativos a la gestión, seguridad, mantenimiento y uso del sistema de la base de datos dentro de una organización.

1.5.2 Diseñador de base de datos

Los diseñadores de bases de datos tienen casi las mismas actividades que un administrador de base de datos, lo que podría diferenciarlos es el tema de la responsabilidad. El diseñador de la base de datos, como indica su nombre, diseña, prueba y pone en marcha la base de datos aplicando las normativas de la organización. Entre las principales tareas que realiza el diseñador de base de datos se encuentran las siguientes:

- Implementar el modelo lógico de datos que permita representar correctamente las necesidades de los usuarios finales.
- Realizar el estudio de viabilidad del proyecto de base de datos.
- Implementar las bases de datos en un sistema de gestión de datos.
- Realizar las pruebas de datos.

- Desarrollar aplicaciones que permitan mostrar la información almacenada en la base de datos a los usuarios finales.
- Realizar el mantenimiento y actualización de la estructura de una base de datos según la necesidad de los usuarios finales.

1.5.3 Usuario final

Se caracteriza por usar la información almacenada en la base de datos, muchas veces para consultar información, actualizarla o usarla en un lenguaje de programación. Se dice que las bases de datos existen gracias al uso que le dan los usuarios finales.

1.6 Representación de la información

Anteriormente hemos hablado sobre el concepto de información y su importancia en el proceso de implementación de una base de datos, pues lo que se almacena en una base de datos son justamente datos que, cuando tienen un propósito específico, son llamados información.

Entonces, un dato es cualquier valor numérico, imagen, audio, símbolo, texto, etc. que por sí solo no tiene significado. Para que los datos determinen una decisión, primero deben convertirse en información. Ahora, para que el procesador de la computadora entienda un dato, usa un lenguaje binario de unos y ceros. Entendamos que, aunque sea una imagen o un vídeo lo que se registre en la base de datos, esta debe ser convertida al lenguaje binario por algún medio. Por ejemplo, podrían utilizarse serializaciones de los lenguajes de programación.

Por otro lado, las bases de datos tienen como objetivo almacenar información, que es registrada en forma de datos para luego ser administrados como el usuario lo desee. El término *dato* proviene del latín *datum* que significa 'lo que se da'. Hay que tener en cuenta que un dato por sí solo no representa nada, solo tiene un valor significativo en un conjunto.

Finalmente, podemos decir que un dato es un valor importante en la implementación de una base de datos y que este puede estar representado de forma simbólica, ya sea mediante letras, números o símbolos.

1.6.1 Representación de la información desde el mundo real

Hemos mencionado que las bases de datos almacenan información con un objetivo específico y que la información proviene de los datos. Ahora nos preguntamos: ¿de dónde provienen los datos? Estos provienen de las entidades u objetos que se encuentran en nuestro universo. Entonces, nuestra primera labor será encontrar las entidades. Veamos el siguiente enunciado:

> La empresa CLEAN-SERVICE oferta sus productos de limpieza a partir del informe que envía el departamento de estudio de mercado de la empresa. Esta contacta telefónicamente con los posibles clientes y concierta con ellos una cita en la empresa para ofrecerles algún producto.
>
> Al llamalos se les toman sus datos personales para posteriormente realizar *mailings* de ofertas. También se guardan los datos referentes a la cita. Para todas las concertadas se debe realizar un control de acceso de las visitas que básicamente consiste en solicitar la identificación de cualquier persona que acceda al recinto. No se permitirá entrar a ninguna persona que no tenga cita previa. A las personas que tengan cita concertada se les entregará una tarjeta de entrada, la cual deberán entregar a la salida firmada por el empleado al que han visitado. Semanalmente los empleados de la empresa generan un informe detallado, a partir de los resultados obtenidos en las visitas realizadas, que se envía al departamento de marketing.

A partir del caso, primero identificaremos las entidades que componen el problema:

a. **Producto:** son los productos que produce y vende la empresa.

b. **Informe:** detalla los productos que la empresa oferta.

c. **Departamento de estudio de mercado:** es el encargado de generar el informe de los productos ofertados.

d. **Cliente:** son los posibles clientes de la empresa.

e. **Cita:** se genera a partir de una llamada telefónica.

f. **Tarjeta de entrada:** se le asigna al cliente el día de la cita.

g. **Empleado:** es la persona que atenderá los requerimientos de los clientes.

h. **Informe de resultados:** es el informe que realizarán los empleados de la empresa según las citas con los clientes.

Como se puede ver, todas las entidades encontradas tienen una descripción y un objetivo claro en el problema. A continuación, encontraremos los posibles datos que puede tener cada entidad:

ENTIDAD	DATO
Producto	Código, descripción, precio, *stock*
Informe	Número, fecha de registro
Departamento de estudio de mercado	Encargado del departamento, número de empleados a cargo
Cliente	Código, nombres, dirección, teléfono, correo electrónico
Cita	Número, fecha, hora
Tarjeta de entrada	Número, fecha, hora de entrada, hora de salida
Empleado	Código, nombres, sueldo
Informe de resultados	Fecha, número de pedidos

Si alguna entidad encontrada no contiene dato alguno, entonces no será considerada como entidad; quizás estemos frente a un dato.

1.6.2 Representación de la información desde el dominio de las ideas

Es la representación de la información que se debe almacenar en la base de datos. Se debe tener en cuenta que primero debemos definir claramente las entidades y atributos de un proceso de negocio desde el mundo real. El dominio de las ideas establece una relación entre las entidades encontradas en el mundo real y la información que se almacenará físicamente en la base de datos en forma de registro.

Figura 5. Atributos de la entidad CLIENTE
Fuente: Elaboración propia

Hay que tener en cuenta que la entidad fue determinada en la representación de la información desde el mundo real. Esta debe ser considerada en forma singular y, en el caso de los atributos, representan las características particulares de la entidad.

Veamos la relación entre las entidades y los atributos del caso expuesto anteriormente:

ENTIDAD	ATRIBUTO
PRODUCTO	IDE_PRO, DES_PRO, PRE_PRO, STO_PRO
INFORME	NUM_INF, FEC_INF
DEPARTAMENTO_MERCADO	IDE_DEP, NOM_DEP, NUM_EMP_DEP
CLIENTE	IDE_CLI, NOM_CLI, DIR_CLI, TEL_CLI, COR_CLI
CITA	NUM_CIT, FEC_CIT, HOR_CIT
TARJETA_ENTRADA	NUM_TAR, FEC_TAR, HOR_ENT_TAR, HOR_SAL_TAR
EMPLEADO	IDE_EMP, NOM_EMP, SUE_EMP
RESULTADOS	FEC_RES, NUM_PED_RES

1.6.3 Representación de la información desde los datos

La información desde los datos considera tanto el valor como su tipo de datos. Por lo tanto, los atributos encontrados en la representación anterior deberán ser especificados por medio de información real y relacionada entre sí, formando un conjunto de registros tal como se observa en la siguiente imagen:

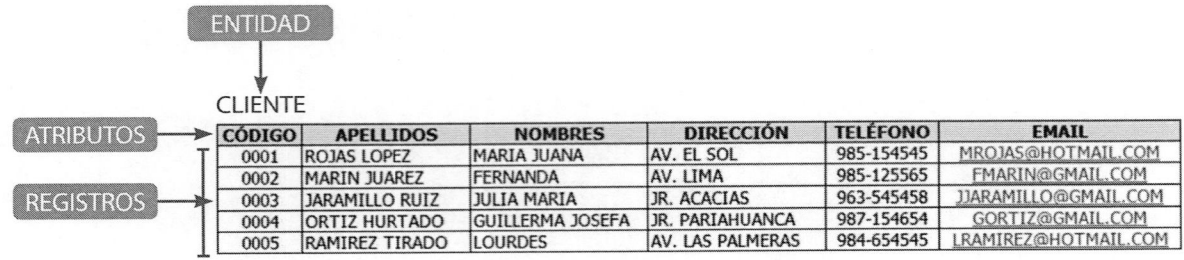

Figura 6. Representación de la información desde los datos
Fuente: Elaboración propia

Entonces, la entidad se obtiene del mundo real y los atributos se obtienen desde el dominio de las ideas. Esto forma una tabla que finalmente deberá tener información en forma de datos. En resumen, podemos decir que la entidad será conocida como tabla, los atributos como columnas o campos de una tabla y la información registrada como registro o tuplas.

1.7 Modelo entidad relación

Es un modelo que permite representar el diseño conceptual de una base de datos. A partir de un modelo E-R podremos determinar el diagrama de una base de datos en un gestor de base de datos como SQL Server.

Este modelo usa un conjunto de elementos gráficos que permiten representar la estructura general de una base de datos en forma lógica. Entre los principales requisitos para implementar un modelo de entidad relación (E-R) tenemos las entidades, los atributos y las relaciones.

1.7.1 Entidades

Una entidad es considerada como un objeto obtenido del mundo real que tiene existencia propia y que a su vez se distingue de otros objetos. Puede ser un objeto físico como un libro, producto o persona, o de existencia conceptual como la venta o robo. En el modelo E-R se representa gráficamente por un rectángulo:

CLIENTE

Existen dos tipos de entidades:

a. **Entidad fuerte:** se caracteriza por no depender de otra entidad. Asimismo, cuenta con una clave primaria. Su forma gráfica se representa por medio de un rectángulo simple.

BOLETA

b. **Entidad débil:** se caracteriza por depender de la existencia de otra entidad. La llave primaria de la entidad fuerte también será llave dentro de la entidad débil. Su representación grafica se realizar mediante un rectángulo de doble línea.

DETALLE

En la siguiente imagen podemos distinguir los tipos de entidades en una relación:

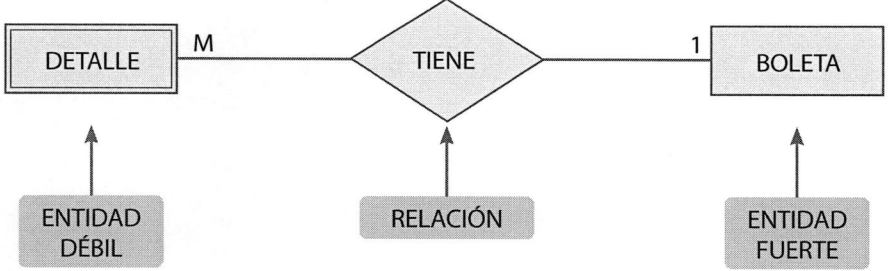

Figura 7. Relaciones entre entidades
Fuente: Elaboración propia

Podemos interpretar la relación de la siguiente manera:

- Varios detalles están asociados a una sola boleta.
- Una boleta puede tener varios detalles registrados.

Entonces, la entidad BOlETA representa a la entidad fuerte porque los valores que contiene son necesarios para la especificación de los detalles. La existencia de los detalles depende de la entidad BOLETA, porque si no existe una boleta entonces no podemos registrar sus detalles.

Ahora, veamos un ejemplo de especificación de atributos de ambas entidades en una relación:

Entidad: **Boleta**

COD_BOL	FEC_BOL
B0001	12/10/2018
B0002	13/10/2018
B0003	14/10/2018
B0004	15/10/2018

Entidad: **Detalle_Boleta**

COD_BOL	COD_PRO	DES_PRO	CAN_PRO
B0001	P001	Yogurt 1 litro	10
B0001	P002	Gaseosa ½ litro	15
B0002	P001	Azúcar blanca 1 kilo	12
B0003	P002	Caramelos variados 1 kilo	8

CAMPO CLAVE

CAMPO CLAVE (DÉBIL)

Figura 8. Representación de la información asociada
Fuente: Elaboración propia

Finalmente, podemos ver que la entidad BOLETA cuenta con un campo clave llamado cod_bol, que será también especificado en la entidad débil como campo clave, añadiéndose a su clave original de la entidad débil. Cuando hay dos campos claves en una misma entidad se le llama llave compuesta. También hay que tener en cuenta que el campo cod_bol de la entidad detalle_boleta es la clave foránea y por este medio se podrán asociar ambas entidades.

1.7.2 Atributos

Los atributos son considerados como una propiedad de una entidad y describen la estructura de la base de datos. Cuando se definan los atributos de una determinada entidad se debe pensar también en el objetivo que estos tienen dentro de la base de datos, pues podría suceder que definamos atributos que no tienen relevancia en una base de datos. Los podemos representar de varias formas, como se puede visualizar en la siguiente imagen:

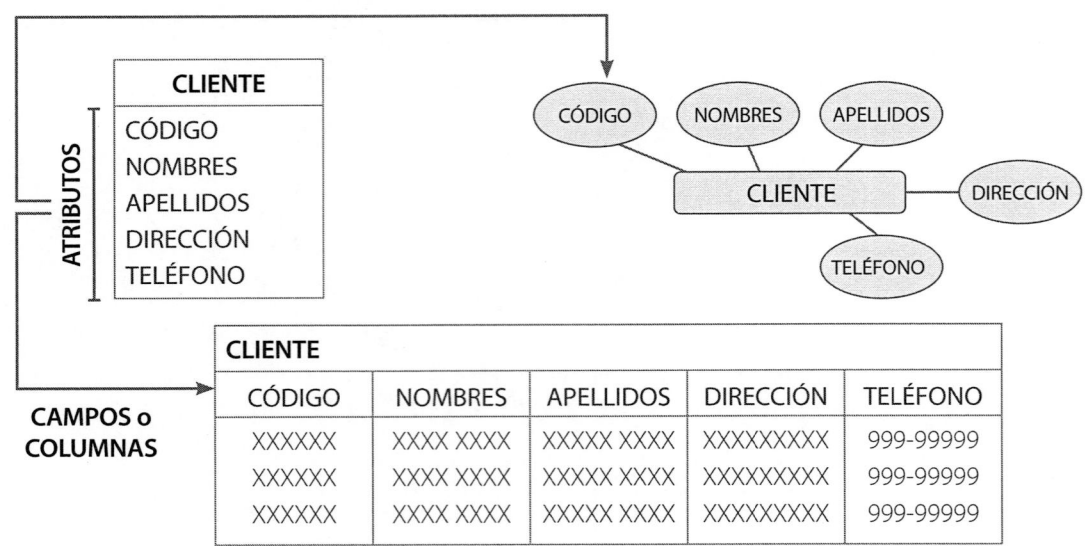

Figura 9. Atributos de una entidad
Fuente: Elaboración propia

En el diagrama entidad relación (DER) se pueden distinguir porque se especifican dentro de óvalos, mientras que en el modelo conceptual se conocen como atributos. En el esquema de base de datos de SQL Server se conocen como campos o columnas de una tabla.

Los atributos cuentan con las siguientes partes:

Figura 10. Información de una entidad
Fuente: Elaboración propia

Se le llama ocurrencias a los posibles valores que puede tener un atributo. Asimismo, debemos considerar qué valores se agregarán, debido a que en SQL Server debemos definir exactamente el tipo de datos por cada atributo. Por ejemplo, el código del cliente es de tipo cadena y solo debe almacenar cinco caracteres.

A continuación, veamos los distintos tipos de atributos dentro de la colección contenida en una entidad:

A. Simples, atómicos o monovalorados

Son valores que no tienen subdivisiones, es decir, representan a un solo valor como, por ejemplo, el estado civil de una persona.

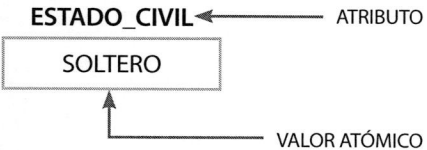

B. Compuestos o multivalorados

Son atributos que contiene más de una información en un mismo valor.

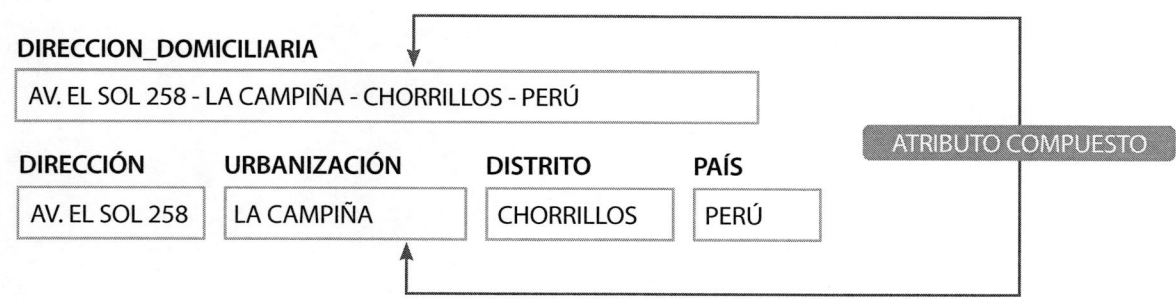

Figura 11. Representación de atributos compuestos
Fuente: Elaboración propia

Por ejemplo, en caso de registrar la dirección domiciliaria de un empleado se puede registrar en un solo atributo. Como se visualiza dentro del valor, se puede especificar dirección, urbanización, distrito y país. Lo recomendado sería generar más atributos para almacenar la información compuesta como se observa en la imagen.

C. Derivados

Son llamados también calculados, porque se obtienen a partir de otros atributos existentes como, por ejemplo, el subtotal de una venta o la edad de un empleado. En el caso del subtotal se obtiene a partir de la cantidad comprada y el precio del producto, mientras que la edad se calcula a partir de la fecha de nacimiento del estudiante.

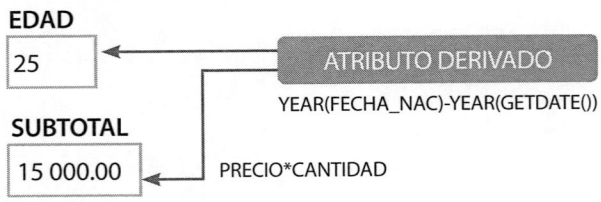

EDAD
25

ATRIBUTO DERIVADO
YEAR(FECHA_NAC)-YEAR(GETDATE())

SUBTOTAL
15 000.00
PRECIO*CANTIDAD

1.7.3 Relaciones de correspondencia

Es también conocida como cardinalidad y ocurre por el proceso de asociación entre dos entidades. Se representan en el diagrama entidad relación mediante flechas y rombos.

El concepto básico de cardinalidad es que un número de instancias de una entidad puede asociarse a un elemento de la otra entidad relacionada. Su definición se realiza especificando cardinalidades mínimas y máximas teniendo el siguiente juego de relaciones (0,1), (1,1), (0,n), (1,n), (m,n). Sin embargo, en el diseño de un diagrama de entidad relación no es necesario ser tan específico, ya que solo se puede tomar los valores máximos del juego de relaciones.

Veamos algunos tipos de relaciones:

A. Uno a uno

En una relación de entidades, uno de los registros se asocia de forma única a un solo registro de la tabla asociada. Estos casos podrían darse solo cuando la entidad tiene muchos atributos y es necesario crear una nueva entidad con los atributos sobrantes. Por ejemplo, en el caso de que se necesitara registrar los siguientes datos de los clientes:

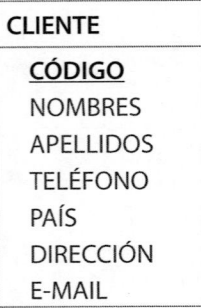

CLIENTE

__CÓDIGO__
NOMBRES
APELLIDOS
TELÉFONO
PAÍS
DIRECCIÓN
E-MAIL

Esto se observaría también en el caso de que se tomara la decisión de crear una entidad llamada DETALLE_CLIENTE. Entonces, nos encontramos en una relación uno a uno de la siguiente manera:

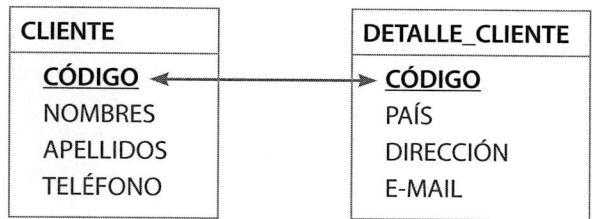

El código de la tabla CLIENTE se asocia con el código de DETALLE_CLIENTE una sola vez, ya que son detalles del cliente y le pertenecen solo a uno de ellos. En forma de registros se mostraría de la siguiente manera:

CLIENTE

CÓDIGO	NOMBRES	APELLIDOS	TELÉFONO
C0001	FERNANDA	TORRES LÁZARO	521-8956
C0002	LUZ	LÁZARO MENOR	452-5654
C0003	ÁNGELA VICTORIA	TORRES LÁZARO	362-9856

DETALLE_CLIENTE

CÓDIGO	PAÍS	DIRECCIÓN	EMAIL
C0001	PERÚ	AV. EL SOL 563	FTORRES@GMAIL.COM
C0002	ECUADOR	AV. CIUDAD CENTRAL 545	LLAZARO@GMAIL.COM
C0003	CHILE	AV. ANTOFAGASTA 3455	ATORRES@HOTMAIL.COM

Figura 12. Representación de la asociación entre entidades
Fuente: Elaboración propia

En el modelo entidad relación, las entidades CLIENTE y DETALLE_CLIENTE se graficarían de la siguiente manera:

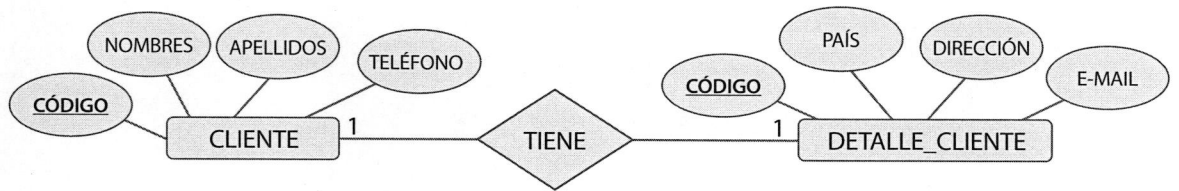

Figura 13. Relación uno a uno entre entidades
Fuente: Elaboración propia

B. Uno a muchos

En una relación de entidades, uno de los registros se asocia de forma única a muchos registros de la tabla asociada. La relación uno a muchos también se puede referenciar de forma inversa como muchos a uno.

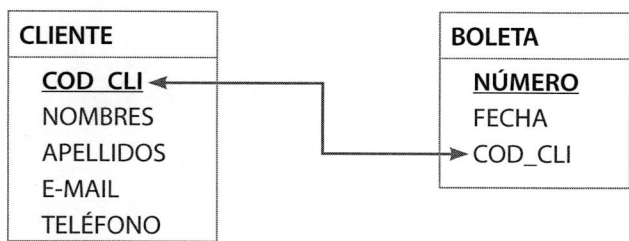

El código de la tabla CLIENTE se asocia con el código de cliente especificado en la entidad BOLETA. Entonces, se podría decir que un cliente puede tener registradas muchas boletas:

CLIENTE

COD_CLI	NOMBRES	APELLIDOS	EMAIL	TELÉFONO
C0001	FERNANDA	TORRES LÁZARO	FTORRES@HOTMAIL.COM	963-955225
C0002	LUZ	LÁZARO MENOR	LLAZARO@GMAIL.COM	985-968569
C0003	ÁNGELA	TORRES LÁZARO	ATORRES@GMAIL.COM	963-965874
C0004	MANUEL	TORRES REMÓN	MTORRES@GMAIL.COM	925-963258

BOLETA

NÚMERO	FECHA	COD_CLI
1	10/10/2018	C0002
2	10/10/2018	C0001
3	11/10/2018	C0001
4	11/10/2018	C0003

Figura 14. Relación uno a muchos entre entidades
Fuente: Elaboración propia

En la imagen podemos observar que el cliente con código C0001 tiene registradas las boletas dos y tres respectivamente. Hay que tener en cuenta que este tipo de relación cumple la cardinalidad uno a uno y, asimismo, el uno a muchos, ya que en determinado momento uno de los clientes podría registrar más boletas. En el modelo entidad relación las entidades CLIENTE y BOLETA se graficarían de la siguiente manera:

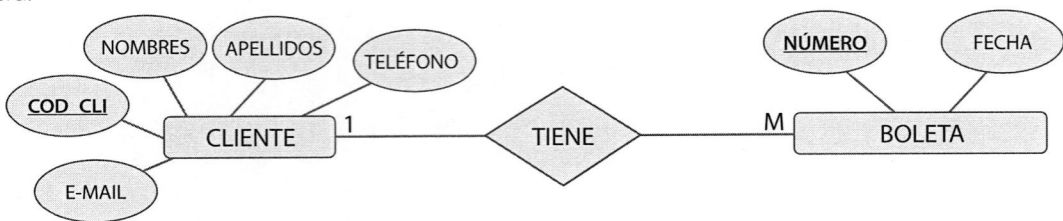

Figura 15. Relación uno a muchos entre entidades
Fuente: Elaboración propia

C. Muchos a muchos

Uno de los registros de la entidad se asocia a varios registros de otra entidad y viceversa. El tipo de relación muchos a muchos genera una nueva entidad que contiene inicialmente los campos claves de ambas entidades. Esta relación es distinta a las relaciones anteriores, puesto que físicamente no es implementable porque desglosa una nueva entidad. Por ejemplo, podría darse el caso de que varios docentes dicten un mismo curso a varios alumnos.

En el modelo entidad relación las entidades ALUMNO y DOCENTE se graficarían de la siguiente manera:

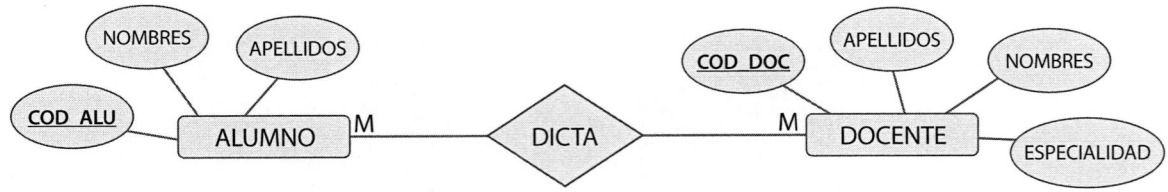

Figura 16. Relación muchos a muchos entre entidades
Fuente: Elaboración propia

La forma adecuada de representar la relación entre el docente y los alumnos es implementar una nueva entidad llamada DICTADO, tal como se muestra en la siguiente imagen:

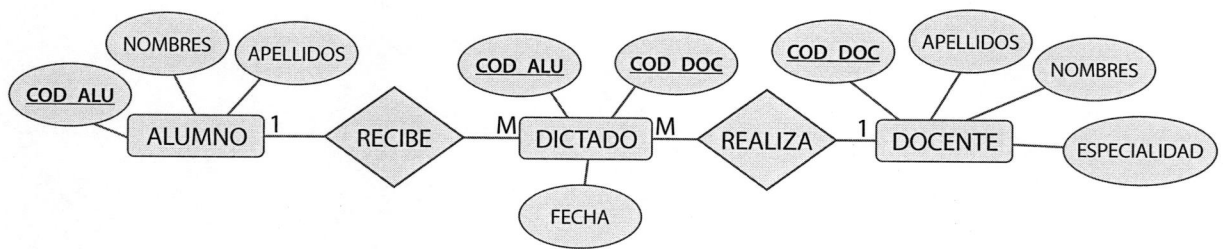

Figura 17. Representación muchos a muchos entre entidades
Fuente: Elaboración propia

La representación de los registros se muestra de la siguiente manera:

DOCENTE

COD_DOC	APELLIDOS	NOMBRES	ESPECIALIDAD
D0001	GARCÍA ROMERO	LOURDES	ANÁLISIS Y DISEÑO
D0002	HURTADO YUCRA	ANALIA	DISEÑO GRÁFICO
D0003	FIGUEROA RAMÍREZ	ROSA	PROGRAMACIÓN I

DICTADO

COD_DOC	COD_ALU	FECHA
D0001	A0001	10/5/2018
D0001	A0003	10/5/2018
D0002	A0002	11/6/2018
D0001	A0002	10/5/2018

ALUMNO

COD_ALU	APELLIDOS	NOMBRES
A0001	ALCALÁ ROJAS	JUAN PEDRO
A0002	DÍAZ LÓPEZ	GUADALUPE
A0003	DURAND FREITAS	FERNANDA
A0004	CASAS MENDOZA	DIANA
A0005	ROJAS ROJAS	GINA
A0006	PÉREZ MIRANDA	VIVIANA

Figura 18. Representación mucho a muchos entre entidades
Fuente: Elaboración propia

Tanto el código del docente como del alumno son necesarios para la implementación de la entidad DICTADO, ya que esta se comporta como una entidad débil por la dependencia que existe con otras entidades.

1.7.4 Generalización

La generalización es un proceso de abstracción que permite organizar las entidades por características comunes. Si notamos que existen entidades con atributos similares, entonces estamos frente a una generalización.

Por ejemplo, en una empresa existen tres tipos de empleados: el empleado corporativo tiene un sueldo fijo en la empresa, el empleado por comisión gana un porcentaje de comisión según las ventas que realiza y el empleado por servicio es contratado para un determinado proyecto en un determinado tiempo. Veamos la siguiente imagen que refleja la generalización de los empleados:

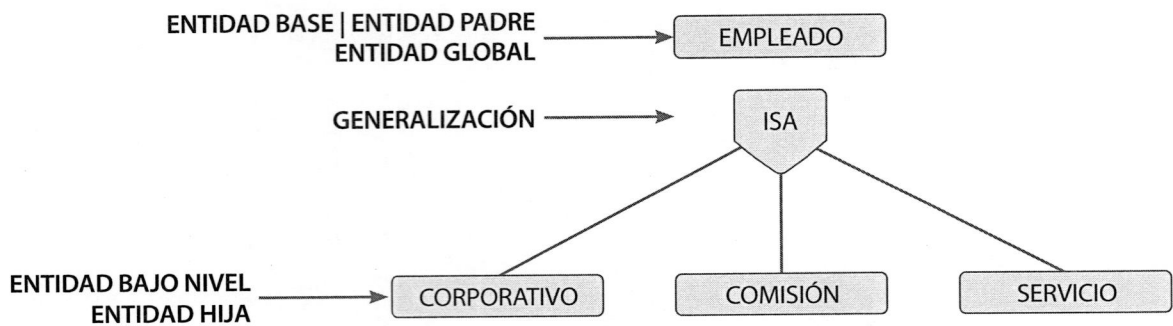

Figura 19. Representación de la generalización entre entidades
Fuente: Elaboración propia

Generalizar los empleados implica que los atributos también sufran una alteración, tal como se muestra en la siguiente imagen:

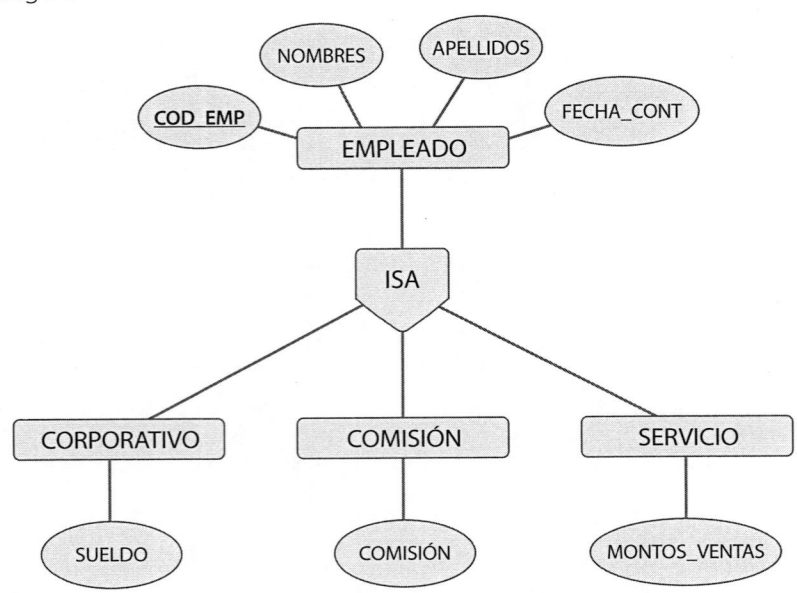

Figura 20. Representación de la generalización entre entidades
Fuente: Elaboración propia

La forma de visualizarlo con registros en cada una de las entidades sería la siguiente:

EMPLEADOS

COD_EMP	NOMBRES	APELLIDOS	FECHA_CONT
EM0001	FERNANDA XIMENA	TORRES LÁZARO	10/06/2000
EM0002	ÁNGELA VICTORIA	TORRES LÁZARO	11/05/2001
EM0003	LUZ VICTORIA	LÁZARO MENOR	25/06/2002
EM0004	TORRES REMÓN	MANUEL ÁNGEL	06/06/2003
EM0005	MENDOZA MENOR	LUCERO	20/02/2004

CORPORATIVO

COD_EMP	SUELDO
EM0004	$ 3,500.00
EMP005	$ 2,500.00

COMISIÓN

COD_EMP	COMISIÓN
EM0001	$ 250.00
EM0003	$ 360.00

SERVICIO

COD_EMP	MONTO_VENTAS
EM0002	$ 25,000.00

Figura 21. Representación de la generalización entre entidades
Fuente: Elaboración propia

La entidad EMPLEADO lista todos los datos de los empleados, mientras que las entidades de bajo nivel muestran la información que lo diferencia entre todos los empleados. Hay que tener en cuenta que las entidades generadas a partir de la generación tienen una relación de uno a uno con la entidad padre o base.

1.7.5 Agregación

Es una forma particular de relación entre entidades, pues un grupo de ellas puede formar una nueva entidad llamada entidad de alto nivel. La intención de formar una nueva entidad es que esta se asocie a otra por alguna acción particular.

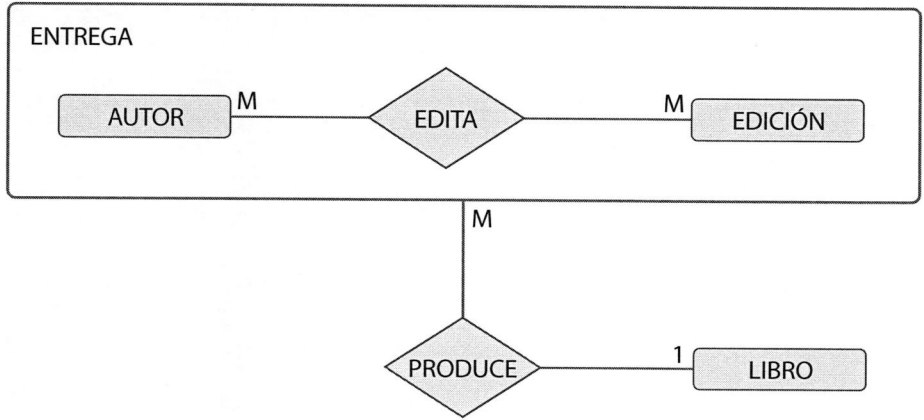

Figura 22. Representación de la agregación entre entidades
Fuente: Elaboración propia

En la imagen podemos observar que uno o más autores realizan un trabajo bibliográfico, que es entregado al área de edición para una edición del material; todo esto se realiza mediante un contrato y esto produce uno o más libros. Si no aplicáramos la regla de la agregación tendríamos un diseño similar al siguiente modelo:

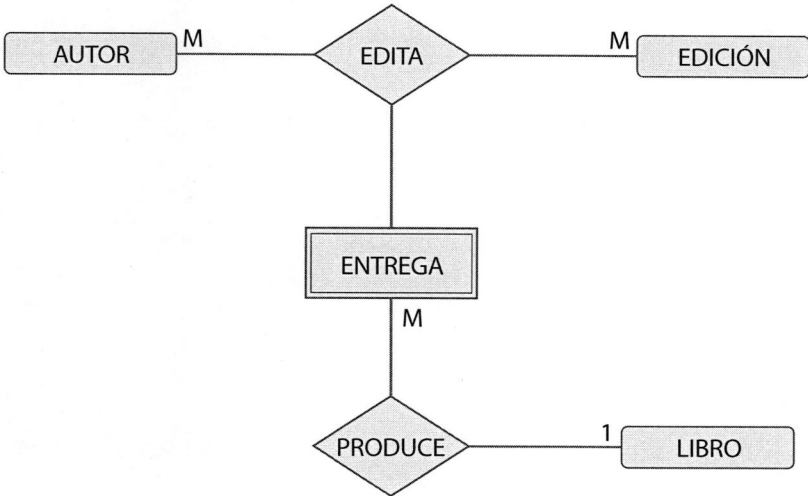

Figura 23. Representación de la Agregación entre entidades
Fuente: Elaboración propia

A nivel de registros podemos observar la siguiente imagen:

AUTOR

COD_AUT	NOMBRES	ESPECIALIDAD
A0001	JUAN COTRINA LÓPEZ	INFORMÁTICA
A0002	ANDRÉS HIJAR NARRA	GESTIÓN
A0003	JESÚS JIRAF URQUIAGA	INGENIERÍA
A0004	MILAGROS ROCA RUÍZ	INFORMÁTICA

EDICIÓN

COD_EDI	FECHA
ED0001	10/10/2018
ED0002	10/11/2018
ED0003	10/12/2018

ENTREGA

COD_AUT	COD_EDI	COD_LIB	NUM_HOJAS
A0001	ED0002	L0001	550
A0001	ED0002	L0002	350
A0003	ED0001	L0003	150

LIBRO

COD_LIB	NOMBRE	CATEGORÍA
L0001	INFORMÁTICA BÁSICA	FÍSICO
L0002	EXCEL PARA INGENIERIOS	FÍSICO
L0003	PROGRAMACIÓN	VIRTUAL

Figura 24. Representación de la agregación entre entidades
Fuente: Elaboración propia

1.8 Caso desarrollado 1: policlínico

El policlínico Jesús del Norte es una empresa dedicada a la atención médica de pacientes de diferentes especialidades. Debido a la alta demanda de pacientes, necesita tener un mejor control de la información que se genera por la atención que realizan. Por lo tanto, la tarea es organizar la información del policlínico creando una base de datos.

La base de datos debe permitir gestionar las atenciones. Para ello, se necesita registrar la información de los doctores, incluyendo identificador, nombres, apellidos, especialidad y distrito de donde proviene. Asimismo, se deben registrar los datos de las especialidades de los doctores, incluyendo su código y la descripción de la especialidad.

Además, debemos registrar los datos de los pacientes con un identificador, DNI, nombres, fecha de nacimiento, teléfono, distrito y estado civil. Se debe tener en cuenta que los estados civiles deben registrarse en una entidad separada y que el distrito debe contar con un código y una descripción.

Por otro lado, tenemos a los técnicos enfermeros encargados de la atención inicial de los pacientes, los cuales cuentan con código, nombre, categoría y distrito. La categoría debe registrarse en una entidad separada con un código que lo identifique y una descripción. Asimismo, se cuenta con recetas que son generadas por los doctores, las cuales cuentan con número, fecha de registro, indicaciones, paciente y doctor. Al contar con mucha información en la receta, se recomienda generar un detalle de la misma, el cual puede contener el número de la receta y los códigos de los medicamentos recetados.

Finalmente, con respecto a los medicamentos, se cuenta con un código, nombre, descripción, receta, vía, costo y país de procedencia. Los países deben registrarse en una entidad independiente e incluir un código y el nombre del país de procedencia del medicamento.

Solución:

1. Listado de las entidades

Doctor	Registra información de los doctores que son parte del proceso de atención de pacientes.
Especialidad	Registra las especialidades con las que pueden contar los doctores registrados.
Paciente	Registra los datos del paciente que pasa por el proceso de atención.
Receta	Registra información de las recetas que el doctor genera a partir de una atención.
Técnico_Enfermero	Registra a los técnicos enfermeros que son los encargados iniciales de la atención a pacientes.
Distrito	Registra información de los distritos a los que pertenecen los pacientes y los técnicos enfermeros.
Detalle_receta	Registra información adicional de la receta.
Medicamento	Registra información de los medicamentos que se encuentran en el área de despacho.
EstadoCivil	Registra información de los estados civiles de un paciente.
País	Registra información de los países de donde provienen los medicamentos.
Categoría	Registra información de las categorías por las que podrían pasar los técnicos enfermeros.

2. Listado de entidades y sus atributos.

Doctor	Ide_doc, nom_doc, ape_doc, ide_esp, ide_dis
Especialidad	Ide_esp, nom_esp
Paciente	Ide_pac, dni_pac, nom_pac, fna_pac, fon_pac, ide_dis, ide_est
Receta	Num_rec, fec_rec, ind_rec, ide_pac, ide_doc
Técnico_Enfermero	Ide_tec, nom_tec, ide_cat, ide_dis
Distrito	Ide_dis, nom_dis
Detalle_receta	Num_rec, ide_med
Medicamento	Ide_med, nom_med, des_med, rec_med, vid_med, cos_med, ide_pai
EstadoCivil	Ide_est, des_est
País	Ide_pai, nom_pai
Categoría	Ide_cat, des_cat

3. Diseñar el diagrama de entidad relación.

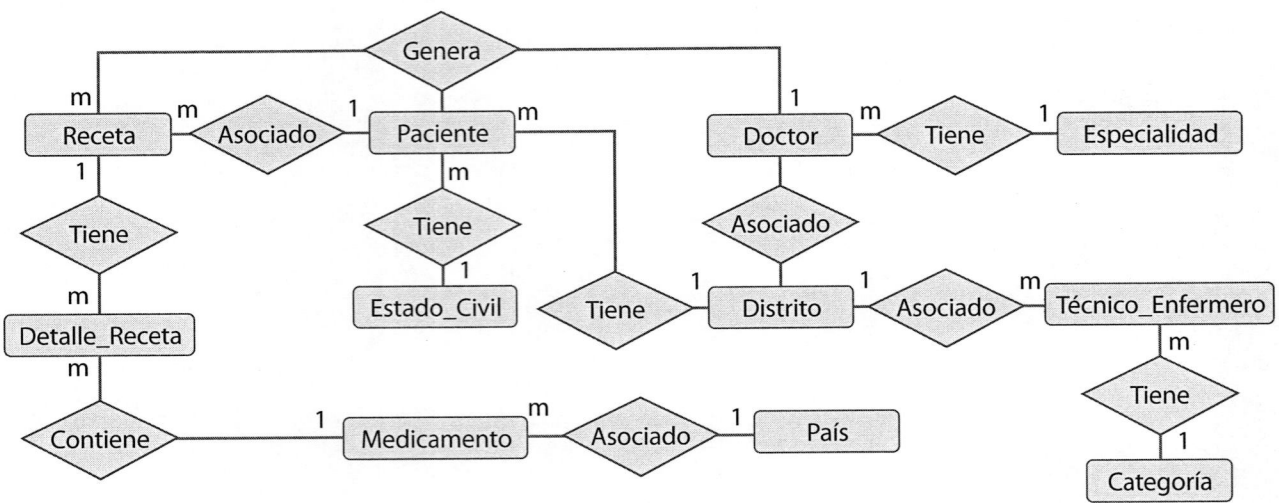

Figura 25. Diagrama entidad relación
Fuente: Elaboración propia

4. Diagrama de la base de datos en SQL Server.

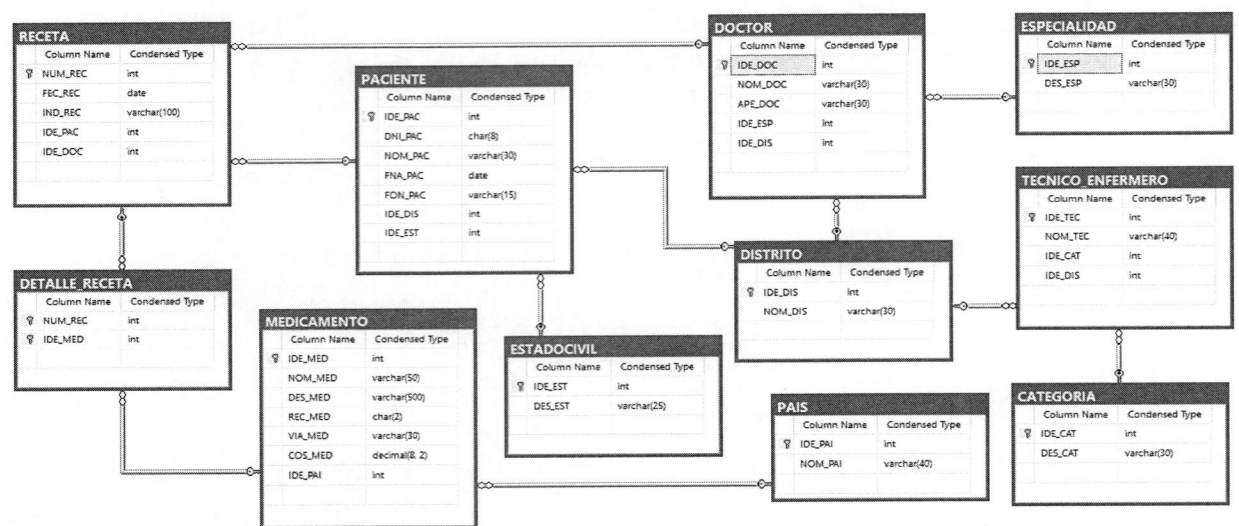

Figura 26. Modelo entidad relación
Fuente: Elaboración propia

Capítulo 2

Gestión de bases de datos

2.1 SQL server 2022

SQL server es un sistema de gestión de bases de datos relacionales diseñado por Microsoft. No solo almacena datos, sino que también implementa soluciones de comercio electrónico, soluciones para inteligencia de negocios e informes de datos.

La versión 2022 presenta un diseño mejorado que permite implementar aplicaciones eficientes para procesamientos de transacciones en línea, mejor conocido como OLTP con alta escalabilidad, mejor rendimiento y mejora en la disponibilidad. Uno de sus puntos fuertes es el avance en la seguridad, puesto que protege la información en reposo y en movimiento. Además, mantiene un nivel de integración de datos entre diferentes dispositivos, con o sin conexión.

Asimismo, el nivel de análisis permite obtener información para la toma de decisiones sin necesidad de mover los datos. Con respecto a la disposición de la información en la nube, proporciona herramientas coherentes para el manejo de la información en cualquier lugar, ya sea su centro de trabajo o su nube privada.

SQL Server tiene mucha importancia en la actualidad, pues existen millones de datos en el mundo y crecen de manera exponencial tanto por factor como por máquina. Por eso las bases de datos de SQL suelen considerarse como la columna vertebral de la arquitectura TI en una organización.

2.2 Características del SQL Server 2022

SQL Server 2022 presenta mejoras con respecto a sus antecesores. Estas se detallan a continuación.

2.2.1 Tareas críticas

SQL Server 2022, mediante la incorporación de nuevas funciones en el tratamiento de tareas críticas, mejora la flexibilidad, el rendimiento y la disponibilidad de sus procesamientos de transacciones, así como en las cargas de trabajo de almacenamiento de datos. A continuación, sus principales características:

- Permite ampliar la memoria del servidor hasta 12 terabytes. Debido a esto consigue ejecutar transacciones hasta 30 veces más rápidas y consultas hasta 100 veces más veloces.
- Mejora la multiprogramación gracias al uso de más de 640 procesadores lógicos.
- Realiza análisis operacionales en tiempo real sobre datos de transacciones.

2.2.2 Seguridad y rendimiento

SQL es la base de datos más usada en el mundo. Presenta un alto nivel de seguridad, gracias al trabajo por multicapas. Las mejoras que presenta esta versión son las siguientes:

- Posee un sistema de gestión de base de datos con menos vulnerabilidades, en comparación con otras plataformas.
- Presenta un mejorado cifrado de datos transparentes (EDT), aplicando nuevas técnicas de protección de datos almacenados y en movimiento.
- Presenta un enmascaramiento de datos dinámico (DDM) que permite ocultar información de nivel confidencial que solo será accesible para usuarios con privilegios.
- Mejora la gestión del acceso de usuarios al servidor, así como la administración de la información.

2.2.3 Inteligencia empresarial

La versión 2022 usa una plataforma de inteligencia de negocios (BI) completa, lo cual permite gestionar información compleja y convertirla en herramientas de ayuda para la toma de decisiones. En este aspecto es posible observar los siguientes avances:

- Mejora en los modelos de informes y adiciona un conjunto de gráficos nuevos para la presentación de los informes.
- Presenta el portal web de servicios de informes, el cual accede a los indicadores claves de rendimiento para informes móviles y paginados.
- Agiliza y mejora el rendimiento en servicios de análisis con procesamiento paralelo.
- Usa nuevos modelos multidimensionales en los servicios de análisis.
- Permite una configuración amigable de la vista previa de las herramientas de datos de SQL Server en Visual Studio.

2.2.4 Análisis de bases de datos

Los análisis avanzados integrados proporcionan escalabilidad y rendimiento para construir y ejecutar los algoritmos de análisis directamente en el núcleo de la base de datos transaccional de SQL Server. Las características de esta actualización son las siguientes:

- Mejora en la administración de datos provenientes de otras fuentes.
- Transforma datos complejos procedentes de otras fuentes en modelos de datos de confianza utilizando un lenguaje de modelado estadístico.
- Los modelos creados son implementados en cualquier plataforma, también en la misma base de datos, la nube o para Linux.

2.3 Ediciones de SQL Server 2022

SQL Server es un sistema de manejo de bases de datos del modelo relacional. Las ediciones que presenta la versión 2022 varían según la necesidad de las aplicaciones que pretende desarrollar una determinada organización. A continuación, se describirán estas versiones.

2.3.1 Enterprise

Es la versión más completa de SQL Server 2022, ya que gestiona de manera eficiente y confiable las bases de datos y la inteligencia de negocios. Asimismo, proporciona los niveles más altos en servicio y rendimiento para cargas de trabajo de nivel uno. Tiene un modelo de licencia propietario y los pagos se realizan por volúmenes.

2.3.2 Estándar

Presenta funcionalidad para la administración de bases de datos e inteligencia de negocios básica, principalmente con cargas de trabajo no críticas. Tiene un modelo de licencia propietario con un menor costo que el Enterprise e igualmente se paga por volúmenes.

2.3.3 Desarrollador

Es la versión funcional de SQL Server, lo cual permite a los desarrolladores probar todas sus capacidades mediante el desarrollo de aplicaciones. Tiene un modelo de licencia gratuito.

2.3.4 Web

Es la versión web del SQL Server, que está disponible solo para proveedores de servicios de software. Tiene un modelo de licencia propietario y el costo se basa en la cantidad de *hosting*.

2.3.5 Express Edition

Es la versión básica y gratuita de SQL Server, desde la cual se podrán implementar aplicaciones de mediana escala con un margen de datos de hasta 10 GB. Su modelo de licencia es gratuito.

2.4 Historial de revisiones del SQL Server

Cada versión de SQL Server presenta una mejora con respecto a la anterior, principalmente en cuanto a seguridad. Además, como en el caso de la versión 2022, resaltan Always Encrypted y Role Level Security.

VERSIÓN	AÑO DE LANZAMIENTO	NOMBRE DEL PROYECTO
1.0	1989	SQL SQL Server 1.0
4.21	1993	SEQUEL SQL Server 4.21
6.0	1995	SQL95 SQL Server 2.6
6.5	1996	Hydra SQL Server 2.6.5
7.0	1998	Sphinx SQL Server 7.
8.0	2000 2003	Shiloh (SQL Server 2000) Liberty (SQL Server 2000 64 bit)
9.0	2005	Yukon SQL Server 2005
10.0	2008	Katmai SQL Server 2008
10.5	2010	Kilimanjaro SQL Server 2008 R2
11.0	2012	Denali SQL Server 2012
12.0	2014	Hekaton SQL Server 2014
13.0	2016	SQL Server 2016
14.0	2017	SQL Server 2017
15.0	2019	SQL Server 2019
16.0	2022	SQL Server 2022

2.5 SQL Management Studio

Es un entorno integrado que permite administrar y gestionar todos los componentes instalados por SQL Server 2022. Es una integración de herramientas gráficas con una serie de editores de *scripts* que permiten acceder a SQL Server. Para descargar la versión del SQL Management Studio use la siguiente URL: **https://msdn.microsoft.com/es-es/library/mt238290.aspx**

Figura 27. Pantalla de Inicio de SQL Server Management Studio

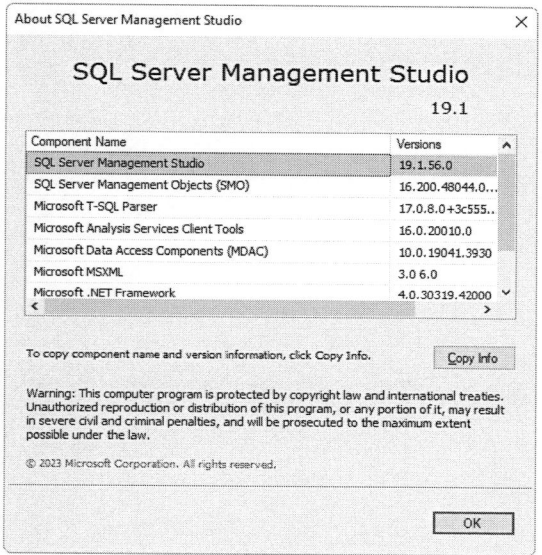

Figura 28. Acerca de SQL Server Management Studio

Al iniciar SQL Management Studio se presenta la ventana de conexión al servidor, desde la cual se podrá acceder a todos los servicios de SQL Server.

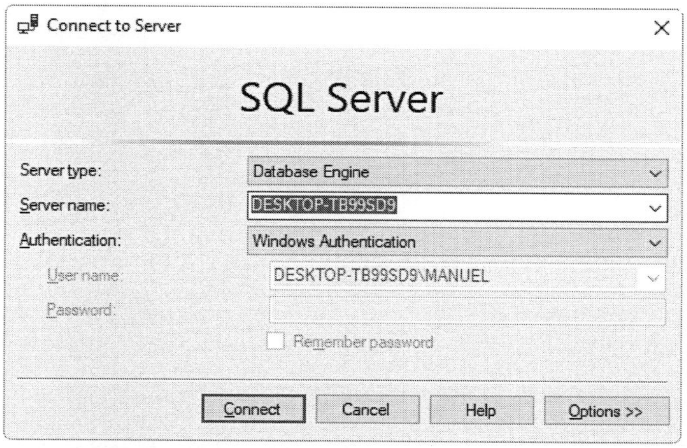

Figura 29. Credenciales de acceso al entorno SQL Server

Con respecto al modo de autenticación, se puede realizar de dos maneras:

a. **Windows Authentication:** permite identificar a un usuario de la base de datos por medio de inicio de sesión Windows y, por lo tanto, no solicitará un nombre de usuario o una clave.

b. **SQL Server Authentication:** permite identificar a un usuario de la base de datos por medio de un nombre de usuario y una clave. Esta forma de autenticación es muy estricta con respecto a la administración de la información que se muestra a los usuarios.

La pantalla inicial del entorno se muestra de la siguiente manera:

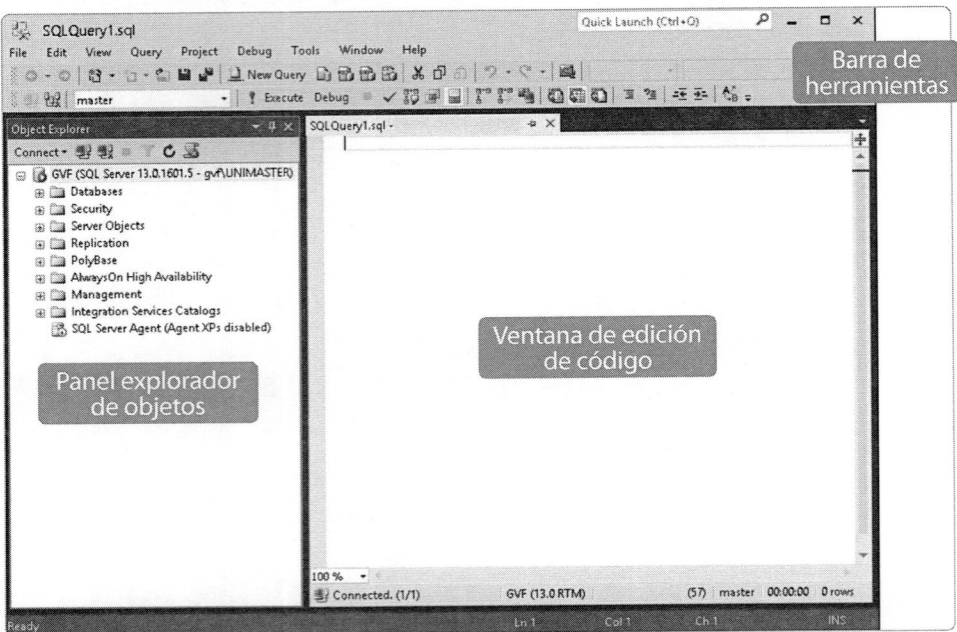

Figura 30. Entorno principal del SQL Server Management Studio

A. Panel explorador de objetos

Presenta en forma de listado todos los objetos contenidos en el servidor. En nuestro caso nos concentraremos en la carpeta Databases, ya que allí se encontrarán las bases de datos del sistema que implementaremos.

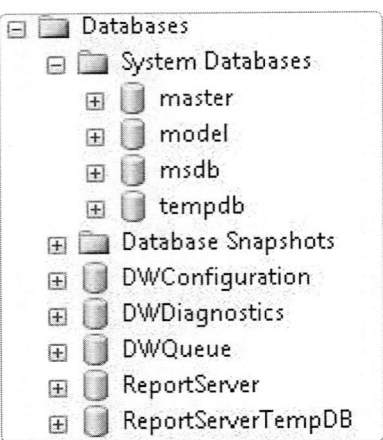

Figura 31. Explorador de objetos del SQL Server Management Studio

Inicialmente, las bases de datos que se presentan son master, model, msdb y tempdb. A partir de master podremos crear nuevas bases de datos, usando como plantilla la base de datos model.

Veamos algunas opciones presentadas dentro del explorador de objetos:

- Para conectar a un nuevo servidor presione sobre el botón **Connect > Database Engine...**
- Para visualizar las bases de datos del sistema seleccione **Databases > System Databases...**
- Para visualizar los procedimientos almacenados en la base seleccione **Databases > NombreBaseDatos > Programmability > Stored Procedures**.

B. Barra de Herramientas

Presenta controles que permiten administrar el código SQL.

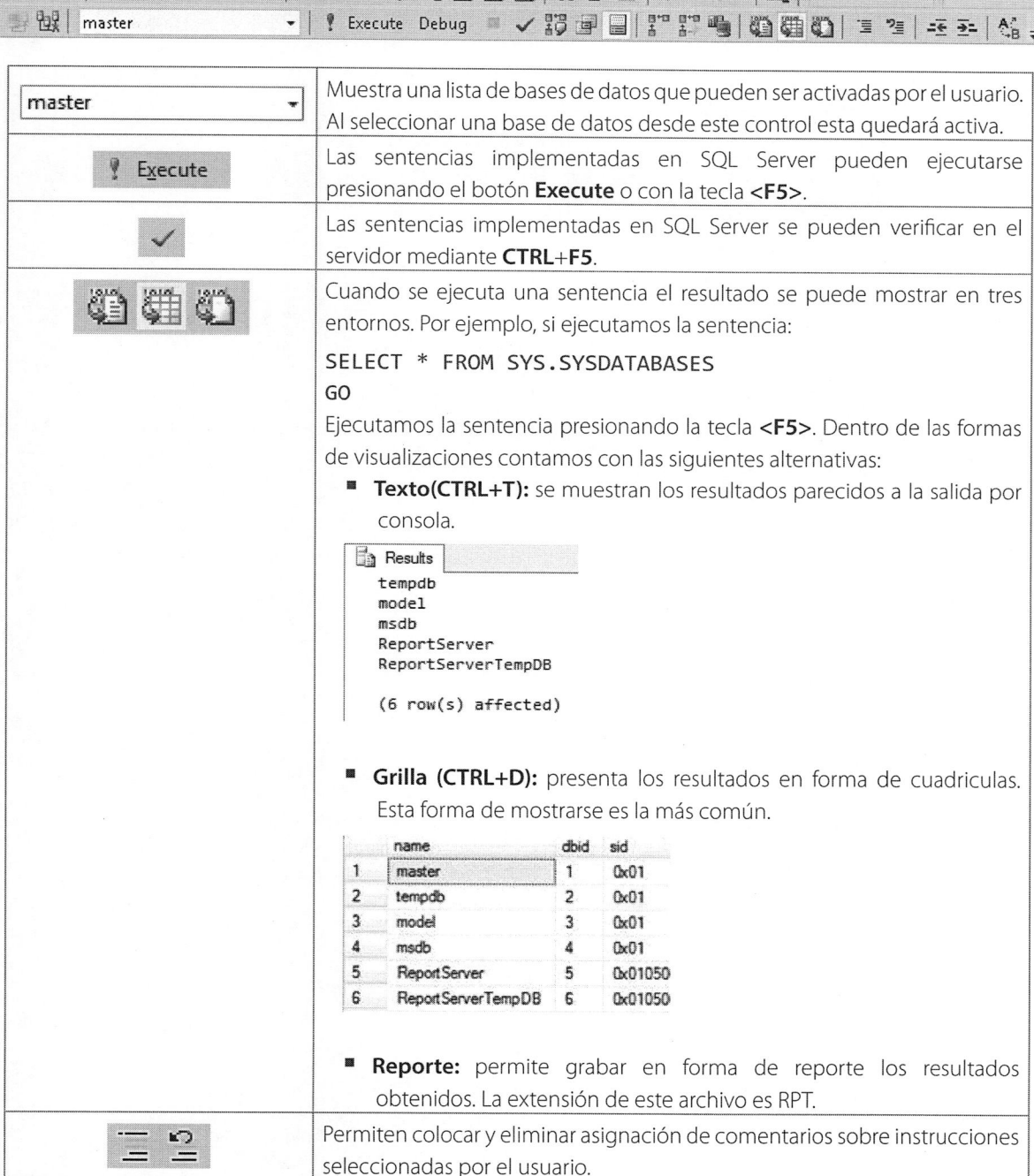

master ▼	Muestra una lista de bases de datos que pueden ser activadas por el usuario. Al seleccionar una base de datos desde este control esta quedará activa.
! Execute	Las sentencias implementadas en SQL Server pueden ejecutarse presionando el botón **Execute** o con la tecla **<F5>**.
✓	Las sentencias implementadas en SQL Server se pueden verificar en el servidor mediante **CTRL+F5**.
	Cuando se ejecuta una sentencia el resultado se puede mostrar en tres entornos. Por ejemplo, si ejecutamos la sentencia: `SELECT * FROM SYS.SYSDATABASES` `GO` Ejecutamos la sentencia presionando la tecla **<F5>**. Dentro de las formas de visualizaciones contamos con las siguientes alternativas: ■ **Texto(CTRL+T):** se muestran los resultados parecidos a la salida por consola. ■ **Grilla (CTRL+D):** presenta los resultados en forma de cuadrículas. Esta forma de mostrarse es la más común. ■ **Reporte:** permite grabar en forma de reporte los resultados obtenidos. La extensión de este archivo es RPT.
	Permiten colocar y eliminar asignación de comentarios sobre instrucciones seleccionadas por el usuario.

C. Ventana de edición de código

SQL Server se caracteriza por implementar un *script* dentro del editor de código, ya que desde aquí se podrá tener acceso a todos los objetos de una base. Todo esto es posible gracias a los comandos que se puedan implementar. Desde versiones anteriores al SQL Server 2012 se viene utilizando la administración de ficheros, lo cual significa que se podrá implementar un *script* desde diferentes hojas del editor de consultas.

Para agregar una nueva hoja de edición debe seleccionar el botón **New Query** desde la barra de herramientas o desde el menú **File > New > Database Engine Query**.

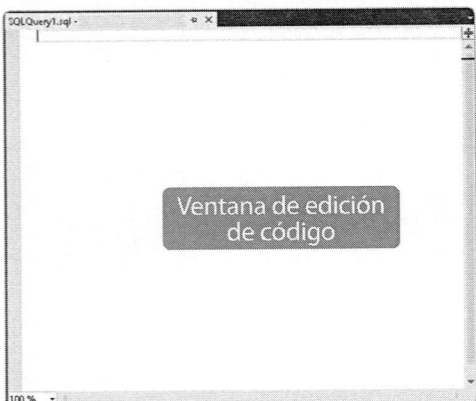

Figura 32. Editor de código del SQL Server Management Studio

D. Configuración de fuente para el entorno de trabajo

Transact-SQL se caracteriza por generar procesos en una base de datos por medio de *scripts*, los cuales se ejecutan dentro de un editor de consultas. En muchas ocasiones podemos confundir algunos operadores símbolos en los *scripts*, por ejemplo, la letra o con el número cero (O - 0). Ambos pueden ocasionar errores lógicos cuando ejecutemos algún *script* y, por lo tanto, se recomienda usar la fuente **Consolas,** con un tamaño establecido por el usuario para el mejor desempeño de los *scripts* dentro de Transact-SQL. Observemos el cambio entre la o y el cero (O - 0).

Acceso:

1. **Herramientas(Tools) > Opciones (Options)**.
2. Seleccione **Fonts and Colors**.
3. Cambie el tipo de fuente (Font) por **Consolas** con un tamaño adecuado.
4. Presione **OK**.

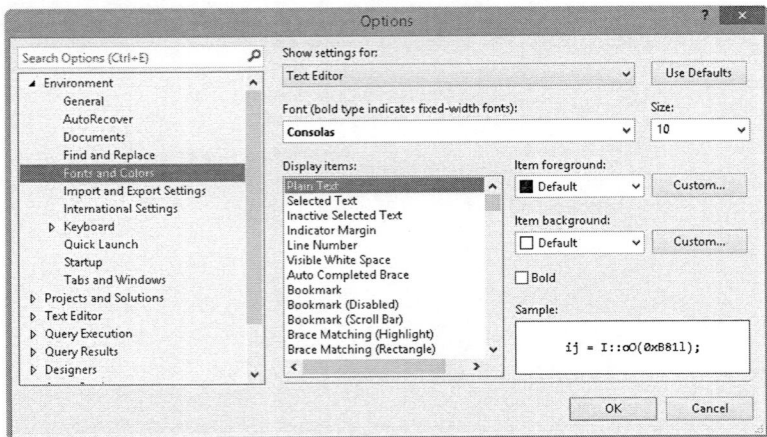

Figura 33. Opciones del SQL Server Management Studio

2.6 Las bases de datos en SQL server

Al instalar SQL Server, también se registran bases de datos que administran diferentes aspectos del servidor de base de datos. SQL cuenta con las siguientes:

master	Es el núcleo de toda instancia en SQL Server. Eso quiere decir que esta base contiene información vital sobre una instancia de SQL Server. Se compone de tablas de sistema que registran el seguimiento de la instalación del servidor y de la administración de todas las bases de datos que se generen posteriormente.
tempdb	Es una base de datos temporal. Técnicamente es informal para SQL Server y es usada generalmente cuando se realizan operaciones de clasificación y agregación. En ocasiones las aplicaciones usan las tablas, procesos y cursores de esta tabla, ya que provee de un espacio de trabajo temporal y tiene la capacidad de regenerarse cada vez que se inicia SQL Server.
model	Es una plantilla para todas las bases de datos creadas en el servidor. Se podrá implementar cuando se ejecute el comando CREATE DATABASE, dando lugar a la creación de una nueva base de datos basada en un modelo predefinido por SQL Server. Este le añade páginas vacías que serán propias de la nueva base de datos.
msdb	Es empleada por el servicio SQL Server Agent y por los servicios de integración de SQL Server. Se usa para guardar información con respecto a tareas de automatización, historial de copias de seguridad, información de rastreo de registros, tareas, alertas, cuentas *proxy*, planes de mantenimiento y registros de mensajería de la base de datos.

2.7 Componentes de una base de datos

Cuando se crea una base de datos se debe tener en cuenta el nombre, el propietario (el usuario que la crea), su tamaño, los archivos y los grupos de archivos.

Antes de crear una base de datos, se debe considerar lo siguiente:

- De forma predeterminada, tienen permiso para crear una base de datos las funciones fijas del servidor sysadmin y dbcreator. Sin embargo, se puede otorgar permisos a otros usuarios.
- El usuario que crea la base de datos se convierte en el propietario.
- Se pueden crear hasta 32 767 bases de datos en un servidor.

Se utilizan tres (03) tipos de archivos para almacenar una base de datos:

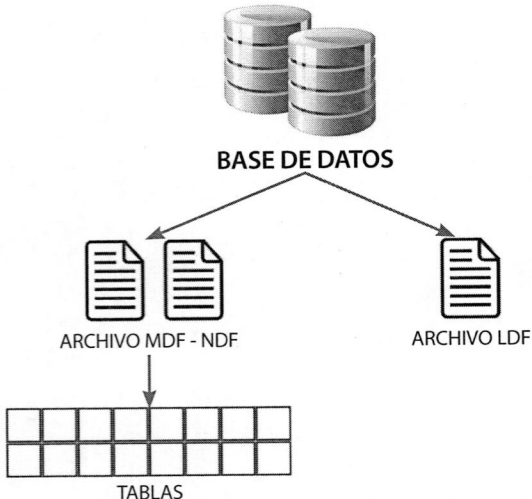

Figura 34. Archivos de una base de datos
Fuente: Elaboración propia

2.7.1 Archivo MDF

También llamado archivo principal o master. Por cada base de datos solo se tiene un archivo MDF y este puede contener toda la información referente a esta. Esta información se almacena en tablas.

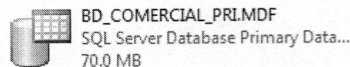

BD_COMERCIAL_PRI.MDF
SQL Server Database Primary Data...
70.0 MB

2.7.2 Archivo NDF

También llamado archivo secundario, este tipo de archivo contiene todos los datos que no caben en el archivo MDF. No es necesario que las bases de datos tengan archivos de datos secundarios si el archivo principal es lo suficientemente grande como para contener todos los datos.

BD_COMERCIO_SEC2.NDF
SQL Server Database Secondary D...
10.0 MB

BD_COMERCIO_SEC3.NDF
SQL Server Database Secondary D...
10.0 MB

2.7.3 Archivo LDF

También llamado archivo de transacción, contiene la información interna como la fecha de creación y otras características propia de la base de datos. El tamaño mínimo para un archivo de transacciones es de 512 kilobytes (KB).

BD_COMERCIAL_LOG.LDF
SQL Server Database Transaction ...
10.0 MB

2.8 Motor de una base de datos

Es el servicio principal de SQL Server. Se usa para crear bases de datos, tablas, almacenar información y crear objetos de la base de datos como índices, vistas, procedimientos almacenados, funciones y triggers. SQL Server usa el Management studio para esa administración.

Principalmente, el motor de base de datos permite lo siguiente:

- Diseñar y crear una base de datos que contenga las tablas relacionales o los documentos XML que el sistema necesita.
- Implementar sistemas para obtener acceso y cambiar los datos almacenados en la base de datos, lo que incluye implementar los sitios Web o las aplicaciones que funcionan con los datos, así como crear procedimientos que utilicen las herramientas y utilidades de SQL Server para trabajar con los datos.
- Aplicar los sistemas implementados en la organización o en los clientes.
- Proporcionar soporte técnico administrativo diario para optimizar el rendimiento de la base de datos.

2.9 Sentencias DDL

Son sentencias del lenguaje de definición de datos que permiten gestionar objetos dentro de la base de datos por medio de la creación, la modificación y la eliminación. Son las siguientes:

2.9.1 Create

Esta sentencia permite crear un determinado objeto en la base de datos, incluso la base de datos misma. Veamos algunos casos de creación de objetos:

- Crear una base de datos: CREATE DATABASE
- Crear una tabla: CREATE TABLE
- Crear un procedimiento almacenado: CREATE PROCEDURE
- Crear una función: CREATE FUNTION
- Crear un disparador: CREATE TRIGGER

2.9.2 Alter

Esta sentencia permite modificar la estructura de datos de un objeto de la base de datos e incluso modificar esta misma. Veamos algunas modificaciones sobre objetos:

- Modificar una base de datos: ALTER DATABASE
- Modificar una tabla: ALTER TABLE
- Modificar un procedimiento almacenado: ALTER PROCEDURE
- Modificar una función: ALTER FUNCTION
- Modificar un disparador: ALTER TRIGGER

2.9.3 Drop

Esta sentencia permite eliminar un determinado objeto de la base de datos y hasta puede eliminar toda la base. Veamos algunos casos de eliminación de objetos:

- Eliminar una base de datos: DROP DATABASE
- Eliminar una tabla: DROP TABLE
- Eliminar un procedimiento almacenado: DROP PROCEDURE
- Eliminar una función: DROP FUNCTION
- Eliminar un disparador: DROP TRIGGER

2.10 Sentencias DML

Estas sentencias del lenguaje de manipulación de datos permiten administrar la información contenida en una tabla de datos. Cuenta con la inserción, la modificación, la eliminación y la consulta de registros:

2.10.1 Insert

Esta sentencia permite insertar registros en una tabla de base de datos.

2.10.2 Update

Esta sentencia permite modificar registros contenidos en una tabla de base de datos.

2.10.3 Delete

Esta sentencia permite eliminar registros contenidos en una tabla de base de datos.

2.10.4 Select

Esta sentencia permite mostrar información en forma de registros desde una tabla.

2.11 Creación de una base de datos

Una base de datos en SQL Server es una réplica de la base de datos model, ya que esta base proporciona páginas vacías en las que se puede crear archivos lógicos dentro de la base de datos para una implementación. Usaremos la sentencia DDL Create para la creación de la base de datos, que cuenta con el siguiente formato:

A. Básico

```
CREATE DATABASE <NOMBREBASEDATOS>
GO
```

B. Especificación de archivo maestro

```
CREATE DATABASE <NOMBREBASEDATOS>
ON PRIMARY (
    NAME        ='NOMBREARCHIVOLOGICO',
    FILENAME    ='NOMBREARCHIVOFISICO',
    SIZE        =TAMAÑOENDISCO,
    MAXSIZE     =MAXIMOTAMAÑO,
    FILEGROWTH  =FACTORDECRECIMIENTO
)
GO
```

C. Especificación de archivo secundario

```
CREATE DATABASE <NOMBREBASEDATOS>
ON PRIMARY (
    NAME        ='NOMBREARCHIVOLOGICO',
    FILENAME    ='NOMBREARCHIVOFISICO',
    SIZE        =TAMAÑOENDISCO,
    MAXSIZE     =MAXIMOTAMAÑO,
    FILEGROWTH  =FACTORDECRECIMIENTO
), (
    NAME        ='NOMBREARCHIVOLOGICO',
    FILENAME    ='NOMBREARCHIVOFISICO',
    SIZE        =TAMAÑOENDISCO,
    MAXSIZE     =MAXIMOTAMAÑO,
    FILEGROWTH  =FACTORDECRECIMIENTO
)
```

D. Especificación de archivo de transacciones

```
CREATE DATABASE <NOMBREBASEDATOS>
ON PRIMARY (
    NAME        ='NOMBREARCHIVOLOGICO',
    FILENAME    ='NOMBREARCHIVOFISICO',
    SIZE        =TAMAÑOENDISCO,
    MAXSIZE     =MAXIMOTAMAÑO,
    FILEGROWTH  =FACTORDECRECIMIENTO
)
```

```
LOG ON (
    NAME        ='NOMBREARCHIVOLOGICO',
    FILENAME    ='NOMBREARCHIVOFISICO',
    SIZE        =TAMAÑOENDISCO,
    MAXSIZE     =MAXIMOTAMAÑO,
    FILEGROWTH =FACTORDECRECIMIENTO
)
```

Donde:

a. **NOMBREBASEDATOS** es el nombre de la nueva base de datos. Debe ser único en un servidor y puede tener hasta 128 caracteres, a menos que no se especifique ningun nombre lógico para el registro. Si no se especifica ningún nombre, SQL genera un nombre lógico al anexar un sufijo a nombreBaseDatos.

b. **ON PRIMARY** especifica que la lista de archivos está asociada al grupo principal. Este grupo contiene todas las tablas del sistema de base de datos. También contiene todos los objetos no asignados a los grupos de archivos de usuario.

c. **LOG ON** especifica que los archivos de registro de la base de datos (archivo de registro) se han definido explícitamente. La palabra clave va seguida de una lista delimitada por comas, la cual define las características de los archivos de registro.

d. **NAME** especifica el nombre lógico del archivo. Este archivo es el utilizado para referenciar al archivo en las sentencias del Transact-SQL que se ejecutan después.

e. **FILENAME** especifica el nombre del archivo en el sistema operativo. Se debe precisar la ruta de acceso y el nombre del archivo que el sistema operativo reconocerá. Por ejemplo, mdf es reconocido como un archivo principal de la base de datos. La ruta de acceso debe especificar un directorio en el servidor.

f. **SIZE** especifica el tamaño para el archivo. Cuando este parametro no se concreta para un archivo de Registro, SQL le asigna automáticamente 1 MB, que es el mínimo predeterminado.

g. **MAXSIZE** especifica el tamaño maximo de crecimiento del archivo. Se pueden utilizar sufijos KB y MB. El valor predeterminado es MB y solo puede tener números enteros.

h. **FILEGROWTH** especifica el incremento de crecimiento del archivo. Este valor no puede exceder el valor de maxsize y se debe emplear un número entero. Un valor 0 indica que no hay creciminento. El valor se puede especificar en MB, KB o %. El valor predeterminado es de 10 %.

Por buenas prácticas siempre será bueno validar la existencia de la base de datos usando la siguiente sentencia:

```
IF DB_ID('<NOMBREBASEDATOS>')IS NOT NULL
    DROP DATABASE <NOMBREBASEDATOS>
GO
```

La sentencia IF permite condicionar la existencia de la base de datos siempre y cuando la función DB_ID emita el valor FALSE. Asimismo, se le asigna una comparación IS NOT NULL para validar la existencia de la base de datos. Entonces, es posible decir que, si la base de datos existe, se ejecuta la sentencia DROP DATABASE, que eliminará la base.

2.12 Modificación de archivos de una base de datos

Permitirá agregar, modificar o eliminar archivos contenidos en la base de datos. Se usa la sentencia DDL Alter para la modificación o alteración de los archivos contenido en una base de datos. Se cuenta con los siguientes formatos:

Agregar un archivo

```
ALTER DATABASE <NOMBREBASEDATOS>
ADD FILE(
 NAME=<NOMBRELOGICOARCHIVO>,
 FILENAME=<NOMBREFISICOARCHIVO>,
 SIZE=<TAMAÑO>, MAXSIZE=<TAMAÑO>, FILEGROWTH=<TAMAÑO>
)
GO
```

Modificar las propiedades de los archivos

```
ALTER DATABASE <NOMBREBASEDATOS>
 MODIFY FILE (
  NAME=<NOMBREARCHIVO>,
  PROPIEDAD=VALOR
)
GO
```

Eliminar archivos

```
ALTER DATABASE <NOMBREBASEDATOS>
 REMOVE FILE <NOMBREARCHIVO>
GO
```

2.13 Activar la base de datos

Cuando se ejecutan sentencias, estas siempre se realizarán sobre una base de datos activa. Eso quiere decir que estas sentencias afectarán a los objetos contenidos en la base de datos. El formato de activación es el siguiente:

```
USE <NOMBREBASEDATOS>
GO
```

Cuando se crea una base de datos siempre se iniciará con la activación de la base de datos maestra con la sentencia USE MASTER.

2.14 Tipos de datos en SQL Server 2022

SQL brinda una serie de datos para almacenar la información. La correcta selección del tipo de dato implica un determinado valor a almacenar, por ejemplo, Carácter, Enteros, Binario, Fechas, etc.

A. CARÁCTER

Es una combinación de letras, número y caracteres. Se observan los siguientes tipos:

char	Tipo de datos carácter de longitud fija. Tiene como requisito indispensable la especificación del total de caracteres permitidos. Veamos algunas definiciones: **DNI CHAR(8)** Especifica que el campo DNI solo permitirá un máximo de ocho caracteres, por ejemplo, 09899445. **CATEGORÍA CHAR(1)** Especifica que el campo CATEGORÍA solo permitirá el registro de un carácter, por ejemplo, la categoría de un empleado A, B, C o D. **TELÉFONO CHAR(15)** Especifica que el campo TELÉFONO solo permitirá quince caracteres entre números y caracteres especiales como, por ejemplo, (051)-563-8958. **SEXO CHAR(1)** Especifica que el campo SEXO solo permitirá el registro de un carácter como, por ejemplo, M (masculino) o F (femenino).
varchar	Tipo de datos de longitud variable, es decir, el valor asignado no es fijo. Aquí, SQL administra los espacios en blanco y los optimiza, haciendo que el campo se comporte dinámicamente con respecto al valor de la columna. Veamos algunas definiciones: **DIRECCIÓN VARCHAR(50)** Especifica que el campo DIRECCIÓN permitirá el registro de un máximo de 50 caracteres como, por ejemplo, "Av. Las Palmeras 6345 Urb. Villa Norte – Los Olivos". **EMAIL VARCHAR(60)** Especifica que el campo EMAIL permitirá el registro de un máximo de 60∑caracteres como, por ejemplo "manuel.torresr@gmail.com".
text	Tipo de datos de longitud extensa, el cual permite almacenar información masiva que, inclusive, exceda los 8KB **COMENTARIO TEXT** Especifica que el campo COMENTARIO permitirá el registro de un texto masivo.

B. FECHA

Los datos fecha y hora son combinaciones válidas de estos datos. Se cuenta con los siguientes tipos:

DateTime	Fechas en el rango del 01 enero del 1753 al 31 diciembre del 9999. 08-05-2007 12.35:29.123 **FECHA DATETIME** Especifica que el campo FECHA acepta valores de tipo fecha y hora en el mismo campo.
SmallDateTime	Fechas en el rango del 01 enero 1900 al 06 junio 2079. 08-05-2007 12:35.00 **FECHA DATETIME** Especifica que el campo FECHA acepta valores de tipo fecha y hora en el mismo campo con un rango corto.
DateTime2	08-05-2007 12:35:29.1234567 **FECHA DATETIME2** Especifica que el campo FECHA acepta valores de tipo fecha y hora en el mismo campo con un rango de milisegundos ampliado.
Time	12:35:29.1234567 **HORA_ENTRADA TIME** Especifica que el campo HORA_ENTRADA acepta solo valores de tipo hora.
Date	08-05-2007 **FECHA DATE** Especifica que el campo FECHA acepta solo valores de tipo fecha.

C. NÚMERO DECIMAL

Consiste en almacenar valores numéricos con fracción decimal. Tenemos los siguientes tipos:

Decimal	Los datos pueden tener hasta 38 dígitos y podrán estar en el lado derecho del punto decimal. **PROMEDIO DECIMAL(5,2)** Especifica que el campo PROMEDIO almacena información de valores numéricos con dos valores y dos valores decimales.
Numeric	Es equivalente a Decimal.

D. NÚMERO ENTERO

Consiste en almacenar valores numéricos sin fracción decimal. Se pueden encontrar los siguientes tipos:

BigInt	De -2^63 (-9.223.372.036.854.775.808) a 2^63-1 (9.223.372.036.854.775.807) **DISTANCIA BIGINT** Especifica que el campo DISTANCIA almacena información de valores numéricos enteros de gran volumen.
Int	De -2^31 (-2.147.483.648) a 2^31-1 (2.147.483.647) **EVALUACION INT** Especifica que el campo EVALUACIÓN almacena información de valores numéricos enteros de capacidad mediana
Smallint	De -2^15 (-32.768) a 2^15-1 (32.767) **EDAD SMALLINT** Especifica que el campo EDAD almacena información de valores numéricos enteros de capacidad corta.
Tinyint	De 0 a 255 **OPCIÓN TINYINT** Especifica que el campo OPCIÓN almacena información de valores numéricos enteros de capacidad mínima.

E. MONETARIO

Consiste en almacenar valores de tipo moneda. Tenemos los siguientes tipos:

Money	De -922,337,203,685.477,5808 a 922,337,203,685.477,5807 **SUELDO MONEY** Especifica que el campo SUELDO almacena información de valores monetarios largos.
Smallmoney	De - 214.748,3648 a 214.748,3647 **PRECIO MONEY** Especifica que el campo PRECIO almacena información de valores monetarios cortos.

2.15 Tipos de datos definidos por el usuario

SQL permite agregar nuevos tipos de datos llamados Tipos definidos por el usuario, los cuales podrán ser usados como un tipo de datos dentro de la creación o modificación de una tabla de base de datos. Asimismo, un tipo de datos definido usará los tipos de datos nativos de SQL.

Formato para agregar un tipo definido

```
SP_ADDTYPE NOMBRE_TIPO,'TIPO_DATOS','RESTRICCION'
GO
```

Formato para eliminar un tipo definido

```
SP_DROPTYPE 'NOMBRE_TIPO'
GO
```

A continuación, visualizaremos los tipos de datos permitidos dentro de la base de datos VENTAS. Para esto, usamos las siguientes sentencias:

```
SELECT * FROM SYS.SYSTYPES
GO
```

	name	xtype	status	xusertype	length
1	image	34	0	34	16
2	text	35	0	35	16
3	uniqueidentifier	36	0	36	16
4	date	40	0	40	3
5	time	41	0	41	5
6	datetime2	42	0	42	8
7	datetimeoffset	43	0	43	10
8	tinyint	48	0	48	1
9	smallint	52	0	52	2
10	int	56	0	56	4
11	smalldatetime	58	0	58	4
12	real	59	0	59	4
13	money	60	0	60	8
14	datetime	61	0	61	8
15	float	62	0	62	8
16	sql_variant	98	0	98	8016
17	ntext	99	0	99	16
18	bit	104	0	104	1
19	decimal	106	0	106	17
20	numeric	108	0	108	17
21	smallmoney	122	0	122	4
22	bigint	127	0	127	8
23	hierarchyid	240	0	128	892
24	geometry	240	0	129	-1
25	geography	240	0	130	-1
26	varbinary	165	0	165	8000
27	varchar	167	0	167	8000
28	binary	173	0	173	8000
29	char	175	0	175	8000
30	timestamp	189	1	189	8
31	nvarchar	231	0	231	8000
32	nchar	239	0	239	8000
33	xml	241	0	241	-1
34	sysname	231	1	256	256

Figura 35. Tipos de datos en SQL Server

Con la siguiente sentencia se puede agregar el tipo de datos de DNI de ocho caracteres y con la restricción de campo obligatorio:

```
SP_ADDTYPE DNI,'CHAR(8)','NOT NULL'
GO
```

Si ejecutamos la sentencia SELECT * FROM SYS.SYSTYPES el resultado se mostraría de la siguiente manera:

34	sysname	231	1	256	256
35	DNI	175	1	257	8

2.16 Casos resueltos

2.16.1 Caso resuelto 1: base de datos básica

Cree la base de datos VENTAS de forma predeterminada. Se debe tener en cuenta lo siguiente:

- Visualizar la base de datos mediante un listado.
- Mostrar los archivos que componen la base de datos.

Solución:

```
--Activamos la base de datos maestra
USE MASTER
GO


--Validando la existencia de la base de datos
IF DB_ID('VENTAS')IS NOT NULL
    DROP DATABASE VENTAS
GO


--Creando la base de datos VENTAS
CREATE DATABASE VENTAS
GO
```

1. Visualice la base de datos mediante un listado.

```
SELECT * FROM SYS.sysdatabases S
    WHERE S.name='VENTAS'
GO
```

	name	dbid	sid	mode	status	status2	crdate
1	VENTAS	54	0x0105000000000000051500000065A4682F59DF37CAB3D91B...	0	65536	1627389952	2017-03-09 17:57:46.257

2. Muestre los archivos que componen la base de datos.

```
SP_HELPDB VENTAS
GO
```

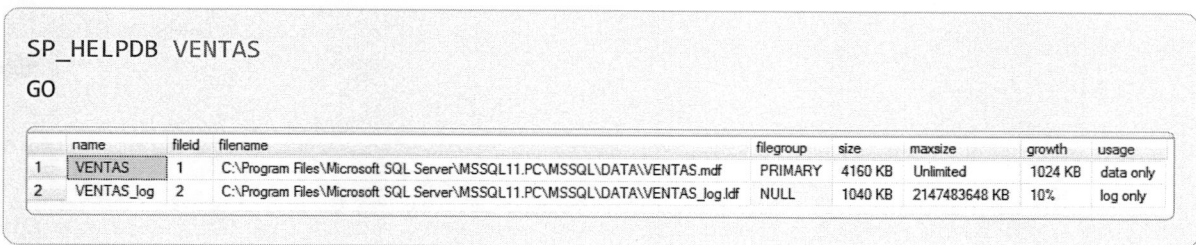

	name	fileid	filename	filegroup	size	maxsize	growth	usage
1	VENTAS	1	C:\Program Files\Microsoft SQL Server\MSSQL11.PC\MSSQL\DATA\VENTAS.mdf	PRIMARY	4160 KB	Unlimited	1024 KB	data only
2	VENTAS_log	2	C:\Program Files\Microsoft SQL Server\MSSQL11.PC\MSSQL\DATA\VENTAS_log.ldf	NULL	1040 KB	2147483648 KB	10%	log only

2.16.2 Caso resuelto 2: base de datos con especificación de archivo primario

Cree la base de datos VENTAS en la carpeta **C:\VENTAS**. Se deben tener en cuenta los siguientes requisitos:

- Archivo primario con un tamaño inicial de 50 MB, máximo de 150 MB y una tasa de crecimiento de 20 %.
- Visualizar la base de datos mediante un listado.
- Mostrar los archivos que componen la base de datos.

Solución:

1. Recuerde que antes de ejecutar las sentencias debe crear la carpeta **VENTAS** en la unidad **C:**.

```
--Activamos la base de datos maestra
USE MASTER
GO


--Validando la existencia de la base de datos
IF DB_ID('VENTAS')IS NOT NULL
    DROP DATABASE VENTAS
GO


--Creando la base de datos VENTAS
CREATE DATABASE VENTAS
ON PRIMARY(
    NAME='VENTAS',
    FILENAME='C:\VENTAS\VENTAS.MDF',
    SIZE=50MB,
    MAXSIZE=150MB,
    FILEGROWTH=20%
)
GO
```

2. Visualice la base de datos mediante un listado.

```
SELECT * FROM SYS.sysdatabases S
     WHERE S.name='VENTAS'
GO
```

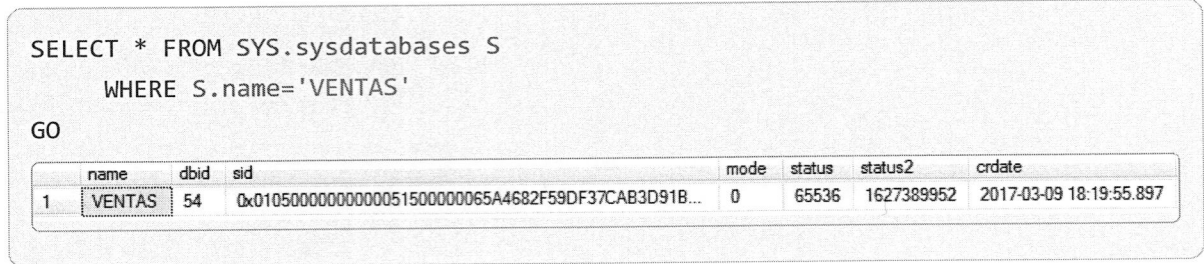

	name	dbid	sid	mode	status	status2	crdate
1	VENTAS	54	0x0105000000000051500000065A4682F59DF37CAB3D91B...	0	65536	1627389952	2017-03-09 18:19:55.897

3. Muestre los archivos que componen la base de datos.

```
SP_HELPDB VENTAS
GO
```

	name	fileid	filename	filegroup	size	maxsize	growth	usage
1	VENTAS	1	C:\VENTAS\VENTAS.MDF	PRIMARY	51200 KB	153600 KB	20%	data only
2	VENTAS_log	2	C:\VENTAS\VENTAS_log.ldf	NULL	12800 KB	2147483648 KB	10%	log only

2.16.3 Caso resuelto 3: base de datos con especificación de archivo secundario

Cree la base de datos VENTAS en la carpeta **C:\VENTAS**. Se debe tener en cuenta que cumpla con lo siguiente:

- Archivo primario con un tamaño inicial de 50 MB, máximo de 150 MB y una tasa de crecimiento de 20 %.
- Archivo secundario con un tamaño inicial de 10 MB, máximo de 50 MB y una tasa de crecimiento de 2 MB.
- Visualizar la base de datos mediante un listado.
- Mostrar los archivos que componen la base de datos.

Solución:

1. Recuerde que antes de ejecutar las sentencias debe crear la carpeta VENTAS en la unidad **C:**.

```
--Activamos la base de datos maestra
USE MASTER
GO


--Validando la existencia de la base de datos
IF DB_ID('VENTAS')IS NOT NULL
     DROP DATABASE VENTAS
GO
```

```
--Creando la base de datos VENTAS
CREATE DATABASE VENTAS
ON PRIMARY(
     NAME='VENTAS_PRI',
     FILENAME='C:\VENTAS\VENTAS.MDF',
     SIZE=50MB,
     MAXSIZE=150MB,
     FILEGROWTH=20%
),(
     NAME='VENTAS_SEC',
     FILENAME='C:\VENTAS\VENTAS.NDF',
     SIZE=10MB,
     MAXSIZE=50MB,
     FILEGROWTH=2MB
)
GO
```

2. Visualice la base de datos mediante un listado.

```
SELECT * FROM SYS.sysdatabases S
     WHERE S.name='VENTAS'
GO
```

	name	dbid	sid	mode	status	status2	crdate
1	VENTAS	54	0x010500000000000051500000065A4682F59DF37CAB3D91B...	0	65536	1627389952	2017-03-09 18:19:55.897

3. Muestre los archivos que componen la base de datos.

```
SP_HELPDB VENTAS
GO
```

	name	fileid	filename	filegroup	size	maxsize	growth	usage
1	VENTAS_PRI	1	C:\VENTAS\VENTAS.MDF	PRIMARY	51200 KB	153600 KB	20%	data only
2	VENTAS_log	2	C:\VENTAS\VENTAS_log.ldf	NULL	15360 KB	2147483648 KB	10%	log only
3	VENTAS_SEC	3	C:\VENTAS\VENTAS.NDF	PRIMARY	10240 KB	51200 KB	2048 KB	data only

2.16.4 Caso resuelto 4: base de datos con especificación de archivo de transacciones

Cree la base de datos VENTAS en la carpeta **C:\VENTAS**. Se debe tener en cuenta lo siguiente:

- Archivo primario con un tamaño inicial de 50 MB, máximo de 150 MB y una tasa de crecimiento de 20 %.

- Archivo de transacciones con un tamaño inicial de 5 MB, máximo de 50 MB y una tasa de crecimiento de 10 %.

- Visualizar la base de datos mediante un listado.
- Mostrar los archivos que componen la base de datos.

Solución:

1. Recuerde que antes de ejecutar las sentencias debe crear la carpeta VENTAS en la unidad **C:**.

```
--Activamos la base de datos maestra
USE MASTER
GO


--Validando la existencia de la base de datos
IF DB_ID('VENTAS')IS NOT NULL
     DROP DATABASE VENTAS
GO


--Creando la base de datos VENTAS
CREATE DATABASE VENTAS
ON PRIMARY(
     NAME='VENTAS_PRI',
     FILENAME='C:\VENTAS\VENTAS.MDF',
     SIZE=50MB,
     MAXSIZE=150MB,
     FILEGROWTH=20%
)
LOG ON (
     NAME='VENTAS_LOG',
     FILENAME='C:\VENTAS\VENTAS.LDF',
     SIZE=5MB,
     MAXSIZE=50MB,
     FILEGROWTH=10%
)
GO
```

2. Visualice la base de datos mediante un listado.

```
SELECT * FROM SYS.sysdatabases S
     WHERE S.name='VENTAS'
GO
```

	name	dbid	sid	mode	status	status2	crdate
1	VENTAS	54	0x0105000000000051500000065A4682F59DF37CAB3D91B...	0	65536	1627389952	2017-03-09 18:19:55.897

3. Muestre los archivos que componen la base de datos.

```
SP_HELPDB VENTAS
GO
```

	name	fileid	filename	filegroup	size	maxsize	growth	usage
1	VENTAS_PRI	1	C:\VENTAS\VENTAS.MDF	PRIMARY	51200 KB	153600 KB	20%	data only
2	VENTAS_LOG	2	C:\VENTAS\VENTAS.LDF	NULL	5120 KB	51200 KB	10%	log only

2.16.5 Caso resuelto 5: añadir archivos a la base de datos

El administrador evalúa que su base de datos se llenará pronto, por lo que debe agregar tres archivos secundarios llamados VENTAS_SEC1, VENTAS_SEC2 y VENTAS_SEC3 respectivamente, cuyo tamaño inicial será de 10 MB, su tamaño máximo de 500 MB y su crecimiento de 10 %. Visualice los archivos de la base de datos.

Solución:

1. Recuerde que antes de ejecutar las sentencias debe crear la carpeta VENTAS en la unidad **C:**.

```
ALTER DATABASE VENTAS
ADD FILE(
    NAME=VENTAS_SEC1,
    FILENAME='C:\VENTAS\SEC\VENTAS_SEC1.NDF',
    SIZE=10MB, MAXSIZE=500MB, FILEGROWTH=10%
)
GO
ALTER DATABASE VENTAS
ADD FILE(
    NAME=VENTAS_SEC2,
    FILENAME='C:\VENTAS\SEC\VENTAS_SEC2.NDF',
    SIZE=10MB, MAXSIZE=500MB, FILEGROWTH=10%
)
GO
ALTER DATABASE VENTAS
ADD FILE(
    NAME=VENTAS_SEC3,
    FILENAME='C:\VENTAS\SEC\VENTAS_SEC3.NDF',
    SIZE=10MB, MAXSIZE=500MB, FILEGROWTH=10%
)
GO
```

2. Muestre los archivos que componen la base de datos.

```
SP_HELPDB VENTAS
GO
```

	name	fileid	filename	filegroup	size	maxsize	growth	usage
1	VENTAS_PRI	1	C:\VENTAS\VENTAS.MDF	PRIMARY	51200 KB	153600 KB	20%	data only
2	VENTAS_LOG	2	C:\VENTAS\VENTAS.LDF	NULL	5120 KB	51200 KB	10%	log only
3	VENTAS_SEC1	3	C:\VENTAS\SEC\VENTAS_SEC1.ndf	PRIMARY	10240 KB	512000 KB	10%	data only
4	VENTAS_SEC2	4	C:\VENTAS\SEC\VENTAS_SEC2.ndf	PRIMARY	10240 KB	512000 KB	10%	data only
5	VENTAS_SEC3	5	C:\VENTAS\SEC\VENTAS_SEC3.ndf	PRIMARY	10240 KB	512000 KB	10%	data only

2.16.6 Caso resuelto 6: modificar propiedades de la base de datos

El administrador de la base de datos necesita modificar el tamaño inicial del archivo secundario "VENTAS_SEC1" a 20 MB y su tasa de crecimiento a 15 %. Se deben visualizar las propiedades del archivo secundario "VENTAS_SEC1"

Solución:

```
ALTER DATABASE VENTAS
MODIFY FILE(
    NAME=VENTAS_SEC1,
    SIZE=20MB, FILEGROWTH=15%
)
GO
```

1. Muestre los archivos que componen la base de datos.

```
USE VENTAS
GO
SP_HELPFILE VENTAS_SEC1
GO
```

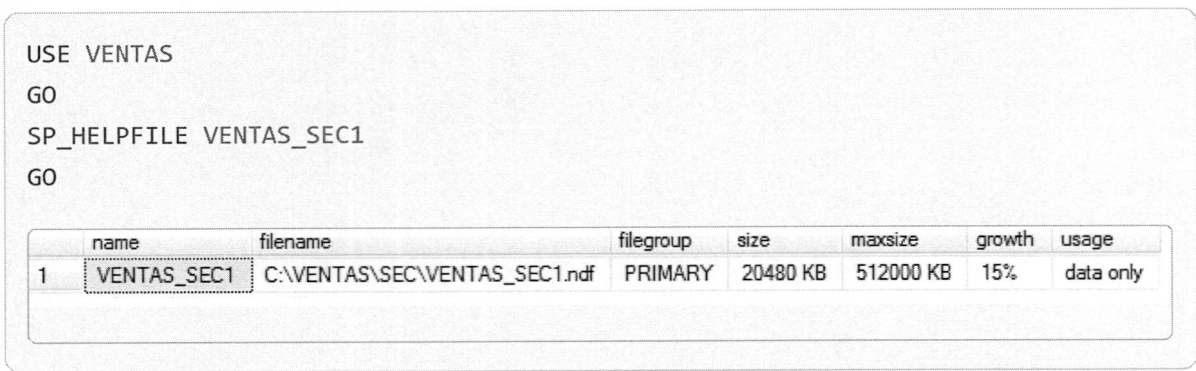

	name	filename	filegroup	size	maxsize	growth	usage
1	VENTAS_SEC1	C:\VENTAS\SEC\VENTAS_SEC1.ndf	PRIMARY	20480 KB	512000 KB	15%	data only

2.16.7 Caso resuelto 7: eliminar archivos de la base de datos

El administrador de la base de datos necesita eliminar el archivo secundario "VENTAS_SEC2". Visualice los archivos que componen la base de datos VENTAS.

Solución:

```
ALTER DATABASE VENTAS
REMOVE FILE VENTAS_SEC2
GO
```

1. Muestre los archivos que componen la base de datos.

```
SP_HELPDB VENTAS
GO
```

	name	fileid	filename	filegroup	size	maxsize	growth	usage
1	VENTAS_PRI	1	C:\VENTAS\VENTAS.MDF	PRIMARY	51200 KB	153600 KB	20%	data only
2	VENTAS_LOG	2	C:\VENTAS\VENTAS.LDF	NULL	5120 KB	51200 KB	10%	log only
3	VENTAS_SEC1	3	C:\VENTAS\SEC\VENTAS_SEC1.ndf	PRIMARY	20480 KB	512000 KB	15%	data only
4	VENTAS_SEC3	5	C:\VENTAS\SEC\VENTAS_SEC3.ndf	PRIMARY	10240 KB	512000 KB	10%	data only

2.16.8 Caso resuelto 8: integración

Cree la base de datos BD_PROYECTOS en la carpeta **C:\PROYECTOS\DATA** y con la siguiente configuración:

- Archivo de datos: un tamaño inicial de 100 MB, máximo de 250 MB y un factor de crecimiento de 5 MB.

- Archivo secundario: un tamaño inicial de 20 MB, máximo de 70 MB y un factor de crecimiento de 10 %.

- Archivo de transacciones: un tamaño inicial de 10 MB, máximo de 40 MB y un factor de crecimiento de 2 MB.

```
--Activamos la base de datos maestra
USE MASTER
GO


--Validando la existencia de la base de datos
IF DB_ID('BD_PROYECTOS')IS NOT NULL
    DROP DATABASE BD_PROYECTOS
GO
```

```sql
--Creando la base de datos BD_PROYECTOS
CREATE DATABASE BD_PROYECTOS
ON PRIMARY(
    NAME='BD_PROYECTOS_PRI',
    FILENAME='C:\PROYECTOS\PROYECTOS.MDF',
    SIZE=100,
    MAXSIZE=250,
    FILEGROWTH=5
),(
    NAME='BD_PROYECTOS_SEC',
    FILENAME='C:\PROYECTOS\PROYECTOS.NDF',
    SIZE=20,
    MAXSIZE=70,
    FILEGROWTH=10%
)
LOG ON (
    NAME='BD_PROYECTOS_LOG',
    FILENAME='C:\PROYECTOS\PROYECTOS.LDF',
    SIZE=10,
    MAXSIZE=40,
    FILEGROWTH=2
)
GO
```

Capítulo 3

Gestión de tablas

3.1 Sentencias DDL para la gestión de tablas

Las sentencias de definición de datos para tablas permitirán agregar, modificar o eliminar tablas dentro de una base de datos activa. Las tablas son consideradas como objetos de la base de datos y son uno de los principales componentes dentro del sistema de datos. Asimismo, permitirán guardar información importante en una base de datos.

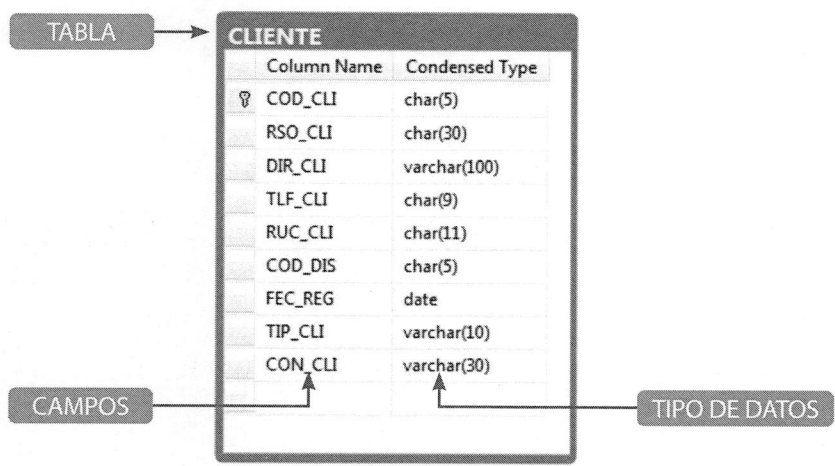

La tabla presenta un nombre que será definido con la sentencia DDL. La especificación de los campos se realizará dentro del bloque de construcción de la tabla. Por cada campo se deberá especificar el tipo de datos.

3.1.1 Creación de una tabla

La tabla representa una entidad dentro de la base de datos, por lo tanto se deberán crear las tablas necesarias para un sistema de base. Asimismo, no podrá haber duplicidad de tablas y no existirá ninguna que no se asocie a otras; es decir, todas las tablas deberán estar asociadas de alguna manera.

Formato general

```
CREATE TABLE <NOMBRETABLA> (
 CAMPO1  TIPO,
 CAMPO2  TIPO,
 CAMPO3  TIPO
)
GO
```

Por ejemplo, si se crea la tabla CLIENTE con los campos específicos, se podría tener el siguiente código:

```
CREATE TABLE CLIENTE(
     COD_CLI INT,
     RSO_CLI VARCHAR(30),
     DIR_CLI VARCHAR(100),
     TLF_CLI CHAR(9),
     RUC_CLI CHAR(11),
     COD_DIS INT,
     FEC_REG DATE,
     TIP_CLI VARCHAR(10),
     CON_CLI VARCHAR(30)
)
GO
```

Al ejecutar la sentencia dentro de una base de datos, el resultado en forma de diagrama se mostraría de la siguiente manera:

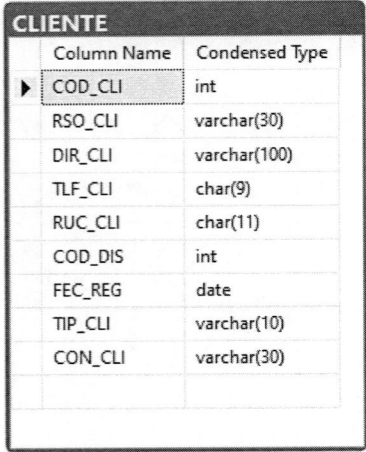

CLIENTE	
Column Name	Condensed Type
▶ COD_CLI	int
RSO_CLI	varchar(30)
DIR_CLI	varchar(100)
TLF_CLI	char(9)
RUC_CLI	char(11)
COD_DIS	int
FEC_REG	date
TIP_CLI	varchar(10)
CON_CLI	varchar(30)

3.1.2 Opciones de la tabla

Cuando se crean tablas dentro de una base de datos se presentan algunas opciones que es preciso conocer para poder administrar las tablas de la mejor manera:

A. Validar la existencia de la tabla

Cuando la tabla es creada por primera vez dentro de la base de datos no hay problemas de validación, pero, si se crea o se modifica, será necesario controlar su existencia. Se puede usar el siguiente código de validación:

```
IF OBJECT_ID('CLIENTE')IS NOT NULL
     DROP TABLE CLIENTE
GO


CREATE TABLE CLIENTE(
     COD_CLI INT,
     RSO_CLI VARCHAR(30),
     DIR_CLI VARCHAR(100),
     TLF_CLI CHAR(9),
     RUC_CLI CHAR(11),
     COD_DIS INT,
     FEC_REG DATE,
     TIP_CLI VARCHAR(10),
     CON_CLI VARCHAR(30)
)
GO
```

La sentencia If pregunta sobre la existencia del objeto CLIENTE: en caso de que exista, lo elimina usando la sentencia DROP TABLE; en el caso contrario, continúa con el código de creación de la tabla.

B. Comprobar la existencia de la tabla

Cuando se ejecuta la sentencia CREATE TABLE de manera correcta, se envía como respuesta el servidor «Comandos completados correctamente», pero no se puede visualizar si la tabla realmente existe. Por lo tanto, se debe ejecutar la siguiente sentencia para listar todas las tablas de una base de datos activa:

```
SP_TABLES

GO
```

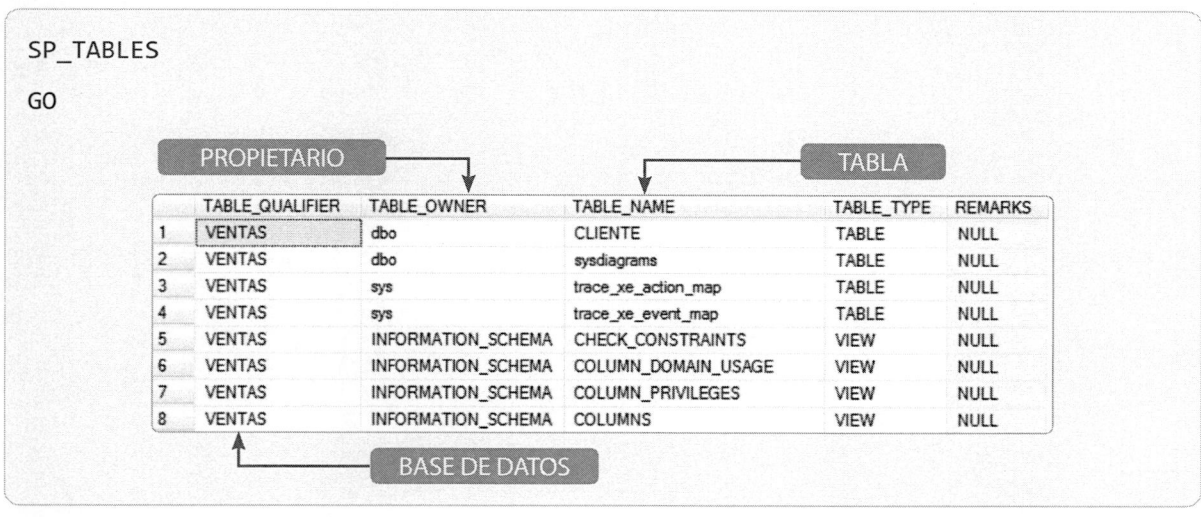

	TABLE_QUALIFIER	TABLE_OWNER	TABLE_NAME	TABLE_TYPE	REMARKS
1	VENTAS	dbo	CLIENTE	TABLE	NULL
2	VENTAS	dbo	sysdiagrams	TABLE	NULL
3	VENTAS	sys	trace_xe_action_map	TABLE	NULL
4	VENTAS	sys	trace_xe_event_map	TABLE	NULL
5	VENTAS	INFORMATION_SCHEMA	CHECK_CONSTRAINTS	VIEW	NULL
6	VENTAS	INFORMATION_SCHEMA	COLUMN_DOMAIN_USAGE	VIEW	NULL
7	VENTAS	INFORMATION_SCHEMA	COLUMN_PRIVILEGES	VIEW	NULL
8	VENTAS	INFORMATION_SCHEMA	COLUMNS	VIEW	NULL

C. Visualizar las columnas de la tabla

Al visualizar la estructura de una tabla se puede observar el nombre de la tabla, el nombre de las columnas y la capacidad de almacenamiento de cada campo. Para esto se usa la siguiente sentencia:

```
SP_COLUMNS CLIENTE
GO
```

	TABLE_QUALIFIER	TABLE_OWNER	TABLE_NAME	COLUMN_NAME	DATA_TYPE	TYPE_NAME	PRECISION	LENGTH
1	EJEMPLO	dbo	CLIENTE	COD_CLI	4	int	10	4
2	EJEMPLO	dbo	CLIENTE	RSO_CLI	12	varchar	30	30
3	EJEMPLO	dbo	CLIENTE	DIR_CLI	12	varchar	100	100
4	EJEMPLO	dbo	CLIENTE	TLF_CLI	1	char	9	9
5	EJEMPLO	dbo	CLIENTE	RUC_CLI	1	char	11	11
6	EJEMPLO	dbo	CLIENTE	COD_DIS	4	int	10	4
7	EJEMPLO	dbo	CLIENTE	FEC_REG	-9	date	10	20
8	EJEMPLO	dbo	CLIENTE	TIP_CLI	12	varchar	10	10
9	EJEMPLO	dbo	CLIENTE	CON_CLI	12	varchar	30	30

3.1.3 Modificación de una tabla

La modificación de la estructura de una tabla presenta varias opciones, por ejemplo, modificar, agregar o eliminar campos. Veamos los siguientes formatos:

Modificación de la estructura

```
ALTER TABLE <NOMBRETABLA>
 ALTER COLUMN <COLUMNA TIPO>
)
GO
```

Agregar un campo

```
ALTER TABLE <NOMBRETABLA>
 ADD COLUMNANUEVA1 TIPO,
    COLUMNANUEVA2 TIPO
GO
```

Eliminar un campo

```
ALTER TABLE <NOMBRE_TABLA>
 DROP COLUMN <COLUMNA>
)
GO
```

Veamos algunos casos de modificación de la estructura de una tabla:

1. Si a la tabla CLIENTE le modificamos el campo teléfono de cliente «TLF_CLI» con tamaño 9 a tamaño 15.

```
ALTER TABLE CLIENTE
     ALTER COLUMN TLF_CLI CHAR(15)
GO
```

2. Si agregamos el campo fecha de nacimiento.

```
ALTER TABLE CLIENTE
 ADD FNA_CLI DATE
GO
```

3. Si eliminamos el campo contacto del cliente «CON_CLI».

```
ALTER TABLE CLIENTE
 DROP COLUMN CON_CLI
GO
```

Para todos los casos debemos comprobar las modificaciones mediante la sentencia SP_COLUMNS CLIENTE.

	TABLE_QUALIFIER	TABLE_OWNER	TABLE_NAME	COLUMN_NAME	DATA_TYPE	TYPE_NAME	PRECISION	LENGTH
1	EJEMPLO	dbo	CLIENTE	COD_CLI	4	int	10	4
2	EJEMPLO	dbo	CLIENTE	RSO_CLI	12	varchar	30	30
3	EJEMPLO	dbo	CLIENTE	DIR_CLI	12	varchar	100	100
4	EJEMPLO	dbo	CLIENTE	TLF_CLI	1	char	15	15
5	EJEMPLO	dbo	CLIENTE	RUC_CLI	1	char	11	11
6	EJEMPLO	dbo	CLIENTE	COD_DIS	4	int	10	4
7	EJEMPLO	dbo	CLIENTE	FEC_REG	-9	date	10	20
8	EJEMPLO	dbo	CLIENTE	TIP_CLI	12	varchar	10	10
9	EJEMPLO	dbo	CLIENTE	FNA_CLI	-9	date	10	20

3.1.4 Eliminación de una tabla

La modificación de la estructura de una tabla presenta varias opciones, por ejemplo: modificar, agregar o eliminar campos. Veamos los siguientes formatos:

Eliminación básica

```
DROP TABLE <NOMBRETABLA>
GO
```

Eliminación por validación

```
IF OBJECT_ID('<NOMBRETABLA>')IS NOT NULL
    DROP TABLE <NOMBRETABLA>
GO
```

Veamos algunos casos de eliminación de tablas:

1. Eliminar la tabla CLIENTE de forma básica.

```
DROP TABLE CLIENTE
GO
```

2. Eliminar la tabla CLIENTE validando su existencia.

```
IF OBJECT_ID('CLIENTE')IS NOT NULL
    DROP TABLE CLIENTE
GO
```

Para ambos casos debemos comprobar si la tabla se eliminó correctamente con la sentencia SP_TABLES.

3.2 Restricciones de valores nulos y no nulos

Cuando se crea una tabla de base de datos se debe especificar si el campo podrá recibir valores nulos o no. Por ejemplo, en el caso de los campos claves o llaves siempre serán de restricción no nula, pues no existen llaves vacías. En otros campos se debe analizar si será necesario dejarlo vacío o no, como si ocurre que algún cliente no cuenta con correo electrónico.

Formato de restricción nulo o no nulo a partir de la creación de la tabla

```
CREATE TABLE <NOMBRETABLA>(
    CAMPO1 TIPO NULL | NOT NULL,
    CAMPO2 TIPO NULL | NOT NULL,
    CAMPO3 TIPO NULL | NOT NULL
)
GO
```

Formato de restricción nulo o no nulo a partir de una modificación a la tabla

```
ALTER TABLE <NOMBRETABLA>
 ALTER COLUMN TIPO NULL | NOT NULL
GO
```

Veamos algunos casos de especificación de campo nulo o no nulo:

1. Asignar valores nulos y no nulos en la creación de la tabla CLIENTE.

```
CREATE TABLE CLIENTE(
    COD_CLI INT NOT NULL,
    RSO_CLI VARCHAR(30) NOT NULL,
    DIR_CLI VARCHAR(100) NULL,
    TLF_CLI CHAR(9) NULL,
    RUC_CLI CHAR(11) NOT NULL,
    COD_DIS INT NOT NULL,
    FEC_REG DATE NOT NULL,
    TIP_CLI VARCHAR(10) NOT NULL,
    CON_CLI VARCHAR(30) NULL
)
```

2. Añadir una columna estado del cliente (EST_CLI) con asignación de valor nulo.

```
ALTER TABLE CLIENTE
  ALTER COLUMN EST_CLI CHAR(1) NULL
```

3.3 Restricciones para integridad referencial

Las restricciones de integridad permiten asignar llaves primarias o foráneas a una tabla. Es necesaria esta referencia para que las tablas se logren asociar a otras generando la integridad referencial entre ellas. Se presentan dos restricciones para la integridad: la llave primaria y la llave secundaria.

3.3.1 Llave primaria

También llamada clave primaria, campo clave, llave principal o *primary key*, es desde donde se puede asignar una restricción a una columna. Esta restringe el ingreso de valor a datos únicos, lo cual permite identificar un registro frente a los demás. Por buenas prácticas, el tipo de datos de un campo clave debe ser un número entero (int) o de tipo carácter simple (char). Veamos los formatos de asignación:

Formato de asignación de campo clave a partir de la creación de la tabla

```
CREATE TABLE <NOMBRETABLA>(
    CAMPOCLAVE TIPO NOT NULL PRIMARY KEY,
    CAMPO2 TIPO NULL | NOT NULL,
    CAMPO3 TIPO NULL | NOT NULL
)
GO
```

Formato de asignación de campo clave a partir de la modificación de la tabla

```
ALTER TABLE <NOMBRETABLA>
  ADD PRIMARY KEY (CAMPOCLAVE)
GO
```

Formato de asignación de campo clave compuesto a partir de la creación de la tabla

```
CREATE TABLE <NOMBRETABLA>(
    CAMPO1 TIPO NOT NULL,
    CAMPO2 TIPO NULL | NOT NULL,
    CAMPO3 TIPO NULL | NOT NULL,
    PRIMARY KEY (<CAMPOCLAVE1>,<CAMPOCLAVE2>)
)
GO
```

Formato de asignación de campo clave compuesto a partir de la modificación de la tabla

```
ALTER TABLE <NOMBRETABLA>
  ADD PRIMARY KEY (CAMPOCLAVE1, CAMPOCLAVE2)
GO
```

Veamos algunos casos de especificación de campo clave simple y compuesto:

1. Implemente la tabla DISTRITO asignando a COD_DIS como campo clave:

DISTRITO	
Column Name	Condensed Type
🔑 COD_DIS	int
NOM_DIS	varchar(50)

A. Primera forma

```
CREATE TABLE DISTRITO(
    COD_DIS INT  NOT NULL PRIMARY KEY,
    NOM_DIS VARCHAR(50) NOT NULL
)
GO
```

B. Segunda forma

```
ALTER TABLE DISTRITO
  ADD PRIMARY KEY (COD_DIS)
GO
```

C. Tercera forma

```
CREATE TABLE DISTRITO(
      COD_DIS INT  NOT NULL,
      NOM_DIS VARCHAR(50) NOT NULL,
       PRIMARY KEY (COD_DIS)
)
GO
```

2. Implemente la tabla DETALLE_COMPRA asignando llaves compuestas a NUM_OCO y COD_PRO como campos claves:

DETALLE_COMPRA		
	Column Name	Condensed Type
🔑	NUM_OCO	int
🔑	COD_PRO	int
	CAN_DET	int

A. Primera forma

```
CREATE TABLE DETALLE_COMPRA(
      NUM_OCO INT        NOT NULL,
      COD_PRO INT        NOT NULL,
      CAN_DET INT        NOT NULL
      PRIMARY KEY (NUM_OCO,COD_PRO)
)
GO
```

B. Segunda forma

```
ALTER TABLE DETALLE_COMPRA
  ADD PRIMARY KEY (NUM_OCO,COD_PRO)
GO
```

3.3.2 Llave secundaria

También es llamada clave secundaria, campo foráneo o llave foránea. Desde esta es posible asignar a una columna esa restricción, lo cual permitirá asociar una tabla a otra. Veamos los formatos de asignación:

Formato de asignación de llave secundaria a partir de la creación de la tabla

```
CREATE TABLE <NOMBRETABLA1>(
    CAMPO1 TIPO NULL | NOT NULL,
    CAMPO2 TIPO NOT NULL REFERENCES <NOMBRETABLA2>,
    CAMPO3 TIPO NULL | NOT NULL
)
GO
```

```
CREATE TABLE <NOMBRETABLA1>(
    CAMPO1 TIPO NULL | NOT NULL,
    CAMPO2 TIPO NOT NULL,
    CAMPO3 TIPO NULL | NOT NULL,
     FOREIGN KEY (CAMPOSECUNDARIO) REFERENCES <NOMBRETABLA2>
)
GO
```

Formato de asignación de llave secundaria a partir de la modificación de la tabla

```
ALTER TABLE <NOMBRETABLA1>
 ADD FOREIGN KEY (CAMPOSECUNDARIO) REFERENCES <NOMBRETABLA2>
GO
```

Veamos algunos casos de especificación de campo clave simple y compuesto:

1. Implemente la tabla DISTRITO asignando a COD_DIS como campo clave:

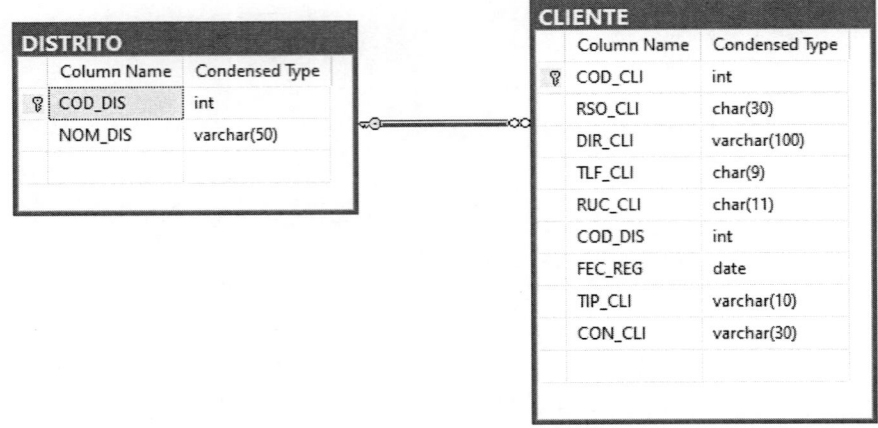

A. Primera forma

```
CREATE TABLE DISTRITO(
    COD_DIS INT         NOT NULL PRIMARY KEY,
    NOM_DIS VARCHAR(50) NOT NULL
)
GO


CREATE TABLE CLIENTE(
    COD_CLI INT         NOT NULL PRIMARY KEY,
    RSO_CLI CHAR(30)    NOT NULL,
    DIR_CLI VARCHAR(100)NOT NULL,
    TLF_CLI CHAR(9)     NOT NULL,
    RUC_CLI CHAR(11)    NULL,
    COD_DIS INT         NOT NULL REFERENCES DISTRITO,
    FEC_REG DATE        NOT NULL,
    TIP_CLI VARCHAR(10) NOT NULL,
    CON_CLI VARCHAR(30) NOT NULL
)
GO
```

B. Segunda forma

```
CREATE TABLE DISTRITO(
    COD_DIS INT         NOT NULL PRIMARY KEY,
    NOM_DIS VARCHAR(50) NOT NULL
)
GO
CREATE TABLE CLIENTE(
    COD_CLI INT         NOT NULL PRIMARY KEY,
    RSO_CLI CHAR(30)    NOT NULL,
    DIR_CLI VARCHAR(100)NOT NULL,
    TLF_CLI CHAR(9)     NOT NULL,
    RUC_CLI CHAR(11)    NULL,
    COD_DIS INT         NOT NULL,
    FEC_REG DATE        NOT NULL,
    TIP_CLI VARCHAR(10) NOT NULL,
    CON_CLI VARCHAR(30) NOT NULL,
    FOREIGN KEY (COD_DIS) REFERENCES DISTRITO
)
GO
```

C. Tercera forma

```
CREATE TABLE DISTRITO(
     COD_DIS INT        NOT NULL PRIMARY KEY,
     NOM_DIS VARCHAR(50) NOT NULL
)
GO
CREATE TABLE CLIENTE(
     COD_CLI INT  NOT NULL PRIMARY KEY,
     RSO_CLI CHAR(30)    NOT NULL,
     DIR_CLI VARCHAR(100)NOT NULL,
     TLF_CLI CHAR(9)     NOT NULL,
     RUC_CLI CHAR(11)    NULL,
     COD_DIS INT  NOT NULL,
     FEC_REG DATE        NOT NULL,
     TIP_CLI VARCHAR(10) NOT NULL,
     CON_CLI VARCHAR(30) NOT NULL
)
GO
ALTER TABLE CLIENTE
 ADD FOREIGN KEY (COD_DIS) REFERENCES DISTRITO
GO
```

3.4 Manejo de esquemas

Es un contenedor que puede almacenar tablas, vistas o procedimientos dentro de una misma base de datos; además, es un trabajo de organización dentro de la base de datos. El esquema con más alto grado es la base de datos y los esquemas son secundarios, de forma que no es necesaria su implementación, pero, por temas de organización, se puede implementar.

Formato

```
CREATE SCHEMA <NOMBRE_ESQUEMA> AUTHORIZATION DBO
GO
```

Formato para la creación de una tabla basada en esquemas

```
CREATE TABLE <ESQUEMA>.<NOMBRETABLA>(
     CAMPO1 TIPO NOT NULL,
     CAMPO2 TIPO NULL | NOT NULL,
     CAMPO3 TIPO NULL | NOT NULL,
     PRIMARY KEY (<CAMPOCLAVE1>,<CAMPOCLAVE2>)
)
GO
```

Veamos la implementación de la base de datos VENTAS con el uso de esquemas. Inicialmente debemos planear cómo será la distribución de las tablas por la cantidad de esquemas:

ESQUEMA	TABLAS
COMPRAS	Producto Proveedor Orden de compra Detalle de la orden de compra Abastecimiento
VENTAS	Cliente Factura Detalle de factura
RR. HH.	Vendedor Distrito

1. El diagrama de la base de datos se muestra de la siguiente manera:

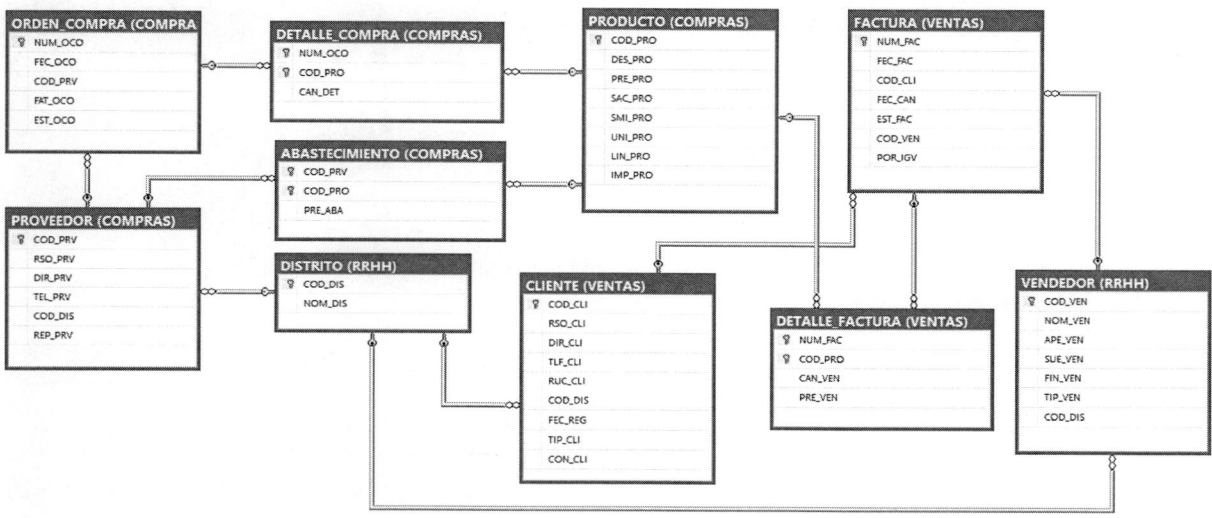

2. A continuación, se muestra el código SQL que permitirá crear los esquemas y las tablas:

```
USE MASTER
GO


SET DATEFORMAT YMD
GO


IF DB_ID('BDVENTAS') IS NOT NULL
      DROP DATABASE BDVENTAS
GO


CREATE DATABASE BDVENTAS
GO
```

```
USE BDVENTAS
GO


CREATE SCHEMA COMPRAS AUTHORIZATION DBO
GO
CREATE SCHEMA VENTAS AUTHORIZATION DBO
GO
CREATE SCHEMA RRHH AUTHORIZATION DBO
GO


CREATE TABLE RRHH.DISTRITO(
     COD_DIS INT        NOT NULL PRIMARY KEY,
     NOM_DIS VARCHAR(50) NOT NULL
)
GO


CREATE TABLE RRHH.VENDEDOR(
     COD_VEN INT        NOT NULL PRIMARY KEY ,
     NOM_VEN VARCHAR(20) NOT NULL,
     APE_VEN VARCHAR(20) NOT NULL,
     SUE_VEN MONEY       NOT NULL,
     FIN_VEN DATE        NOT NULL,
     TIP_VEN VARCHAR(10) NOT NULL,
     COD_DIS INT         NOT NULL REFERENCES RRHH.DISTRITO
)
GO


CREATE TABLE VENTAS.CLIENTE(
     COD_CLI INT        NOT NULL PRIMARY KEY,
     RSO_CLI CHAR(30)    NOT NULL,
     DIR_CLI VARCHAR(100)NOT NULL,
     TLF_CLI CHAR(9)     NOT NULL,
     RUC_CLI CHAR(11)    NULL,
     COD_DIS INT         NOT NULL REFERENCES RRHH.DISTRITO,
     FEC_REG DATE        NOT NULL,
     TIP_CLI VARCHAR(10) NOT NULL,
     CON_CLI VARCHAR(30) NOT NULL
)
GO
```

```
CREATE TABLE COMPRAS.PROVEEDOR(
    COD_PRV INT         NOT NULL PRIMARY KEY,
    RSO_PRV VARCHAR(80) NOT NULL,
    DIR_PRV VARCHAR(100)NOT NULL,
    TEL_PRV CHAR(15)    NULL,
    COD_DIS INT         NOT NULL REFERENCES RRHH.DISTRITO,
    REP_PRV VARCHAR(80) NOT NULL
)
GO


CREATE TABLE VENTAS.FACTURA(
    NUM_FAC INT         NOT NULL PRIMARY KEY,
    FEC_FAC DATE        NOT NULL,
    COD_CLI INT         NOT NULL REFERENCES VENTAS.CLIENTE,
    FEC_CAN DATE        NOT NULL,
    EST_FAC VARCHAR(10) NOT NULL,
    COD_VEN INT         NOT NULL REFERENCES RRHH.VENDEDOR,
    POR_IGV DECIMAL     NOT NULL
)
GO


CREATE TABLE COMPRAS.ORDEN_COMPRA(
    NUM_OCO INT         NOT NULL PRIMARY KEY,
    FEC_OCO DATE        NOT NULL,
    COD_PRV INT         NOT NULL REFERENCES COMPRAS.PROVEEDOR,
    FAT_OCO DATE        NOT NULL,
    EST_OCO CHAR(1)     NOT NULL
)
GO


CREATE TABLE COMPRAS.PRODUCTO(
    COD_PRO INT         NOT NULL PRIMARY KEY,
    DES_PRO VARCHAR(50) NOT NULL,
    PRE_PRO MONEY       NOT NULL,
    SAC_PRO INT         NOT NULL,
    SMI_PRO INT         NOT NULL,
    UNI_PRO VARCHAR(30) NOT NULL
)
GO
```

```
CREATE TABLE VENTAS.DETALLE_FACTURA(
    NUM_FAC INT         NOT NULL  REFERENCES VENTAS.FACTURA,
    COD_PRO INT         NOT NULL  REFERENCES COMPRAS.PRODUCTO,
    CAN_VEN INT         NOT NULL,
    PRE_VEN MONEYNOT NULL
    PRIMARY KEY (NUM_FAC,COD_PRO)
)
GO


CREATE TABLE COMPRAS.DETALLE_COMPRA(
    NUM_OCO INT         NOT NULL  REFERENCES COMPRAS.ORDEN_COMPRA,
    COD_PRO INT         NOT NULL  REFERENCES COMPRAS.PRODUCTO,
    CAN_DET INT         NOT NULL
    PRIMARY KEY (NUM_OCO,COD_PRO)
)
GO


CREATE TABLE COMPRAS.ABASTECIMIENTO(
    COD_PRV INT         NOT NULL  REFERENCES COMPRAS.PROVEEDOR,
    COD_PRO INT         NOT NULL  REFERENCES COMPRAS.PRODUCTO,
    PRE_ABA MONEYNOT NULL
    PRIMARY KEY (COD_PRV,COD_PRO)
)
GO
```

3.5 Restricciones para datos

3.5.1 IDENTITY

La propiedad IDENTITY solo es aplicable a columnas de tipo numérico, debido a que define un autoincremento de valores, los cuales pueden representar una numeración de valores en forma automática por cada registro que haya dentro de la tabla. Por ejemplo, podría tratarse de una tabla de facturas en la que la columna NUMFACTURA tenga asignada la propiedad IDENTITY para identificar el número de factura registrada.

Formato para la asignación de IDENTITY

```
CREATE TABLE <NOMBRETABLA>(
    CAMPO1 TIPO NOT NULL PRIMARY KEY IDENTITY(VALOR1, VALOR2),
    CAMPO2 TIPO NULL | NOT NULL,
    CAMPO3 TIPO NULL | NOT NULL
)
GO
```

El primer valor del IDENTITY determina el punto de inicio y el segundo, la forma de incremento.

Veamos la especificación de la restricción IDENTITY sobre la tabla FACTURA:

1. Implemente la tabla FACTURA asignando a NUM_FAC autoincrementable desde el número 1000 con un aumento de uno:

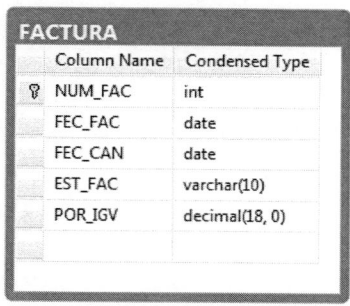

```
CREATE TABLE FACTURA(
    NUM_FAC INT        NOT NULL PRIMARY KEY IDENTITY(1000,1),
    FEC_FAC DATE       NOT NULL,
    FEC_CAN DATE       NOT NULL,
    EST_FAC VARCHAR(10) NOT NULL,
    POR_IGV DECIMAL    NOT NULL
)
GO
```

2. A continuación, registre cinco facturas para comprobar las numeraciones automáticas.

```
INSERT INTO FACTURA VALUES('06-07-2023','05-08-2023','2','0.19')
INSERT INTO FACTURA VALUES('06-07-2023','05-08-2023','3','0.19')
INSERT INTO FACTURA VALUES('01-09-2023','03-10-2023','2','0.19')
INSERT INTO FACTURA VALUES('06-09-2023','05-10-2023','2','0.19')
INSERT INTO FACTURA VALUES('01-10-2023','12-10-2023','2','0.19')
```

3. Ahora, visualice sus registros usando la sentencia SELECT * FROM FACTURA.

	NUM_FAC	FEC_FAC	FEC_CAN	EST_FAC	POR_IGV
1	1000	2023-06-07	2023-05-08	2	0
2	1001	2023-06-07	2023-05-08	3	0
3	1002	2023-01-09	2023-03-10	2	0
4	1003	2023-06-09	2023-05-10	2	0
5	1004	2023-01-10	2023-12-10	2	0

3.5.2 DEFAULT

Permite asignar un determinado valor por defecto según el tipo de datos. Este valor debe ser especificado antes de registrar valores a la tabla.

Formato de asignación de DEFAULT en la creación de la tabla

```
CREATE TABLE <NOMBRETABLA>(
    CAMPO1 TIPO NOT NULL PRIMARY KEY IDENTITY(VALOR1, VALOR2),
    CAMPO2 TIPO NULL | NOT NULL DEFAULT <VALOR>,
    CAMPO3 TIPO NULL | NOT NULL DEFAULT <VALOR>
)
GO
```

Formato de asignación de DEFAULT en la modificación de la tabla

```
ALTER TABLE <NOMBRE_TABLA>
 ADD DEFAULT 'VALOR'
 FOR <CAMPO>
```

Veamos la especificación de la restricción DEFAULT sobre la tabla PROVEEDOR:

1. Implemente la tabla PROVEEDOR asignando como valor por defecto a DIR_PRV el término «NO REGISTRA» y en el campo TEL_PRV asignar **000-0000000**

PROVEEDOR	Column Name	Condensed Type
🔑	COD_PRV	int
	RSO_PRV	varchar(80)
	DIR_PRV	varchar(100)
	TEL_PRV	char(15)
	REP_PRV	varchar(80)

A. Primera forma

```
CREATE TABLE PROVEEDOR(
    COD_PRV INT               NOT NULL PRIMARY KEY,
    RSO_PRV VARCHAR(80) NOT NULL,
    DIR_PRV VARCHAR(100)NOT NULL DEFAULT 'NO REGISTRA',
    TEL_PRV CHAR(15)    NULL    DEFAULT '000-0000000',
    REP_PRV VARCHAR(80) NOT NULL
)
GO
```

B. Segunda forma

```
CREATE TABLE PROVEEDOR(
    COD_PRV INT                NOT NULL PRIMARY KEY,
    RSO_PRV VARCHAR(80) NOT NULL,
    DIR_PRV VARCHAR(100)NOT NULL,
    TEL_PRV CHAR(15)    NULL,
    REP_PRV VARCHAR(80) NOT NULL
)
GO
ALTER TABLE PROVEEDOR
 ADD DEFAULT 'NO REGISTRA'
 FOR DIR_PRV
GO


ALTER TABLE PROVEEDOR
 ADD DEFAULT '000-000000'
 FOR TEL_PRV
GO
```

2. Registre cinco facturas para comprobar las numeraciones automáticas.

```
INSERT INTO PROVEEDOR VALUES('1','FABER CASTELL',DEFAULT,'4330895','CARLOS AGUIRRE')
INSERT INTO PROVEEDOR VALUES('2','ATLAS','AV. LIMA 471',DEFAULT,'CESAR TORRES')
INSERT INTO PROVEEDOR VALUES('3','3M',DEFAULT,DEFAULT,'OMAR INJOQUE')
INSERT INTO PROVEEDOR VALUES('4','DITO','AV. METROPOLITANA 376',NULL,'RAMON FLORES')
INSERT INTO PROVEEDOR VALUES('5','ACKER','CALLE LAS DUNAS 245','4780143','JULIO ACUÑA')
```

3. Visualice sus registros usando la sentencia SELECT * FROM PROVEEDOR.

	COD_PRV	RSO_PRV	DIR_PRV	TEL_PRV	REP_PRV
1	1	FABER CASTELL	NO REGISTRA	4330895	CARLOS AGUIRRE
2	2	ATLAS	AV. LIMA 471	000-0000000	CESAR TORRES
3	3	3M	NO REGISTRA	000-0000000	OMAR INJOQUE
4	4	DITO	AV. METROPOLITANA 376	NULL	RAMON FLORES
5	5	ACKER	CALLE LAS DUNAS 245	4780143	JULIO ACUÑA

4. Para visualizar las restricciones aplicadas a la tabla PROVEEDOR puede ejecutar el siguiente código:

```
SP_HELPCONSTRAINT PROVEEDOR
GO
```

	constraint_type	constraint_name	delete_action	update_action	status_enabled	status_for_replication	constraint_keys
1	DEFAULT on column DIR_PRV	DF__PROVEEDOR__DIR_P__182C9B23	(n/a)	(n/a)	(n/a)	(n/a)	('NO REGISTRA')
2	DEFAULT on column TEL_PRV	DF__PROVEEDOR__TEL_P__1920BF5C	(n/a)	(n/a)	(n/a)	(n/a)	('000-000000')
3	PRIMARY KEY (clustered)	PK__PROVEEDO__28BE23B29ED24C1A	(n/a)	(n/a)	(n/a)	(n/a)	COD_PRV

3.5.3 CHECK

Permite restringir el rango de valores que se pueden introducir en una o más columnas de una tabla. Debemos tener en cuenta que CHECK evalúa el valor que registrar en la tabla y, por lo tanto, que se debe implementar una condición sobre cada campo evaluado.

Formato de asignación de CHECK en la creación de la tabla

```
CREATE TABLE <NOMBRETABLA>(
    CAMPO1 TIPO NOT NULL PRIMARY KEY IDENTITY(VALOR1, VALOR2),
    CAMPO2 TIPO NULL | NOT NULL CHECK <CONDICION>,
    CAMPO3 TIPO NULL | NOT NULL CHECK <CONDICION>
)
GO
```

Formato de asignación de CHECK en la modificación de la tabla

```
ALTER TABLE <NOMBRETABLA>
 ADD DEFAULT 'VALOR'
 FOR <CAMPO>
```

Veamos la especificación de la restricción CHECK sobre la tabla PRODUCTO:

1. Implemente la tabla PRODUCTO haciendo que su precio solo registre valores entre 1 y 100, el *stock* actual sea mayor a cero y que solo se permita registrar los valores de bolsa, caja o paquete en la unidad de producto.

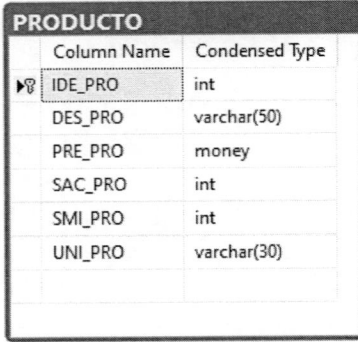

PRODUCTO

Column Name	Condensed Type
IDE_PRO	int
DES_PRO	varchar(50)
PRE_PRO	money
SAC_PRO	int
SMI_PRO	int
UNI_PRO	varchar(30)

A. Primera forma

```
CREATE TABLE PRODUCTO(
 IDE_PRO INT          NOT NULL PRIMARY KEY,
 DES_PRO VARCHAR(50)  NOT NULL,
 PRE_PRO MONEY    NOT NULL CHECK (PRE_PRO BETWEEN 1 AND 100),
 SAC_PRO INT          NOT NULL CHECK (SAC_PRO>0),
 SMI_PRO INT          NOT NULL,
 UNI_PRO VARCHAR(30)  NOT NULL CHECK (UNI_PRO IN('BOLSA','CAJA','PAQUETE'))
)
GO
```

B. Segunda forma

```sql
CREATE TABLE PRODUCTO(
    IDE_PRO INT         NOT NULL PRIMARY KEY,
    DES_PRO VARCHAR(50) NOT NULL,
    PRE_PRO MONEYNOT NULL,
    SAC_PRO INT         NOT NULL,
    SMI_PRO INT         NOT NULL,
    UNI_PRO VARCHAR(30) NOT NULL
)
GO


ALTER TABLE PRODUCTO
 ADD CONSTRAINT CHK_PRECIO
 CHECK (PRE_PRO BETWEEN 1 AND 100)
GO


ALTER TABLE PRODUCTO
 ADD CONSTRAINT CHK_STOCKACTUAL
 CHECK (SAC_PRO>0)
GO


ALTER TABLE PRODUCTO
 ADD CONSTRAINT CHK_UNIDAD
 CHECK (UNI_PRO IN ('BOLSA','CAJA','PAQUETE'))
GO
```

2. A continuación, compruebe la restricción en la unidad del producto.

```sql
INSERT INTO  PRODUCTO
 VALUES('1','PAPEL BOND A-4',35.0, 200,1500,'OTRO','2','V')
GO
```

3. El mensaje mostrado desde el servidor es el siguiente:

```
Messages
 Msg 547, Level 16, State 0, Line 1
 The INSERT statement conflicted with the CHECK constraint "CHK_UNIDAD".
 The conflict occurred in database "BDVENTAS3", table "dbo.PRODUCTO", column 'UNI_PRO'.
 The statement has been terminated.
```

4. Para visualizar las restricciones aplicadas a la tabla PRODUCTO puede ejecutar el siguiente código:

```
SP_HELPCONSTRAINT PRODUCTO
GO
```

3.5.4 UNIQUE

Permite determinar que los valores registrados en una misma columna no sean idénticos, es decir, que se mantengan únicos. Como ya vimos anteriormente, el campo clave también tiene la misma restricción, pero existe una diferencia entre ellos: el campo clave solo se puede definir en campos específicos mientras que todas las columnas restantes se pueden restringir con UNIQUE. Debemos tener en cuenta que asignar UNIQUE a un campo no clave no significa que lo estemos asignando como llave. Asimismo, se debe recordar que una columna definida como UNIQUE acepta como mucho un valor NULL, mientras que una columna restringida con PRIMARY KEY no permite tal acción.

Formato de asignación de UNIQUE en la creación de la tabla

```
CREATE TABLE <NOMBRETABLA>(
    CAMPO1 TIPO NOT NULL PRIMARY KEY,
    CAMPO2 TIPO NULL | NOT NULL UNIQUE,
    CAMPO3 TIPO NULL | NOT NULL UNIQUE
)
GO
```

Formato de asignación de UNIQUE en la modificación de la tabla

```
ALTER TABLE <NOMBRE_TABLA>
  ADD CONSTRAINT 'NOMBRE_RESTRINCCION'
  UNIQUE <CAMPO>
```

Veamos la especificación de la restricción UNIQUE sobre la tabla PROVEEDOR:

1. Implemente la tabla PROVEEDOR asignando como valor único a la columna teléfono.

PROVEEDOR		
	Column Name	Condensed Type
🔑	COD_PRV	int
	RSO_PRV	varchar(80)
	DIR_PRV	varchar(100)
	TEL_PRV	char(15)
	REP_PRV	varchar(80)

A. Primera forma

```
CREATE TABLE PROVEEDOR(
    COD_PRV INT        NOT NULL PRIMARY KEY,
    RSO_PRV VARCHAR(80) NOT NULL,
    DIR_PRV VARCHAR(100)NOT NULL,
    TEL_PRV CHAR(15)    NULL    UNIQUE,
    REP_PRV VARCHAR(80) NOT NULL
)
GO
```

B. Segunda forma

```
CREATE TABLE PROVEEDOR(
    COD_PRV INT        NOT NULL PRIMARY KEY,
    RSO_PRV VARCHAR(80) NOT NULL,
    DIR_PRV VARCHAR(100)NOT NULL,
    TEL_PRV CHAR(15)    NULL,
    REP_PRV VARCHAR(80) NOT NULL
)
GO

ALTER TABLE PROVEEDOR
 ADD CONSTRAINT CHK_TELEFONO
 UNIQUE (TEL_PRV)
GO
```

2. Para visualizar las restricciones aplicadas a la tabla PROVEEDOR puede ejecutar el siguiente código:

```
SELECT * FROM INFORMATION_SCHEMA.TABLE_CONSTRAINTS
WHERE TABLE_NAME = 'PROVEEDOR'
```

3.6 Sentencias DML para datos

3.6.1 INSERT

La sentencia INSERT permite agregar una nueva fila a una tabla o vista de una determinada base de datos.

Las consideraciones generales al insertar una fila nueva son las siguientes:

- Para reemplazar la fila registrada, primero debe eliminarla con la sentencia DELETE o TRUNCATE TABLE, pues de lo contrario se ocasionaría un error de duplicidad de registro debido al código de este.
- Para actualizar la fila registrada debe usar la sentencia UPDATE condicionando el campo clave para una actualización personalizada.
- Para insertar un conjunto de registros a una nueva tabla debe combinar las sentencias SELECT e INTO.
- Cuando la sentencia INSERT es ejecutada y detecta un error aritmético, el motor de la base de datos de SQL muestra un mensaje de error desde la activación SET ARITHABORT ON y detiene el resto del código ejecutado.
- No es posible registrar subconsultas dentro de una misma implementación de registros de una tabla. Por ejemplo, el siguiente *script* no es válido para el proceso de inserción.

Formato básico

La especificación de valores debe ser exactamente igual a la cantidad de columnas que tiene la tabla, a excepción de los campos especificados con la restricción IDENTITY.

```
INSERT INTO <NOMBRE_TABLA>
VALUES (VALOR1, VALOR2, VALOR3, VALORN)
```

Formato de especificación de campos

La especificación de las columnas determina el orden de registro de valores, solo hay que considerar las columnas que tienen valor de tipo IDENTITY, ya que estos, se especifiquen o no, siempre registrarán un valor.

```
INSERT INTO <NOMBRE_TABLA> (CAMPO1, CAMPO2, CAMPO3)
VALUES (VALOR1, VALOR2, VALOR3)
```

Formato de inserción múltiple

Se puede utilizar el formato básico o de especificación de campos para la inserción de múltiples registros.

```
INSERT INTO <NOMBRE_TABLA> VALUES
(VALOR1, VALOR2, VALOR3),
(VALOR1, VALOR2, VALOR3),
(VALOR1, VALOR2, VALOR3),
(VALOR1, VALOR2, VALOR3)
GO
INSERT INTO <NOMBRE_TABLA> (CAMPO1, CAMPO2, CAMPO3) VALUES
```

```
  (VALOR1, VALOR2, VALOR3),
  (VALOR1, VALOR2, VALOR3),
  (VALOR1, VALOR2, VALOR3)
GO
```

Formato de llenado por una tabla externa

Hay que tener en cuenta que la tabla especificada en el INSERT es la tabla destino y que se llenará de registros provenientes de otra tabla, a la cual accedemos por medio de una consulta.

```
INSERT INTO <NOMBRE_TABLA>
  SELECT * FROM <TABLA>
```

Formato de llenado con variables

Este tipo de llenado usa variables locales. Para el registro de valores, use la sentencia DECLARE para declarar variables locales y la sentencia SET para asignar un valor. Se debe tener en cuenta que en SQL las variables siempre empiezan con arroba.

```
-- Declarando las variables locales
DECLARE @VAR1 <TIPO>, @VAR2 <TIPO>, @VAR3 <TIPO>

-- Asignando los valores a las variables
SELECT @VAR1=VALOR , @VAR2 =VALOR, @VAR3=VALOR

-- Enviando los valores a la tabla desde las variables
INSERT INTO <NOMBRE_TABLA>
VALUES (@VAR1, @VAR2, @VAR3)
```

Formato de llenado en la creación de la tabla

Hay que tener en cuenta que la tabla especificada en el INSERT es la tabla destino y que se llenará de registros provenientes de otra tabla, a la cual accedemos por medio de una consulta.

```
SELECT * INTO <TABLA_DESTINO>
  FROM <TABLA_ORIGEN>
```

Donde:

a. **INTO:** es una palabra clave opcional que normalmente se usa entre el INSERT y la especificacion de la tabla destino.

b. **ESQUEMA:** es el nombre del esquema donde se encuentra registrada una tabla o la vista.

c. **TABLA O VISTA:** es el nombre de la tabla o vista destino, es decir, la que recibirá los datos. También es posible especificar una variable de tipo TABLE como origen de tabla.

d. **Lista de columnas:** esta permite especificar las columnas que tendrán un valor de registro y, a su vez, define el orden de ingreso de esoos valores.

e. **VALUES (Lista de valores):** aquí se registran los valores según las columnas especificadas en la tabla destino. Se pueden registrar valores separados por comas y especificar funciones de acuerdo a la capacidad declarada en la columna como DEFAULT, GETDATE(), etc.

Veamos la especificación de la sentencia INSERT sobre la tabla PRODUCTO:

1. Usando la tabla PRODUCTO realice los siguientes registros de valores usando los distintos formatos de inserción.

PRODUCTO

	Column Name	Condensed Type
🔑	IDE_PRO	int
	DES_PRO	varchar(50)
	PRE_PRO	money
	SAC_PRO	int
	SMI_PRO	int
	UNI_PRO	varchar(30)

2. Realice la inserción de forma básica.

```
INSERT INTO  PRODUCTO VALUES('1','PAPEL BOND A-4',35.0, 200,20,'MLL')
INSERT INTO  PRODUCTO VALUES('2','PAPEL BOND OFICIO ',35, 50,20,'MLL')
```

3. Realice la inserción con especificación de campos.

```
INSERT INTO  PRODUCTO (IDE_PRO,DES_PRO,PRE_PRO,SAC_PRO,SMI_PRO,UNI_PRO)
     VALUES('3','PAPEL BULKY ',10 ,498,10,'MLL')
INSERT INTO  PRODUCTO (IDE_PRO,DES_PRO,PRE_PRO,SAC_PRO,SMI_PRO,UNI_PRO)
     VALUES('4','PAPEL PERIODICO',9,4285,100,'MLL')
```

4. Realice la inserción múltiple.

```
INSERT INTO  PRODUCTO VALUES
 ('5','CARTUCHO TINTA NEGRA', 40 ,50,30,'UNI'),
 ('6','CARTUCHO TINTA COLOR ',45  ,58,35, 'UNI')

INSERT INTO  PRODUCTO (IDE_PRO,DES_PRO,PRE_PRO,SAC_PRO,SMI_PRO,UNI_PRO) VALUES
 ('7','PORTA DISKETTES',3.5,300,10,'UNI'),
 ('8','CAJA DE DISKETTES X 10 ',30,125,80,'UNI')
```

5. Realice la inserción desde una tabla externa.

```
CREATE TABLE BK_PRODUCTO(
     IDE_PRO INT        NOT NULL PRIMARY KEY,
     DES_PRO VARCHAR(50) NOT NULL,
     PRE_PRO MONEYNOT NULL,
     SAC_PRO INT        NOT NULL,
     SMI_PRO INT        NOT NULL,
     UNI_PRO VARCHAR(30) NOT NULL
)
GO
--Realizar la inserción
INSERT INTO  BK_PRODUCTO
     SELECT * FROM PRODUCTO
GO

--Comprobar
SELECT * FROM BK_PRODUCTO
GO
```

6. Realice la inserción con uso de variables.

```
DECLARE @COD INT,@DES VARCHAR(40),@PRE MONEY,@SAC INT,@SMI INT,@UNI VARCHAR(30)

SET @COD='10'
SET @DES='BORRADOR BLANCO'
SET @PRE=8
SET @SAC=2000
SET @SMI=400
SET @UNI='DOC'
INSERT INTO  PRODUCTO VALUES(@COD,@DES,@PRE,@SAC,@SMI,@UNI)
GO
```

7. Para visualizar los registros de la tabla PRODUCTO use la sentencia SELECT * FROM PRODUCTO.

3.6.2 UPDATE

La sentencia UPDATE permite modificar o actualizar un conjunto de registros de una tabla o vista, dependiendo de una condición.

Formato:

```
UPDATE <TABLA>
 SET<CAMPO = VALOR>,<CAMPO = VALOR>
 WHERE <CONDICION>
```

Donde:

a. **TABLA:** aquí se especifica el nombre de la tabla o vista que necesite ser actualizada.

b. **SET:** aquí se especifica la lista de nombres de campos que se actualizarán en una determinada tabla.

c. **<CAMPO=VALOR>:** aquí se especifica la columna que se desea actualizar. Solo se debe tener en cuenta que no se pueden actualizar las columnas con restricciones de identidad (IDENTITY) o los campos claves. Asimismo, el valor asignado también podrá ser una expresión.

d. **WHERE:** especifica las condiciones que limitarán los valores que se actualizarán. Todo dependerá de la condición planteada. Los operadores dentro de la instrucción where dependerán del tipo de datos de la columna.

Las consideraciones generales al actualizar registros son las siguientes:

- Si la sentencia de actualización infringe una restricción o una regla o si el nuevo valor es de un tipo de datos incompatible al declarado en la tabla, se cancela la instrucción, dando como resultado un mensaje de error, y no se actualiza ningún registro de la tabla.

- La sentencia UPDATE es susceptible a errores aritméticos como un error de desbordamiento o división por cero durante la evaluación de la expresión. En este caso, la actualización no se lleva a cabo, se muestra un mensaje de error y se corta la actualización desde el punto de error. A diferencia del primer punto, este sí actualiza los registros hasta donde se ocasionó el error.

- Se puede implementar la sentencia UPDATE dentro de funciones definidas por el usuario, solo hay que tener en cuenta que la tabla que se va a modificar sea una variable de tipo TABLE.

- Si en la actualización participan columnas con definición de tipo char y nchar, se rellenan con espacios vacíos a la derecha hasta la longitud definida en la tabla.

A continuación, veamos la especificación de la sentencia UPDATE sobre la tabla PRODUCTO.

Usando la tabla PRODUCTO realizaremos las siguientes actualizaciones:

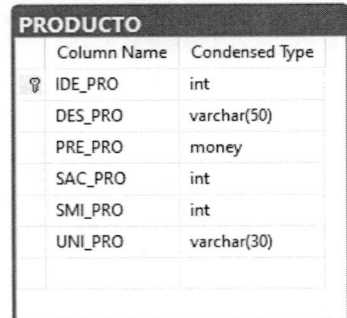

PRODUCTO	
Column Name	Condensed Type
🔑 IDE_PRO	int
DES_PRO	varchar(50)
PRE_PRO	money
SAC_PRO	int
SMI_PRO	int
UNI_PRO	varchar(30)

A. Actualizando todos los registros de la tabla PRODUCTO

1. Inicialmente los registros se muestran de la siguiente manera:

	IDE_PRO	DES_PRO	PRE_PRO	SAC_PRO	SMI_PRO	UNI_PRO
1	1	PAPEL BOND A-4	35.00	200	1500	MLL
2	2	PAPEL BOND OFICIO	35.00	50	1500	MLL
3	3	PAPEL BULKY	10.00	498	1000	MLL
4	4	PAPEL PERIÓDICO	9.00	4285	1000	MLL
5	5	CARTUCHO TINTA NEGRA	40.00	50	30	UNI
6	6	CARTUCHO TINTA COLOR	45.00	58	35	UNI
7	7	PORTA DISKETTES	3.50	300	100	UNI
8	8	CAJA DE DISKETTES * 10	30.00	125	180	UNI
9	9	BORRADOR DE TINTA	10.00	100	500	DOC
10	10	BORRADOR BLANCO	8.00	2000	400	DOC
11	11	TAJADOR METAL	20.00	1120	300	DOC

2. Actualice los precios aumentando $2.0 a todos los productos.

```
UPDATE  PRODUCTO
      SET  PRE_PRO=PRE_PRO+2
GO
```

3. También puede usar el siguiente código:

```
UPDATE  PRODUCTO
      SET  PRE_PRO+=2
GO
```

4. Verifique que la actualización sea correcta.

	IDE_PRO	DES_PRO	PRE_PRO	SAC_PRO	SMI_PRO	UNI_PRO
1	1	PAPEL BOND A-4	37.00	200	1500	MLL
2	2	PAPEL BOND OFICIO	37.00	50	1500	MLL
3	3	PAPEL BULKY	12.00	498	1000	MLL
4	4	PAPEL PERIÓDICO	11.00	4285	1000	MLL
5	5	CARTUCHO TINTA NEGRA	42.00	50	30	UNI
6	6	CARTUCHO TINTA COLOR	47.00	58	35	UNI
7	7	PORTA DISKETTES	5.50	300	100	UNI
8	8	CAJA DE DISKETTES * 10	32.00	125	180	UNI
9	9	BORRADOR DE TINTA	12.00	100	500	DOC
10	10	BORRADOR BLANCO	10.00	2000	400	DOC
11	11	TAJADOR METAL	22.00	1120	300	DOC

B. Actualizando registros condicionados de la tabla PRODUCTO

1. Actualice el *stock* actual de los productos solo si es menor o igual a $50.00.

```
UPDATE PRODUCTO
      SET SAC_PRO*=2
      WHERE SAC_PRO<=50
GO
```

2. Actualice el precio de los productos descontando un 50 % del precio actual solo para los productos con código 1, 5 y 10.

```
UPDATE PRODUCTO
      SET PRE_PRO=PRE_PRO*0.5
      WHERE IDE_PRO IN ('1','5','10')
GO
```

3. Actualice la descripción del producto con código P004 por «PAPEL PERIÓDICO 75 GRAMOS».

```
UPDATE PRODUCTO
      SET DES_PRO='PAPEL PERIÓDICO 75 GRAMOS'
      WHERE IDE_PRO='4'
GO
```

C. Actualizando registros con unión de tablas

1. Actualice el teléfono por 0000000 a todos los proveedores cuyo distrito se encuentra registrado con RIMAC.

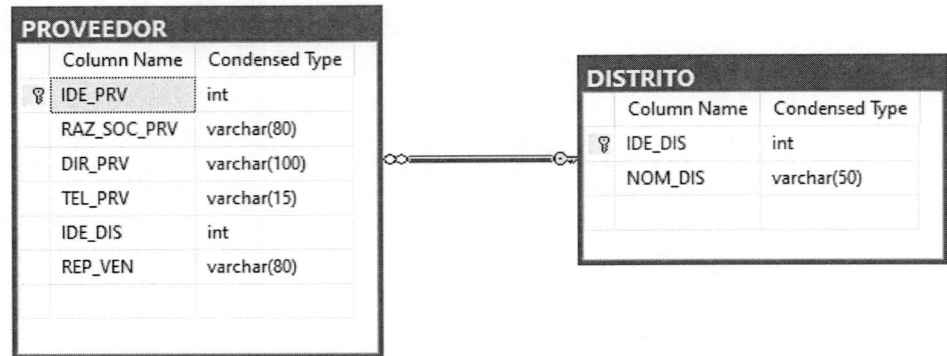

2. Inicialmente tenemos los siguientes registros en la tabla PROVEEDOR:

	IDE_PRV	RAZ_SOC_PRV	DIR_PRV	TEL_PRV	IDE_DIS	REP_VEN
13	13	INFORSYSTEMS COMPUTER SAC	JR SAN MARTIN 306	937079279	23	RIOS ALCANTARA ROMMEL NILO
14	14	IMPORTACIONES Y REPRESENTACIONES A...	JR CHACHAPOYAS 1742 FRENTE UGEL UTCUBAMBA	993461829	16	MENACHO LOPEZ JULIO CESAR
15	15	INVERSIONES J&B HERMANOS	JR CONDORCANQUI 996	921037668	12	RONDAN ROBLES WILLIAM SERAFIO
16	16	CONSTRUCTORA MORI	JR PEDRO RUIZ 105 COSTADO RIO UTCUBAMBA	935178381	17	TRILLO CORTEZ JOSE MAXIMO HUMBERTO
17	17	COLEGIO PARTICULAR NO ESCOLARIZADO I...	PS JUAN IZQUIERDO 190Int SCT VISALOT	918383847	30	VELIZ BERNABE JOSE DOLORES
18	18	GEYOSI INGENIEROS SAC	JR JULIO C. TELLO URBANIZACION SECTOR VISALOT 820	912192441	13	JAMANCA NORABUENA HUGO JOSE
19	19	PANADERIA Y PASTELERIA ZAFIRO	AV MARIANO MELGAR URBANIZACION VISALOT 901	954378135	21	SALDAÑA PORTOCARRERO MATILDE
20	20	COMPUTRONIX	JR HIGOS URCO 700	966399895	1	MAGUINA SOTOMAYOR OLGA PATRICIA
21	21	ESTACION DE SERVICIOS PICORITO	AV AVENIDA 3558 AL COSTADO ESTACION SERVICIOS UT...	917010515	7	DEPAZ AURORA ANTONIO FLORENCIO
22	22	DACOS CONTRATISTAS	JR LONYA GRANDE 386 POR EL COLEGIO EXPILOTO	973315044	7	DEPAZ PAREDES JAIME MARCELINO
23	23	DISTRIBUCIONES VM DAVIZA EIRL	JR SAN FELIPE SANTIAGO 835	911459544	11	ZEGARRA BLAS NELLY MARIXSA

3. El código de distrito 13 pertenece al RIMAC como se muestra a continuación:

	IDE_DIS	NOM_DIS
13	13	RIMAC

4. Por tanto, la siguiente sentencia permite actualizar con 0000000 a todos los proveedores del distrito del RIMAC.

```
UPDATE PROVEEDOR
     SET TEL_PRV='0000000'
     FROM PROVEEDOR AS P
     JOIN DISTRITO AS D ON P.IDE_DIS=D.IDE_DIS
     AND P.IDE_DIS= (SELECT IDE_DIS
                     FROM DISTRITO
                     WHERE NOM_DIS='RIMAC')
GO
```

5. La cláusula JOIN permite unir dos o más tablas. Se recomienda usar alias para cada tabla relacionada, porque en la cláusula ON se deberá especificar la forma en que se unen ambas tablas y siempre se agregará una condición de búsqueda tipo subconsulta. En el código anterior la sentencia es la siguiente:

```
SELECT IDE_DIS
  FROM DISTRITO
  WHERE NOM_DIS='RIMAC'
```

6. Emita como resultado el código D13, que permitirá actualizar a todos los proveedores que cumplan con esa condición. Si no usamos la unión de tablas, el código de actualización sería de la siguiente manera:

```
UPDATE PROVEEDOR
     SET TEL_PRV='0000000'
     WHERE IDE_DIS='13'
GO
```

7. También podríamos optar por la siguiente sentencia:

```
UPDATE PROVEEDOR
SET TEL_PRV='0000000'
    WHERE IDE_DIS = (SELECT IDE_DIS
                        FROM DISTRITO
                        WHERE NOM_DIS='RIMAC')
GO
```

3.6.3 DELETE

La sentencia DELETE permite eliminar todos los registros especificados en una determinada tabla. Hay que tener en cuenta que para eliminar registros estos no deben encontrarse asociados a otra tabla, ya que rompería la regla de integridad.

Formato:

```
DELETE <FROM><TABLA>
 WHERE <CONDICION>
```

Donde:

a. **TABLA:** aquí se especifica el nombre de la tabla o vista que necesite eliminar sus registros.

b. **WHERE:** condiciona la eliminación de los registros dependiendo de la condición especificada.

Las consideraciones generales al insertar una fila nueva son las siguientes:

- La sentencia DELETE se puede bloquear cuando se ocasione un error de restricción FOREIGN KEY, es decir, si se intenta eliminar registros que se encuentren asociados a otras tablas. En caso de encontrarse este caso, el motor de la base de datos envía un error al usuario y no elimina ningún registro del *script*.

- Cuando la sentencia DELETE determina un error aritmético en su proceso, el motor de la base de datos cancela todo el proceso y envía un mensaje de error al usuario, debido a que activa la librería SET ARITHABORT ON.

- También se puede optar por la sentencia TRUNCATE TABLE cuando se necesite eliminar todas las filas de una determinada tabla sin especificar la cláusula WHERE. En este caso TRUNCATE usa menos recursos que DELETE y, por lo tanto, es mucho más rápida la transacción.

Veamos la especificación de la sentencia DELETE sobre la tabla PRODUCTO:

1. Usando la tabla PRODUCTO realice las siguientes eliminaciones:

PRODUCTO	
Column Name	**Condensed Type**
🔑 IDE_PRO	int
DES_PRO	varchar(50)
PRE_PRO	money
SAC_PRO	int
SMI_PRO	int
UNI_PRO	varchar(30)

2. Elimine todos los registros de la tabla PRODUCTO.

```
DELETE PRODUCTO
GO
```

3. Elimine todos los registros de la tabla PRODUCTO cuyo stock actual sea inferior a 50.

```
DELETE PRODUCTO
WHERE SAC_PRO<50
GO
```

3.7 Manejo de datos masivos en SQL Server

El motor de base de datos de Microsoft SQL Server permite importar y exportar masivamente datos entre una tabla de SQL Server y un archivo de datos que podría ser un texto plano txt.

SQL Server hace referencia a la importación y exportación de la siguiente manera:

a. **Exportación masiva:** se refiere a la copia de datos de una tabla de SQL Server en un archivo de datos.

b. **Importación masiva:** significa cargar datos de un archivo de datos a una tabla de SQL Server.

Los métodos básicos disponibles en el motor de base de datos son los siguientes:

a. **BCP:** utilidad de línea de comandos que permite la importación y exportación de datos masivos y genera archivos de formato.

b. **BULK INSERT:** instrucción de Transact SQL que importa datos directamente de un archivo de datos en una tabla de una base de datos. Esta instrucción no permite la exportación de datos.

c. **OPENROWSET(BULK):** instrucción Transact SQL que usa el proveedor de conjunto de filas BULK OPENROWSET para importar masivamente desde un archivo externo hacia una tabla de SQL Server. Es especialmente usado para la importación de imágenes masivas.

3.7.1 Instrucción Bulk Insert

La instrucción Bulk Insert importa un archivo de datos en una tabla con un formato definido por el usuario.

```
BULK INSERT <NOMBRE_TABLA>
    FROM 'ARCHIVO_DATOS'
  WITH (
    FIELDTERMINATOR = <SÍMBOLO_CAMPO_TERMINADOR>
    FIRSTROW = <NÚMERO_FILA>
    ROWTERMINATOR = <SÍMBOLO_FILA_TERMINADOR>
    )
```

a. **<NOMBRE_TABLA>:** es el nombre de la tabla o vista en la que se va a realizar una importación masiva de datos. Solo se pueden utilizar vistas en las cuales todas las columnas hagan referencia a la misma tabla base.

b. **<ARCHIVO_DATOS>:** es la ruta de acceso completa al archivo de datos que contiene los datos que se van a importar en la tabla o vista especificada. BULK INSERT puede importar datos desde un disco (incluidos una ubicación de red, disquete, disco duro, etc.). Por ejemplo, si el archivo se encuentra en la unidad C: y se llama fuente.txt, entonces se puede especificar de la siguiente manera: FROM ‹C:\FUENTE.TXT›.

c. **FIELDTERMINATOR:** especifica el terminador de campo que se va a utilizar para archivos de datos de tipo texto. Se debe considerar que los datos dentro del archivo de texto siempre deben contar con el mismo separador de campos, el cual puede ser cualquier carácter.

d. **FIRSTROW:** especifica el número de la primera fila que se va a cargar. El valor predeterminado es la primera fila del archivo de datos especificado.

e. **ROWTERMINATOR:** especifica el terminador de fila que se va a utilizar para archivos de datos de tipo char y widechar. El terminador de fila predeterminado es \n (carácter de nueva línea).

Veamos la especificación de la sentencia BULK INSERT sobre la tabla PRODUCTO:

1. Usando la tabla PRODUCTO realice las siguientes eliminaciones:

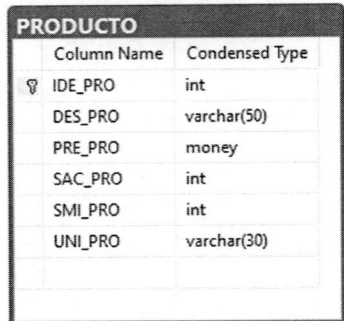

PRODUCTO		
	Column Name	Condensed Type
🔑	IDE_PRO	int
	DES_PRO	varchar(50)
	PRE_PRO	money
	SAC_PRO	int
	SMI_PRO	int
	UNI_PRO	varchar(30)

2. Inicialmente los registros de la tabla PRODUCTO se muestran de la siguiente manera:

	IDE_PRO	DES_PRO	PRE_PRO	SAC_PRO	SMI_PRO	UNI_PRO
12	12	TAJADOR PLÁSTICO	14.00	608	300	DOC
13	13	FOLDER MANILA OFICIO	22.00	200	150	CIE
14	14	FOLDER MANILA A-4	22.00	150	150	CIE
15	15	SOBRE MANILA OFICIO	17.00	300	130	CIE
16	16	SOBRE MANILA A-4	20.00	200	100	CIE
17	17	LAPICERO NEGRO	12.00	3000	1000	DOC
18	18	LAPICERO AZUL	12.00	2013	1500	DOC
19	19	LAPICERO ROJO	10.00	1900	1000	DOC
20	20	FOLDER PLÁSTICO A-4	52.00	3080	1100	CIE
21	21	PROTECTOR DE PANTALLA	52.00	20	5	UNI

3. Contamos con un archivo de texto llamado productos.txt, que tiene el siguiente aspecto:

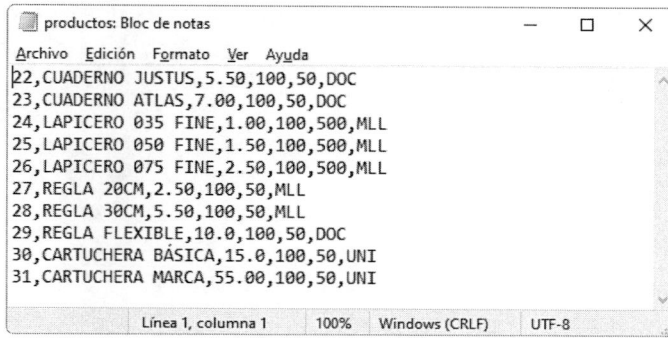

4. Con la siguiente sentencia aplique el volcado desde el archivo de texto hacia la tabla PRODUCTO.

```
BULK INSERT PRODUCTO
     FROM 'C:\PRODUCTOS.TXT'
     WITH(
           FIELDTERMINATOR=',',
           ROWTERMINATOR='\n',
           FIRSTROW=1
     )
GO
```

5. También podríamos usar la siguiente sentencia:

```
BULK INSERT PRODUCTO
     FROM 'C:\PRODUCTOS.TXT'
     WITH(
           FIELDTERMINATOR=',',
           ROWTERMINATOR='\n'
     )
GO
```

6. Finalmente, los registros de la tabla PRODUCTO se muestran de la siguiente manera:

3.8 Sentencia MERGE

Realiza múltiples acciones sobre una misma tabla. Para determinar qué acción tomar se debe condicionar e implementar una serie de criterios. MERGE puede realizar operaciones de inserción, actualización o eliminación en una misma tabla. Muchos administradores de bases de datos usan la sentencia MERGE para sincronizar información de las tablas.

Las características de la sentencia MERGE son las siguientes:

A. Sincronizar los datos de dos tablas

Permite realizar una comparación entre dos tablas con la misma estructura. Esta puede darse en una copia de seguridad, ya que MERGE funciona igual en registros a dos tablas.

B. Registro de información

Cuando se maneja nueva información en la tabla debemos estar seguros de que la información es efectivamente nueva. Si es así, se inserta la información; caso contrario se puede actualizar con los datos. Por ejemplo, cuando se registra en una web muchas veces, la primera vez se registra como un nuevo valor y las siguientes veces simplemente actualizará sus valores.

Veamos la especificación de la sentencia MERGE sobre la tabla PRODUCTO:

1. Usando la tabla PRODUCTO aplique la sentencia MERGE:

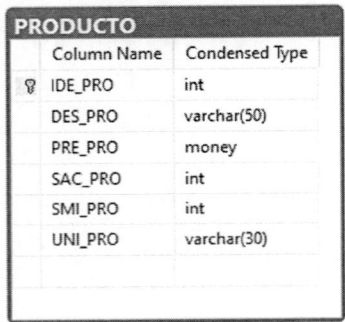

PRODUCTO		
	Column Name	Condensed Type
⚷	IDE_PRO	int
	DES_PRO	varchar(50)
	PRE_PRO	money
	SAC_PRO	int
	SMI_PRO	int
	UNI_PRO	varchar(30)

2. Implemente un MERGE que permita registrar un nuevo producto. Si este producto ya se encuentra registrado solo actualizará sus datos; en caso contrario se registrará como nuevo.

```
--Declaración de variables
DECLARE @IDE INT,@DES VARCHAR(40),@PRE MONEY,@SAC INT,@SMI INT,@UNI VARCHAR(30)
SET @IDE='1'
SET @DES='PAPEL BOND A-4 ATLAS'
SET @PRE=18.50
SET @SAC=200
SET @SMI=150
SET @UNI='MLL'

--Aplicando la sentencia MERGE
```

```
MERGE PRODUCTO AS TARGET
    USING (SELECT @IDE,@DES,@PRE,@SAC,@SMI,@UNI)
    AS SOURCE (IDE_PRO,DES_PRO,PRE_PRO,SAC_PRO,SMI_PRO,UNI_PRO)
    ON (TARGET.IDE_PRO = SOURCE.IDE_PRO)
    WHEN MATCHED THEN
    UPDATE SET DES_PRO=SOURCE.DES_PRO,PRE_PRO=SOURCE.PRE_PRO,
                SAC_PRO=SOURCE.SAC_PRO,SMI_PRO=SOURCE.SMI_PRO,
                UNI_PRO=SOURCE.UNI_PRO
    WHEN NOT MATCHED THEN
    INSERT VALUES(SOURCE.IDE_PRO, SOURCE.DES_PRO,SOURCE.PRE_PRO,
                SOURCE.SAC_PRO,SOURCE.SMI_PRO,SOURCE.UNI_PRO
);
GO
```

3.9 Caso resuelto 1: proyectos industriales

Cree la base de datos PROYECTOS_INDUSTRIALES teniendo en cuenta los siguientes aspectos:

1. Valide la base de datos y cree el siguiente modelo de base de datos:

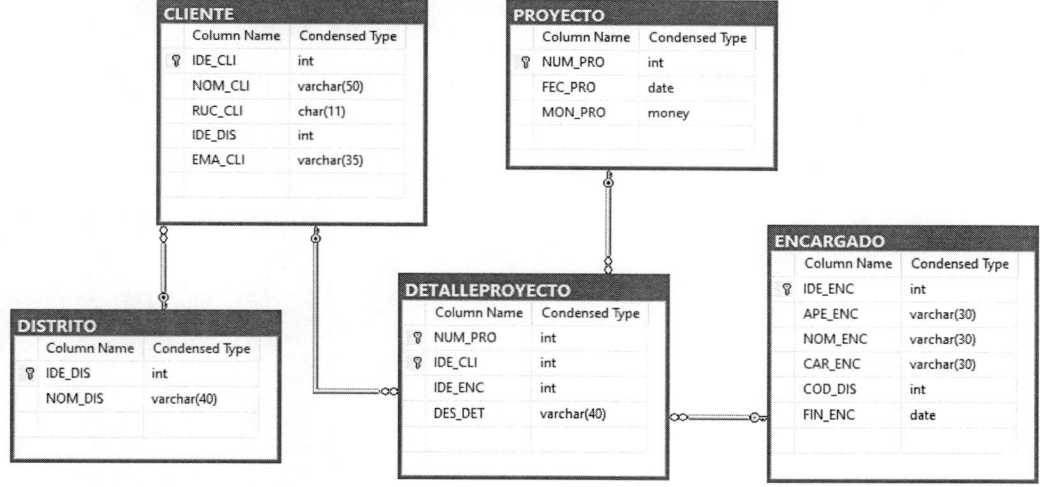

2. Aplique las siguientes restricciones:
   - Aplique la propiedad IDENTITY a la columna NUM_PRO de la tabla PROYECTO con un inicio de uno.
   - En el correo del cliente muestre el mensaje «No cuenta» si el usuario no registra ese dato.
   - En el monto del proyecto el valor debe ser superior a cero.
   - En la carrera del encargado solo se podrán registrar valores como «Jefe-Contador-Supervisor-Vendedor»,
   - El número de RUC del cliente debe ser un valor único por cliente.
3. Modifique a 100 la capacidad de caracteres de la descripción del detalle de proyecto.
4. Agregue el campo teléfono «TEL_CLI» y número de hijos «HIJ_CLI» a la tabla CLIENTE.
5. Elimine el campo HIJ_CLI de la tabla CLIENTE.

6. Liste las tablas implementadas en la base de datos.

7. Liste los campos de cada tabla implementada.

8. Realice la inserción de registros a cada tabla de la base de datos PROYECTOS INDUSTRIALES.

9. Realice las siguientes actualizaciones:

   - Modifique el correo electrónico del cliente «María López» por maria_lopez@gmail.com.
   - Modifique los números de teléfono de todos los clientes por 0000000.
   - Disminuya en $5000.00 a todos los proyectos registrados en el primer semestre del año 2022.

10. Implemente la sentencia MERGE para un distrito; en caso de que existiera, actualizar la información y, caso contrario, insertarlo como un nuevo distrito.

Solución:

1. Valide la base de datos y cree el siguiente modelo de base de datos.

```sql
--Activando la base de datos maestra
USE MASTER
GO


--validando la existencia de la base de datos
IF DB_ID('PROYECTOSINDUSTRIALES') IS NOT NULL
     DROP DATABASE PROYECTOSINDUSTRIALES
GO


--Creando la base de datos
CREATE DATABASE PROYECTOSINDUSTRIALES
GO


--Activando la base de datos
USE PROYECTOSINDUSTRIALES
GO


--Definir el formato de fecha latino
SET DATEFORMAT DMY
GO


--Creación de tablas
CREATE TABLE CLIENTE(
     IDE_CLI     INT          NOT NULL IDENTITY(1,1),
     NOM_CLI     VARCHAR(50)  NOT NULL,
     RUC_CLI     CHAR(11)     NOT NULL,
     IDE_DIS     INT          NOT NULL,
```

```
        EMA_CLI        VARCHAR(35)  NULL
)
GO


CREATE TABLE DISTRITO(
        IDE_DIS        INT          NOT NULL IDENTITY(1,1),
        NOM_DIS        VARCHAR(40)  NOT NULL
)
GO


CREATE TABLE ENCARGADO(
        IDE_ENC        INT          NOT NULL IDENTITY(1,1),
        APE_ENC        VARCHAR(30)  NOT NULL,
        NOM_ENC        VARCHAR(30)  NOT NULL,
        CAR_ENC        VARCHAR(30)  NOT NULL,
        COD_DIS        INT          NOT NULL,
        FIN_ENC        DATE         NOT NULL
)
GO


CREATE TABLE PROYECTO(
        NUM_PRO        INT    NOT NULL IDENTITY(1,1),
        FEC_PRO        DATE   NOT NULL,
        MON_PRO        MONEY  NOT NULL
)
GO


CREATE TABLE DETALLEPROYECTO(
        NUM_PRO        INT          NOT NULL,
        IDE_CLI        INT          NOT NULL,
        IDE_ENC        INT          NOT NULL,
        DES_DET        VARCHAR(40)  NOT NULL
)
GO
--Asignando llaves primarias
ALTER TABLE PROYECTO
        ADD PRIMARY KEY (NUM_PRO)
ALTER TABLE ENCARGADO
        ADD PRIMARY KEY (IDE_ENC)
ALTER TABLE CLIENTE
        ADD PRIMARY KEY (IDE_CLI)
ALTER TABLE DETALLEPROYECTO
        ADD PRIMARY KEY (NUM_PRO,IDE_CLI)
```

```
ALTER TABLE DISTRITO
    ADD PRIMARY KEY (IDE_DIS)


--Asignando llaves foráneas
ALTER TABLE DETALLEPROYECTO
    ADD FOREIGN KEY (IDE_CLI) REFERENCES CLIENTE
ALTER TABLE DETALLEPROYECTO
    ADD FOREIGN KEY (NUM_PRO) REFERENCES PROYECTO
ALTER TABLE DETALLEPROYECTO
    ADD FOREIGN KEY (IDE_ENC) REFERENCES ENCARGADO
ALTER TABLE CLIENTE
    ADD FOREIGN KEY (IDE_DIS) REFERENCES DISTRITO
GO
```

2. Aplique las siguientes restricciones:

   a. Aplique la propiedad IDENTITY a la columna NUM_PRO de la tabla PROYECTO con un inicio de uno.

```
CREATE TABLE PROYECTO(
    NUM_PRO      INT    NOT NULL IDENTITY(1,1),
    FEC_PRO      DATE   NOT NULL,
    MON_PRO      MONEY  NOT NULL
)
GO
```

   b. En el correo del cliente muestre el mensaje «No cuenta» si el usuario no registra ese dato.

```
ALTER TABLE CLIENTE
 ADD DEFAULT 'NO CUENTA'
 FOR EMA_CLI
GO
```

   c. En el monto del proyecto el valor debe ser superior a cero.

```
ALTER TABLE PROYECTO
 ADD CONSTRAINT CHK_MONTO
 CHECK (MON_PRO>0)
GO
```

d. En la carrera del encargado solo se podrán registrar valores como «Jefe-Contador-Supervisor-Vendedor».

```
ALTER TABLE ENCARGADO
 ADD CONSTRAINT CHK_CARRERA
 CHECK (CAR_ENC IN('JEFE','CONTADOR','SUPERVISOR','VENDEDOR'))
GO
```

e. El número de RUC del cliente debe ser un valor único por cliente.

```
ALTER TABLE CLIENTE
 ADD CONSTRAINT UNI_RUC
 UNIQUE (RUC_CLI)
GO
```

3. Modifique la capacidad de caracteres a 100 de la descripción del detalle de proyecto.

```
ALTER TABLE DETALLEPROYECTO
 ALTER COLUMN DES_DET VARCHAR(100)
GO
```

4. Agregue el campo teléfono «TEL_CLI» y número de hijos «HIJ_CLI» a la tabla CLIENTE.

```
ALTER TABLE CLIENTE
 ADD TEL_CLI CHAR(15),HIJ_CLI INT
GO
```

5. Elimine el campo HIJ_CLI de la tabla CLIENTE.

```
ALTER TABLE CLIENTE
 DROP COLUMN HIJ_CLI
GO
```

6. Liste las tablas implementadas en la base de datos.

```
SP_TABLES
GO
```

7. Liste los campos de cada tabla implementada.

```
SP_COLUMNS CLIENTE
GO
SP_COLUMNS PROYECTO
GO
SP_COLUMNS DISTRITO
GO
SP_COLUMNS DETALLEPROYECTO
GO
SP_COLUMNS ENCARGADO
GO
```

8. Realice la inserción de registros a cada tabla de la base de datos PROYECTOS INDUSTRIALES.

```
INSERT INTO DISTRITO VALUES('LIMA')
INSERT INTO DISTRITO VALUES('LINCE')
INSERT INTO DISTRITO VALUES('BREÑA')
INSERT INTO DISTRITO VALUES('LOS OLIVOS')
INSERT INTO DISTRITO VALUES('RIMAC')
INSERT INTO DISTRITO VALUES
('SAN MARTIN DE PORRES')
INSERT INTO DISTRITO VALUES('SAN LUIS')
INSERT INTO DISTRITO VALUES('SAN BORJA')

INSERT INTO CLIENTE(NOM_CLI,RUC_CLI,IDE_DIS,EMA_CLI)
    VALUES('LOPEZ MARIA','10856985252','3','MLOPEZ@HOTMAIL.COM')
INSERT INTO CLIENTE(NOM_CLI,RUC_CLI,IDE_DIS,EMA_CLI)
    VALUES('GOMEZ JOSE','10856111252','2','JGOMEZ@HOTMAIL.COM')
INSERT INTO CLIENTE(NOM_CLI,RUC_CLI,IDE_DIS,EMA_CLI)
    VALUES('ACOSTA JESUS','10856222252','1',DEFAULT)
INSERT INTO CLIENTE(NOM_CLI,RUC_CLI,IDE_DIS,EMA_CLI)
    VALUES('ARIAS GUADSLUPE','10833385252','4','GARIAS@HOTMAIL.COM')
INSERT INTO CLIENTE(NOM_CLI,RUC_CLI,IDE_DIS,EMA_CLI)
    VALUES('CARLOS MANUEL','10854445252','8','MCARLOS@HOTMAIL.COM')
INSERT INTO CLIENTE(NOM_CLI,RUC_CLI,IDE_DIS,EMA_CLI)
    VALUES('GERZ BRIGITTE','10856555252','6',DEFAULT)
INSERT INTO CLIENTE(NOM_CLI,RUC_CLI,IDE_DIS,EMA_CLI)
    VALUES('BARBOSA MARISOL','10555985252','4','MBARBOSA@HOTMAIL.COM')
```

```
INSERT INTO ENCARGADO VALUES('LUIS','GRIMALDO','JEFE','1','01/02/2020')
INSERT INTO ENCARGADO VALUES('ROJAS','FILIMON','CONTADOR','2','04/05/2020')
INSERT INTO ENCARGADO VALUES('SALAZAR','RODOLFO','SUPERVISOR','1','05/05/2020')
INSERT INTO ENCARGADO VALUES('VILCHEZ','ALEJANDRO','VENDEDOR','3','01/03/2021')
INSERT INTO ENCARGADO VALUES('JACINTO','MARTIN','JEFE','4','04/07/2021')
INSERT INTO ENCARGADO VALUES('JUAREZ','CARLOS','CONTADOR','1','01/08/2021')
INSERT INTO ENCARGADO VALUES('LAMAS','EDUARDO','VENDEDOR','6','03/09/2021')
INSERT INTO ENCARGADO VALUES('PALACIOS','ELVIS','JEFE','4','01/02/2022')
INSERT INTO ENCARGADO VALUES('PRIETO','CARLOS','SUPERVISOR','1','03/04/2022')
INSERT INTO ENCARGADO VALUES('CONTRERAS','MARIA','SUPERVISOR','7','02/06/2022')
INSERT INTO ENCARGADO VALUES('LAZARO','JUANA','VENDEDOR','8','02/07/2022')

INSERT INTO PROYECTO VALUES('01/05/2022',100000)
INSERT INTO PROYECTO VALUES('11/05/2022',300000)
INSERT INTO PROYECTO VALUES('23/05/2022',140000)
INSERT INTO PROYECTO VALUES('21/06/2022',150000)
INSERT INTO PROYECTO VALUES('21/06/2022',10000)
INSERT INTO PROYECTO VALUES('16/07/2022',330000)
INSERT INTO PROYECTO VALUES('15/07/2022',220000)
INSERT INTO PROYECTO VALUES('10/08/2022',260000)
INSERT INTO PROYECTO VALUES('08/08/2022',140000)
INSERT INTO PROYECTO VALUES('06/09/2022',160000)
INSERT INTO PROYECTO VALUES('02/10/2022',246000)

INSERT INTO DETALLEPROYECTO VALUES(1,'1','1','OBRA LIMA')
INSERT INTO DETALLEPROYECTO VALUES(2,'2','11','OBRA AREQUIPA')
INSERT INTO DETALLEPROYECTO VALUES(3,'1','2','OBRA LIMA')
INSERT INTO DETALLEPROYECTO VALUES(4,'1','2','OBRA LIMA')
INSERT INTO DETALLEPROYECTO VALUES(5,'4','3','OBRA AREQUIPA')
INSERT INTO DETALLEPROYECTO VALUES(6,'7','3','OBRA LIMA')
INSERT INTO DETALLEPROYECTO VALUES(7,'5','4','OBRA LIMA')
INSERT INTO DETALLEPROYECTO VALUES(8,'2','5','OBRA AREQUIPA')
INSERT INTO DETALLEPROYECTO VALUES(9,'1','6','OBRA LIMA')
INSERT INTO DETALLEPROYECTO VALUES(10,'2','7','OBRA LIMA')
INSERT INTO DETALLEPROYECTO VALUES(11,'3','5','OBRA AREQUIPA')

--Listando los registros
SELECT * FROM CLIENTE
SELECT * FROM PROYECTO
SELECT * FROM DISTRITO
SELECT * FROM DETALLEPROYECTO
SELECT * FROM ENCARGADO
```

9. Realice las siguientes actualizaciones:

a. Modifique el correo electrónico del cliente María López por maria_lopez@gmail.com.

```
UPDATE CLIENTE
    SET EMA_CLI = 'MARIA_LOPEZ@GMAIL.COM'
    WHERE NOM_CLI='LÓPEZ MARÍA'
GO
```

b. Modifique los números de teléfono de todos los clientes por 0000000.

```
UPDATE CLIENTE
    SET TEL_CLI = '0000000'
    WHERE TEL_CLI IS NULL
GO
```

c. Disminuya en $5000.00 a todos los proyectos registrados en el primer semestre del año 2022.

```
UPDATE PROYECTO
    SET MON_PRO -= 5000
    WHERE YEAR(FEC_PRO) = 2022 AND MONTH(FEC_PRO) BETWEEN 1 AND 6
GO
```

10. Implemente la sentencia MERGE para un distrito; en caso de que existiera, actualizar la información y, caso contrario, insertarlo como un nuevo distrito.

```
--Declaración de variables
DECLARE @IDE INT,@DIS VARCHAR(40)
SET @IDE='9'
SET @DIS='LINCE'

--Aplicando la sentencia MERGE
MERGE DISTRITO AS TARGET
    USING (SELECT @IDE,@DIS)
    AS SOURCE (IDE_DIS,NOM_DIS)
    ON (TARGET.NOM_DIS = SOURCE.NOM_DIS)
    WHEN MATCHED THEN
    UPDATE SET NOM_DIS=SOURCE.NOM_DIS
    WHEN NOT MATCHED THEN
    INSERT VALUES(SOURCE.IDE_DIS, SOURCE.NOM_DIS);
GO
```

Capítulo 4

Recuperación de datos

4.1 Sentencia SELECT para la recuperación de registros

Es una sentencia que permite obtener información a partir de un criterio. Además, es una de las principales características que presenta SQL Server como servicio de base de datos. El servidor interpreta la consulta y recupera los datos especificados desde las tablas. Tiene el siguiente formato general:

```
SELECT <ALL> <*>
  <DISTINCT>
  <TOP VALOR [PERCENT]>
  <ALIAS.CAMPO>
  <AS CAMPO>
  <INTO TABLA_DESTINO>
FROM <TABLA> <AS ALIAS>
  <INNER | LEFT | RIGHT | CROSS JOIN >
  <WHERE CONDICION>
  <GROUP BY CAMPO>
  <HAVING CONDICION>
  <ORDER BY CAMPO ASC | DESC>
```

Donde:

a. **ALL** es considerado un predicado dentro de la sentencia SELECT y hace referencia a todas las filas contenidas en una tabla.

b. *** (asterisco)** hace referencia a todas las columnas de una tabla.

c. **DISTINCT** especifica que el conjunto de filas devueltas por la consulta no sean repetidas, es decir, que estas deben ser únicas. Los valores asignados con NULL se consideran igual desde el punto de vista de la cláusula DISTINCT.

d. TOP especifica que el conjunto de filas devueltas por la consulta puede ser controlado en número y porcentaje. Considere que la muestra de registros devuelta siempre será el primer conjunto de filas especificadas. Para especificar el porcentaje basta con que agregue la palabra PERCENT.

e. ALIAS.CAMPO hace referencia a una tabla y la especificación campo a unos de los atributos de la tabla. Si se hace referencia a una sola tabla en la consulta no será necesaria la referencia alias, ya que al referenciar dos o más tablas las columnas podrían repetirse y alias hace que estos campos se diferencien. Por otro lado, para poder especificar varios campos se deben separar por comas (,). El número máximo de campos es 4096.

f. INTO permite crear una nueva tabla y enviar las filas resultantes del proceso de consulta.

g. FROM permite especificar la tabla que está involucrada en la consulta. Hay que tener en cuenta que es aquí donde se define el alias a la tabla.

h. INNER permite unir una tabla a la consulta, lo cual resulta en una combinación de campos que luego será parte del proceso de la consulta.

i. WHERE esta cláusula permite condicionar el resultado de una consulta.

j. GROUP BY permite agrupar un conjunto de registros en forma de resumen con los valores especificados de una o más columnas.

k. HAVING es la condicional que se presenta solo cuando se especifica un GROUP BY, es decir, condiciona los registros que se presentan agrupados.

l. ORDER BY permite ordenar los registros de acuerdo con una columna específica, no hay límite de criterio de ordenamiento. Se debe tener en cuenta que la cláusula ORDER BY ordena según la intercalación de las columnas participantes. Existen dos formas de intercalación de columnas: la de Windows y la de SQL. La forma tradicional es la intercalación Latin1_General, pero también se podría especificar con Traditional_Spanish.

4.2 Consultas de registros básicos

Este tipo de consulta permite mostrar todos los registros de una tabla. Su uso se basa en enseñar rápidamente todo el contenido de una tabla. El formato es el siguiente:

```
SELECT <ALL> <*>
  FROM <TABLA> <AS ALIAS>
GO
```

Veamos algunos casos sobre consultas.

1. Liste todos los registros desde la tabla PRODUCTO.

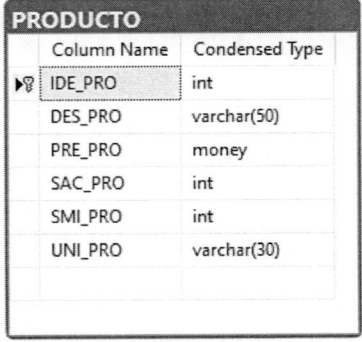

PRODUCTO	
Column Name	Condensed Type
IDE_PRO	int
DES_PRO	varchar(50)
PRE_PRO	money
SAC_PRO	int
SMI_PRO	int
UNI_PRO	varchar(30)

A. Primera forma

Al especificar un asterisco se listan por un lado todas las filas y, por otro lado, todas las columnas de la tabla PRODUCTO.

```
SELECT * FROM PRODUCTO
GO
```

B. Segunda forma

Al especificar la cláusula ALL se hace referencia a todas las filas, mientras que el asterisco hace referencia a todas las columnas de la tabla PRODUCTO.

```
SELECT ALL * FROM PRODUCTO
GO
```

C. Tercera forma

Se le asigna un alias a la tabla PRODUCTO llamada «P». Por lo tanto, al referenciar p.* se hace alusíon a que se muestren todos los registros de la tabla PRODUCTO.

```
SELECT P.* FROM PRODUCTO P
GO
```

D. Cuarta forma

Cuando no se asigna un alias a la tabla, se puede hacer referencia a todas las filas y columnas anteponiendo el nombre de la tabla al asterisco.

```
SELECT PRODUCTO.* FROM PRODUCTO
GO
```

4.3 Consultas distinguidas

Este tipo de consultas permite mostrar información que no presente valores repetidos. Por otra parte, las consultas distinguidas se pueden usar en cuadros combinados o listas en un lenguaje de programación. El formato es el siguiente:

```
SELECT <CAMPO>
  <DISTINCT>
  FROM <TABLA>
GO
```

Veamos algunos casos sobre consultas distinguidas.

1. Liste todos los tipos de unidades (UNI_PRO) que presentan los productos.

PRODUCTO	
Column Name	**Condensed Type**
🔑 IDE_PRO	int
DES_PRO	varchar(50)
PRE_PRO	money
SAC_PRO	int
SMI_PRO	int
UNI_PRO	varchar(30)

2. Inicialmente, se pueden mostrar todos los registros de la columna UNI_PRO. El resultado nos muestra las unidades solicitadas pero que se encuentran repetidas.

```
SELECT UNI_PRO FROM PRODUCTO
GO
```

	UNI_PRO
1	MLL
2	MLL
3	MLL
4	MLL
5	UNI
6	UNI
7	UNI
8	UNI
9	DOC
10	DOC
11	DOC
12	DOC
13	CIE
14	CIE
15	CIE
16	CIE
17	DOC

3. Para evitar la repetición de valores se pueden ejecutar las siguientes consultas:

```
SELECT DISTINCT UNI_PRO FROM PRODUCTO
GO
```

	UNI_PRO
1	CIE
2	DOC
3	MLL
4	UNI

4.4 Consultas ordenadas

Este tipo de consulta permite mostrar información ordenada a partir de la especificación de los campos. El formato es el siguiente:

```
SELECT <ALL> <*>
  <DISTINCT>
 FROM <TABLA> <AS ALIAS>
 <ORDER BY CAMPO ASC | DESC>
```

Veamos algunos casos sobre consultas ordenadas.

1. Si se tiene la información referente a la tabla CLIENTE.

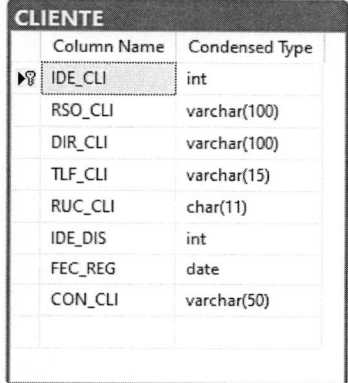

CLIENTE	
Column Name	Condensed Type
IDE_CLI	int
RSO_CLI	varchar(100)
DIR_CLI	varchar(100)
TLF_CLI	varchar(15)
RUC_CLI	char(11)
IDE_DIS	int
FEC_REG	date
CON_CLI	varchar(50)

2. Muestre todos los registros de cliente ordenados por la columna razón social de forma ascendente.

A. Primera forma

En la cláusula Order by se especifica la forma de ordenamiento mediante la opción ASC (ascendente) y DESC (descendente).

```
SELECT *
  FROM CLIENTE ORDER BY RSO_CLI ASC
GO
```

B. Segunda forma

Cuando no se especifica la opción de ordenamiento, automáticamente se asume por defecto el valor de orden ascendente.

```
SELECT *
  FROM CLIENTE ORDER BY RSO_CLI
GO
```

C. Tercera forma

Se especifica el número de columna de la tabla. Esto nos servirá cuando un campo es calculado y no tiene un nombre específico.

```
SELECT *
  FROM CLIENTE ORDER BY 2
GO
```

3. Muestre todos los registros de cliente ordenados por el año de registro del cliente (FEC_REG) en forma descendente y, ante la repetición, ordenar por meses en forma ascendente.

A. Primera forma

Para especificar dos criterios de ordenamiento se usa el operador coma (,). Hay que tener en cuenta que al especificar dos criterios el segundo criterio ordena tomando como referencia el primero. En este caso el servidor ordena por año en forma descendente y dentro de este resultado ordena de forma ascendente según los meses.

```
SELECT *
     FROM CLIENTE
     ORDER BY YEAR(FEC_REG) DESC,MONTH(FEC_REG)
GO
```

B. Segunda forma

Se usa alias en la tabla.

```
SELECT C.*
     FROM CLIENTE C
     ORDER BY YEAR(C.FEC_REG) DESC,MONTH(C.FEC_REG) ASC
GO
```

4.5 Consultas por cantidad de registros

Este tipo de consulta permite controlar la cantidad de filas mostradas en el resultado. El formato es el siguiente:

```
SELECT <ALL> <*>
   <DISTINCT>
   <TOP VALOR [PERCENT]>
  FROM <TABLA> <AS ALIAS>
  <ORDER BY CAMPO ASC | DESC>
```

Veamos algunos casos sobre consultas por cantidad de registros.

1. Si se tiene la tabla PRODUCTO.

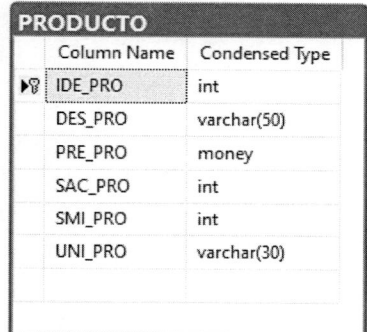

PRODUCTO	
Column Name	Condensed Type
IDE_PRO	int
DES_PRO	varchar(50)
PRE_PRO	money
SAC_PRO	int
SMI_PRO	int
UNI_PRO	varchar(30)

2. Liste los cinco primeros productos registrados en la base de datos.

```
SELECT TOP 5 * FROM PRODUCTO
GO
```

3. Liste los tres productos más caros que se registran en la tabla.

```
SELECT TOP 3 *
     FROM PRODUCTO
     ORDER BY PRE_PRO DESC
GO
```

4. Liste el 50 % de los primeros productos.

```
SELECT TOP 50 PERCENT *
     FROM PRODUCTO
GO
```

4.6 Consultas con especificación de campos

Este tipo de consultas permite especificar qué columnas se mostrarán en el resultado. El formato es el siguiente:

```
SELECT <ALL> <*>
  <ALIAS.CAMPO>
  FROM <TABLA> <AS ALIAS>
```

Veamos algunos casos sobre consultas con especificación de campos.

1. Si se tiene la tabla PRODUCTO.

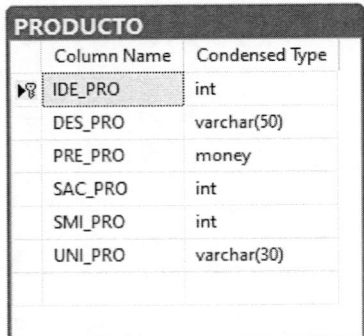

PRODUCTO	
Column Name	Condensed Type
IDE_PRO	int
DES_PRO	varchar(50)
PRE_PRO	money
SAC_PRO	int
SMI_PRO	int
UNI_PRO	varchar(30)

2. Liste los registros de los productos especificando las columnas de código, descripción, precio y *stock* actual.

A. Primera forma
Sin especificación de alias.

```
SELECT IDE_PRO,DES_PRO,PRE_PRO,SAC_PRO
     FROM PRODUCTO
GO
```

B. Segunda forma
Con especificación de alias.

```
SELECT P.IDE_PRO, P.DES_PRO, P.PRE_PRO, P.SAC_PRO
     FROM PRODUCTO P
GO
```

4.7 Consultas con cabeceras

Este tipo de consulta permite asignar una cabecera a las columnas del resultado. El formato es el siguiente:

```
SELECT <ALIAS.CAMPO> <AS CAMPO>
  FROM <TABLA> <AS ALIAS>
```

Veamos algunos casos sobre consultas con cabeceras.

1. Si se tiene la tabla PRODUCTO.

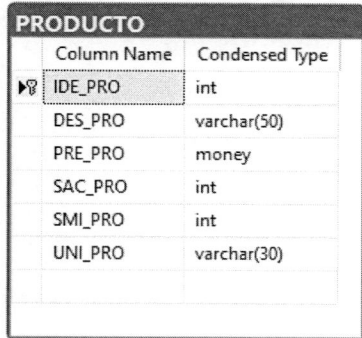

PRODUCTO	
Column Name	Condensed Type
IDE_PRO	int
DES_PRO	varchar(50)
PRE_PRO	money
SAC_PRO	int
SMI_PRO	int
UNI_PRO	varchar(30)

2. Realice el siguiente listado:

```
CÓDIGO     DESCRIPCIÓN      PRECIO        STOCK ACTUAL
  99       XXXXXXXXXXXXX     99.99            99
  99       XXXXXXXXXXXXX     99.99            99
  99       XXXXXXXXXXXXX     99.99            99
```

A. Primera forma

Se usa la cláusula AS antes de especificar el nombre de la cabecera.

```
SELECT IDE_PRO AS CODIGO,DES_PRO AS DESCRIPCION,
       PRE_PRO AS PRECIO,SAC_PRO AS [STOCK ACTUAL]
    FROM PRODUCTO
GO
```

B. Segunda forma

La cabecera se especifica luego de la columna sin ningún operador.

```
SELECT IDE_PRO CODIGO,DES_PRO DESCRIPCION,
       PRE_PRO PRECIO,SAC_PRO [STOCK ACTUAL]
    FROM PRODUCTO
GO
```

A. Tercera forma

La cabecera se especifica con el operador igual.

```
SELECT CODIGO = IDE_PRO, DESCRIPCION = DES_PRO,
       PRECIO = PRE_PRO, [STOCK ACTUAL] = SAC_PRO
    FROM PRODUCTO
GO
```

Cuando la cabecera presenta más de dos palabras se tiene que especificar usando los operadores corchetes o comillas simples.

```
SELECT IDE_PRO AS CODIGO,DES_PRO AS DESCRIPCION,
       PRE_PRO AS PRECIO,SAC_PRO AS 'STOCK ACTUAL'
    FROM PRODUCTO
GO
```

4.8 Consultas con campos calculados

Este tipo de consulta permite mostrar columnas adicionales a la tabla, las cuales se pueden obtener a partir de una expresión. El formato es el siguiente:

```
SELECT <ALIAS.CAMPO><CAMPO CALCULADO>
  FROM <TABLA> <AS ALIAS>
```

Veamos algunos casos sobre consultas con campos calculados.

1. Si se tiene la tabla PRODUCTO.

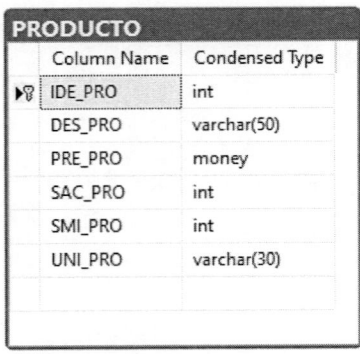

PRODUCTO	
Column Name	Condensed Type
▶🔑 IDE_PRO	int
DES_PRO	varchar(50)
PRE_PRO	money
SAC_PRO	int
SMI_PRO	int
UNI_PRO	varchar(30)

2. Realice el siguiente listado:

CÓDIGO	DESCRIPCIÓN	PRECIO	PRECIO VENTA (10 % + DEL PRECIO)
9999	XXXXXXXXXXXXXX	99.99	99.99
9999	XXXXXXXXXXXXXX	99.99	99.99
9999	XXXXXXXXXXXXXX	99.99	99.99

```
SELECT IDE_PRO AS CODIGO,DES_PRO AS DESCRIPCION,
      PRE_PRO AS PRECIO,(PRE_PRO*1.1) AS [PRECIO VENTA]
    FROM PRODUCTO
GO
```

3. Realice el siguiente listado:

CÓDIGO	DESCRIPCIÓN	STOCK ACTUAL	STOCK MÍNIMO	DIFERENCIA DE STOCK
99999	XXXXXXXXXXXXXX	99	99	99
99999	XXXXXXXXXXXXXX	99	99	99
99999	XXXXXXXXXXXXXX	99	99	99

```
SELECT IDE_PRO AS CODIGO,DES_PRO AS DESCRIPCION,
      SAC_PRO AS [STOCK ACTUAL],SMI_PRO AS [STOCK MINIMO],
      (SAC_PRO - SMI_PRO) AS [DIFERENCIA DE STOCK]
    FROM PRODUCTO
GO
```

4. Si se tiene la tabla VENDEDOR.

5. Realice el siguiente listado:

CÓDIGO	VENDEDOR (NOMBRE COMPLETO)	FECHA DE INICIO
99999	XXXXXXX XXXXXXXX	99/99/9999
99999	XXXXXXX XXXXXXXX	99/99/9999
99999	XXXXXXX XXXXXXXX	99/99/9999

A. Primera forma

Para unir el nombre y apellido del vendedor se debe usar el operador más (+), el cual permite unir o concatenar elementos de tipo de carácter. La función SPACE permite asignar un espacio entre los campos; la cantidad de espacios se especifica mediante un número como parámetro.

```
SELECT IDE_VEN AS CODIGO, NOM_VEN+SPACE(1)+APE_VEN AS VENDEDOR,
    FIN_VEN AS [FECHA DE INICIO]
    FROM VENDEDOR
GO
```

B. Segunda forma

Si se opta por no usar la función SPACE, se puede reemplazar con una pareja de comillas simples.

```
SELECT IDE_VEN AS CODIGO, NOM_VEN+' '+APE_VEN AS VENDEDOR,
    FIN_VEN AS [FECHA DE INICIO]
    FROM VENDEDOR
GO
```

4.9 Consultas que crean tablas de registros

Este tipo de consulta permite crear una tabla con información resultante de una consulta, es decir, el resultado de la consulta se almacenará en la nueva tabla, formando de esta manera su estructura. El formato es el siguiente:

```
SELECT <*>
  <ALIAS.CAMPO>
  <AS CAMPO>
  <INTO TABLA_DESTINO>
 FROM <TABLA> <AS ALIAS>
 <ORDER BY CAMPO ASC | DESC>
```

Veamos algunos casos sobre consultas distinguidas.

1. Si se tiene la tabla PRODUCTO.

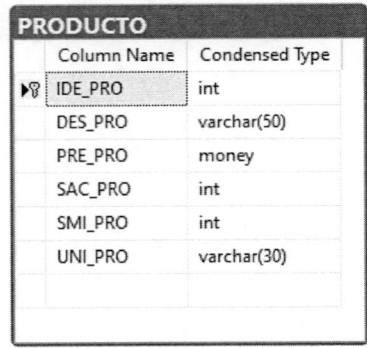

PRODUCTO	
Column Name	Condensed Type
IDE_PRO	int
DES_PRO	varchar(50)
PRE_PRO	money
SAC_PRO	int
SMI_PRO	int
UNI_PRO	varchar(30)

2. Realice una copia completa de la tabla PRODUCTO en una nueva tabla llamada PRODUCTO_BAK:

```
SELECT * INTO PRODUCTO_BAK
     FROM PRODUCTO
GO


--Listando los productos de PRODUCTO_BAK
SELECT * FROM PRODUCTO_BAK
GO
```

3. Cree una tabla REPORTE_PRODUCTO a partir del código, descripción, precio y tipo de unidad de los productos.

```
SELECT IDE_PRO AS CODIGO, DES_PRO AS DESCRIPCION,
     PRE_PRO AS PRECIO,UNI_PRO AS UNIDAD
     INTO REPORTE_PRODUCTO
     FROM PRODUCTO
GO


--Listando los productos del reporte
SELECT * FROM REPORTE_PRODUCTO
GO
```

4.10 Consultas condicionadas

Este tipo de consulta permite mostrar los registros filtrados de una tabla. El filtro es la condición que deben cumplir los registros para mostrarse. El formato es el siguiente:

```
SELECT <ALL> <*>
   <ALIAS.CAMPO AS CAMPO>
  FROM <TABLA> <AS ALIAS>
    <WHERE CONDICION>
    <ORDER BY CAMPO ASC | DESC>
```

A. OPERADORES

Cuando se implementa una condición se tiene que hacer uso de ciertos operadores, dependiendo del tipo de datos del valor que comparar.

OPERADOR	REPRESENTACIÓN
=	Comparación de igualdad entre dos valores
<>	Comparación de diferencia entre dos valores
>	Comparación del mayor valor
<	Comparación del menor valor
>=	Comparación del mayor o igual valor
<=	Comparación del menor o igual valor

B. OPERADORES LOGICOS PARA EL DISEÑO DE FILTROS

Los operadores lógicos tienen como misión comprobar la veracidad de alguna condición. Estos, al igual que los operadores de comparación, devuelven el tipo de datos BOOLEAN con el valor Verdadero(TRUE), Falso(FALSE) o Desconocido(UNKNOWN).

AND	Representa a la Y lógica, en la cual dos expresiones deben ser TRUE para poder devolver TRUE.
ANY	Devuelve TRUE si alguna expresión del conjunto de expresiones es TRUE.
BETWEEN	Devuelve TRUE si el valor se encuentra dentro de un rango, ya sea numérico o de cadena.
IN	Devuelve TRUE si el operando se encuentra dentro de una lista de valores específicos.
LIKE	Devuelve TRUE si el operando coincide como mucho con un patrón especifico. Este patrón contiene la cadena de caracteres que se va a buscar en una expresión. Los comodines que usar son: a. **%:** representa uno o más caracteres. Puede ser cualquier tipo de carácter, ya sea numérico, textual o símbolo. b. **_:** representa a un solo carácter de cualquier tipo. c. **[ ]:** representa cualquier carácter individual dentro de un intervalo o conjunto de caracteres. d. **[^]:** representa cualquier carácter individual fuera del intervalo especificado. e. **IS NOT NULL:** representa que el contenido de una columna no esté vacía.
NOT	Invierte el valor booleano de una expresión del mismo tipo.
OR	Representa la O lógica, en la cual dos expresiones solo serán de tipo FALSE cuando ambas sean FALSE.
SOME	Devuelve TRUE si alguna de las comparaciones de un conjunto de comparaciones es TRUE.

Veamos algunos casos sobre consultas condicionadas.

1. Si se tiene la información referente a la tabla CLIENTE.

CLIENTE	
Column Name	Condensed Type
🔑 IDE_CLI	int
RSO_CLI	varchar(100)
DIR_CLI	varchar(100)
TLF_CLI	varchar(15)
RUC_CLI	char(11)
IDE_DIS	int
FEC_REG	date
CON_CLI	varchar(50)

2. Muestre los registros de los clientes cuyo código de distrito sea 5. Además el cliente se debe haber registrado en el año 2023.

```
SELECT C.*
    FROM CLIENTE C
    WHERE IDE_DIS ='5' AND YEAR(FEC_REG)=2023
GO
```

3. Muestre los registros de los clientes que residen en San Miguel.

```
SELECT C.*
    FROM CLIENTE C
    WHERE C.IDE_DIS = ANY(SELECT IDE_DIS FROM DISTRITO
                                    WHERE NOM_DIS='SAN MIGUEL')
GO
```

4. Muestre los registros de los clientes que se hayan registrado entre los años 2020 y 2022.

```
SELECT C.*
    FROM CLIENTE C
    WHERE YEAR(C.FEC_REG) BETWEEN 2020 AND 2022
GO
```

5. Muestre los registros de los clientes que se hayan registrado entre los años 2020 y 2022.

```
SELECT C.*
    FROM CLIENTE C
    WHERE YEAR(C.FEC_REG) BETWEEN 2020 AND 2022
GO
```

6. Muestre los registros de los clientes cuyo código de distrito sea 1, 14 o 16.

```
SELECT C.*
    FROM CLIENTE C
    WHERE COD_DIS IN ('1','14','16')
GO
```

7. Muestre los registros de los clientes cuyo nombre de la razón social se inicie con la letra M.

```
SELECT C.*
    FROM CLIENTE C
    WHERE RSO_CLI LIKE 'M%'
GO
```

8. Muestre los registros de los clientes cuyo nombre de contrato tenga como segunda letra la A.

```
SELECT C.*
    FROM CLIENTE C
    WHERE CON_CLI LIKE '_A%'
GO
```

9. Muestre los registros de los clientes cuyo nombre de razón social inicie con las letras M, D o C.

```
SELECT C.*
    FROM CLIENTE C
    WHERE RSO_CLI LIKE '[MDC]%'
GO
```

10. Muestre los registros de los clientes cuyo nombre de contacto tenga como segunda letra la A, E o R.

```
SELECT C.*
    FROM CLIENTE C
    WHERE CON_CLI LIKE '_[AER]%'
GO
```

11. Muestre los registros de los clientes cuya razón social no inicie con las letras F, M o C.

```
SELECT C.*
    FROM CLIENTE C
    WHERE RSO_CLI LIKE '[^FMC]%'
GO
```

12. Muestre los registros de los clientes cuyo número de RUC no presente un valor nulo.

```
SELECT C.*
    FROM CLIENTE C
    WHERE RUC_CLI IS NOT NULL
GO
```

13. Muestre los registros de los clientes cuyo año de registro sea diferente al año 2022.

```
SELECT C.*
    FROM CLIENTE C
    WHERE NOT YEAR(FEC_REG) = 2022
GO
```

14. Muestre los registros de los clientes con código 2 Y 7.

```
SELECT C.*
    FROM CLIENTE C
    WHERE C.IDE_CLI='2' OR C.IDE_CLI='7'
GO
```

15. Muestre todos los distritos en los que aún no se registren clientes.

```
SELECT *
    FROM DISTRITO
    WHERE IDE_DIS = SOME(SELECT C.IDE_DIS FROM CLIENTE C)
GO
```

4.11 Consultas internas

En este tipo de consultas, también conocidas como combinación equivalente, los valores de las columnas de una tabla se comparan, mediante el operador de igualdad, con otros valores de una segunda tabla. Ante la coincidencia, devuelve los registros; es decir, si no encuentra valores iguales no los muestra.

Cuando se asocian dos o más tablas se debe tener en cuenta cuál es el campo de unión, ya que una de ellas tiene un campo clave y la otra un campo secundario.

El formato es el siguiente:

```
SELECT <ALL> <*>
   <ALIAS.CAMPO AS CAMPO>
FROM <TABLA-A> <AS ALIAS>
   <INNER JOIN TABLA-B ON CAMPO-A = CAMPO-B>
<ORDER BY CAMPO ASC | DESC>
```

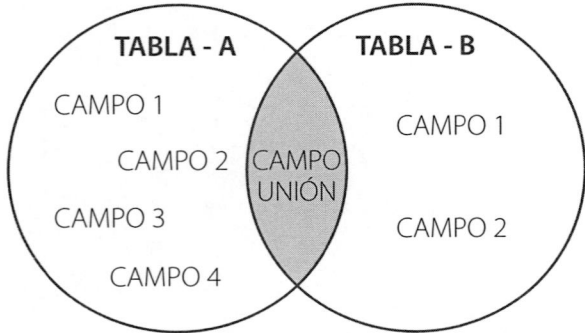

Figura 36. Unión de entidades
Fuente: Elaboración propia

Veamos algunos casos sobre consultas internas.

1. Realice el siguiente listado usando las tablas VENDEDOR y DISTRITO:

```
Results
23      KARLA JOSEFA ANDRADE CHANG          2500.00      2024-10-19    JESÚS MARÍA
24      CÉSAR PETER CALLE DE LA CRUZ        1850.00      2024-11-11    LINCE
25      JOSELITO MARCO VERA GARCÍA          2500.00      2024-05-19    LINCE
26      CARLA MORIA ORTIZ POLO              3200.00      2024-05-04    SURCO
27      JOSÉ MESSI PALACIOS URQUIAGA        3500.00      2024-02-17    CHORRILLOS
28      MARISOL CARMEN MENDOZA DE LA CRUZ   3450.00      2024-08-16    CHORRILLOS
29      DOLORES LAURA ROJAS JUAREZ          3800.00      2024-05-12    CHORRILLOS
30      TERESA ANITA CARRANZA SOTO          2550.00      2024-08-18    JESÚS MARÍA

(30 rows affected)
```

A. Primera forma

Usando alias en las tablas.

```
SELECT V.IDE_VEN AS CODIGO,V.NOM_VEN+SPACE(1)+V.APE_VEN AS VENDEDOR,
     V.SUE_VEN AS SUELDO,V.FEC_ING AS [FECHA DE INICIO],
     D.NOM_DIS AS DISTRITO
     FROM VENDEDOR V
     INNER JOIN DISTRITO D ON V.IDE_DIS=D.IDE_DIS
GO
```

B. Segunda forma

Si se invierte la referencia de las tablas el resultado es el mismo.

```
SELECT V.IDE_VEN AS CODIGO,V.NOM_VEN+SPACE(1)+V.APE_VEN AS VENDEDOR,
    V.SUE_VEN AS SUELDO,V.FEC_ING AS [FECHA DE INICIO],
    D.NOM_DIS AS DISTRITO
    FROM DISTRITO D
    INNER JOIN VENDEDOR V ON V.IDE_DIS=D.IDE_DIS
GO
```

C. Tercera forma

Sin usar alias en las tablas.

```
SELECT IDE_VEN AS CODIGO,NOM_VEN+SPACE(1)+APE_VEN AS VENDEDOR,
    SUE_VEN AS SUELDO,FEC_ING AS [FECHA DE INICIO],
    NOM_DIS AS DISTRITO
    FROM VENDEDOR
    INNER JOIN DISTRITO ON VENDEDOR.IDE_DIS=DISTRITO.IDE_DIS
GO
```

2. Realice el siguiente listado usando las tablas FACTURA, VENDEDOR y CLIENTE:

```
📊 Results
 FACTURA      FECHA FACTURADA  VENDEDOR                          CLIENTE
 -----------  --------------   -------------------------------   --------------------------------------------------
 1            2019-08-05       PATRICIA DORA VIVANCO SECADA      COOP AGRARIA CAFETALERA BAGUA GRANDE LTD
 2            2019-08-06       BELINDA MIA CÁCERES ROCA          CONSULTORES ASESORES Y CONSTRUCTORES ROMA SOCIE
 3            2019-08-07       TERESA ANITA CARRANZA SOTO        LA ANCESTRAL E.I.R.L.
 4            2019-08-08       RENATO IGNACIO LÓPEZ MOLINA       ODONTOSALUD S.R.L.
 5            2019-08-09       GEIDI FERNANDA SUÁREZ VIVANCO     LANDU SAC
 6            2019-08-10       CARLOS CÉSAR LUDENA MENDOZA       INGENIERÍA VIAL CONTRATISTA DEL PERU SOCIEDAD D
 7            2019-08-11       CARLA MORIA ORTIZ POLO            COMERCIAL JOVITA EIRL
```

A. Primera forma

```
SELECT F.NUM_FAC AS FACTURA,F.FEC_FAC AS [FECHA FACTURADA],
    V.NOM_VEN+SPACE(1)+V.APE_VEN AS VENDEDOR,
    C.RSO_CLI AS CLIENTE
    FROM FACTURA F
    INNER JOIN VENDEDOR V ON V.IDE_VEN = F.IDE_VEN
    INNER JOIN CLIENTE C ON C.IDE_CLI = F.IDE_CLI
GO
```

B. Segunda forma

Se usa la forma simplificada de Inner Join eliminando el término Inner.

```sql
SELECT F.NUM_FAC AS FACTURA,F.FEC_FAC AS [FECHA FACTURADA],
    V.NOM_VEN+SPACE(1)+V.APE_VEN AS VENDEDOR,
    C.RSO_CLI AS CLIENTE
    FROM FACTURA F
    JOIN VENDEDOR V ON V.IDE_VEN = F.IDE_VEN
    JOIN CLIENTE C ON C.IDE_CLI = F.IDE_CLI
GO
```

4.12 Consultas externas

Se llama así a una combinación en la cual se da importancia a los valores que son equivalentes. Las combinaciones externas se especifican en la cláusula FROM con uno de los siguientes conjuntos de palabras clave:

A. LEFT JOIN o LEFT OUTER JOIN

Muestra todas las filas de la tabla ubicada en la izquierda de la consulta, forzando a la otra tabla a mostrar valores tipo NULL para realizar una equivalencia entre las tablas.

B. RIGHT JOIN o RIGHT OUTER JOIN

Muestra todas las filas de la tabla ubicada en la derecha de la consulta, forzando a la otra tabla a mostrar valores tipo NULL para realizar una equivalencia entre las tablas.

El formato es el siguiente:

```sql
SELECT <ALL> <*>
  <ALIAS.CAMPO AS CAMPO>
 FROM <TABLA> <AS ALIAS>
   <LEFT | RIGHT JOIN >
   <ORDER BY CAMPO ASC | DESC>
```

4.12.1 LEFT JOIN

Muestra todas las filas de la tabla ubicada a la izquierda de la consulta, forzando a la otra tabla a mostrar valores tipo NULL para realizar una equivalencia entre ambas.

El formato es el siguiente:

```sql
SELECT <ALL> <*>
  <ALIAS.CAMPO AS CAMPO>
 FROM <TABLA> <AS ALIAS>
   <LEFT JOIN >
   <ORDER BY CAMPO ASC | DESC>
```

Veamos la aplicación de Left join en la combinación de tablas.

1. Realice el siguiente listado usando las tablas VENDEDOR y DISTRITO:

```
Results
IDE_DIS   NOM_DIS                         IDE_VEN   NOM_VEN        APE_VEN            SUE_VEN       FEC_ING      IDE_DIS
-------   -------                         -------   -------        -------            -------       -------      -------
1         SURCO                           1         JUANA ROSA     CALVO BRIONES      2000.00       2019-12-11   1
1         SURCO                           5         JULIO ARMANDO  VEGA VEGA          2500.00       2019-05-19   1
1         SURCO                           16        ROSSANA MELISA IGLESIA SANTANA    1200.00       2022-05-04   1
1         SURCO                           17        JOSE ANTONIO   CORONA SOTO        3500.00       2022-02-17   1
1         SURCO                           21        CONSUELO JUANA FERNÁNDEZ ZAMORA   3000.00       2023-12-11   1
1         SURCO                           26        CARLA MORIA    ORTIZ POLO         3200.00       2024-05-04   1
2         JESÚS MARÍA                     8         RUBÉN MARCO    LAZARO FERNANDEZ   2450.00       2020-08-16   2
2         JESÚS MARÍA                     18        RUBEN JORGE    DÍAZ VERA          2450.00       2022-08-16   2
2         JESÚS MARÍA                     19        LUCÍA PATRICIA FIGUEROA MINA      2800.00       2023-05-12   2
2         JESÚS MARÍA                     20        LUIS RENATO    POMA BRENZ         3550.00       2023-08-18   2
2         JESÚS MARÍA                     22        MARORI DINA    TORRES RAMOS       2200.00       2024-03-20   2
```

Las dos primeras columnas pertenecen a la tabla DISTRITO. Debido a que se encuentran en el lado izquierdo, se muestra toda su información aunque no tenga vendedores registrados. La tabla VENDEDOR se muestra a partir de la tercera columna, mostrando el valor NULL solo para aquellos registros que no coinciden con la tabla DISTRITO; es decir, el distrito de código D06 no tiene clientes registrados y, por eso, estos se muestran como nulos.

```sql
SELECT *
    FROM DISTRITO D
    LEFT JOIN VENDEDOR V ON D.IDE_DIS=V.IDE_DIS
GO
```

2. Muestre los distritos que no registran vendedor.

```sql
SELECT D.*
    FROM DISTRITO D
    LEFT JOIN VENDEDOR V ON D.IDE_DIS=V.IDE_DIS
    WHERE V.IDE_DIS IS NULL
GO
```

Cuando se muestra la unión entre las tablas DISTRITO y VENDEDOR, se observa que en la columna del vendedor aparecen como valores nulos. Para mostrar los distritos que tienen nulos en esa columna, se condiciona a cualquier columna de la tabla VENDEDOR. Por lo tanto, el resultado también podría ser el siguiente:

```sql
SELECT D.*
    FROM DISTRITO D
    LEFT JOIN VENDEDOR V ON D.IDE_DIS=V.IDE_DIS
    WHERE V.SUE_VEN IS NULL
GO
```

4.12.2 RIGHT JOIN

Muestra todas las filas de la tabla ubicada a la derecha de la consulta, forzando a la otra tabla a mostrar valores tipo NULL para realizar una equivalencia entre las tablas.

El formato es el siguiente:

```
SELECT <ALL> <*>
  <ALIAS.CAMPO AS CAMPO>
 FROM <TABLA> <AS ALIAS>
   <RIGHT JOIN >
   <ORDER BY CAMPO ASC | DESC>
```

Veamos la aplicación de Right join en la combinación de tablas.

1. Realice el siguiente listado usando las tablas VENDEDOR y DISTRITO:

IDE_VEN	NOM_VEN	APE_VEN	SUE_VEN	FEC_ING	IDE_DIS	IDE_DIS	NOM_DIS
1	JUANA ROSA	CALVO BRIONES	2000.00	2019-12-11	1	1	SURCO
5	JULIO ARMANDO	VEGA VEGA	2500.00	2019-05-19	1	1	SURCO
16	ROSSANA MELISA	IGLESIA SANTANA	1200.00	2022-05-04	1	1	SURCO
17	JOSÉ ANTONIO	CORONA SOTO	3500.00	2022-02-17	1	1	SURCO
21	CONSUELO JUANA	FERNÁNDEZ ZAMORA	3000.00	2023-12-11	1	1	SURCO
26	CARLA MORIA	ORTIZ POLO	3200.00	2024-05-04	1	1	SURCO
8	RUBÉN MARCO	LAZARO FERNANDEZ	2450.00	2020-08-16	2	2	JESÚS MARÍA
18	RUBÉN JORGE	DÍAZ VERA	2450.00	2022-08-16	2	2	JESÚS MARÍA

3	CARLOS VIDAL	CÁRDENAS JURADO	2500.00	2019-10-19	12	12	MAGDALENA
12	GEIDI FERNANDA	SUÁREZ VIVANCO	2200.00	2021-03-20	12	12	MAGDALENA
13	BELINDA MIA	CÁCERES ROCA	2500.00	2021-10-19	12	12	MAGDALENA
NULL	NULL	NULL	NULL	NULL	NULL	13	RIMAC
NULL	NULL	NULL	NULL	NULL	NULL	14	SURQUILLO
NULL	NULL	NULL	NULL	NULL	NULL	15	PUEBLO LIBRE
NULL	NULL	NULL	NULL	NULL	NULL	16	BELLAVISTA
NULL	NULL	NULL	NULL	NULL	NULL	17	CALLAO
NULL	NULL	NULL	NULL	NULL	NULL	18	SAN MARTÍN DE PORRES
NULL	NULL	NULL	NULL	NULL	NULL	19	SANTA ANITA

Las siete primeras columnas pertenecen a la tabla CLIENTE y, por encontrarse en el lado izquierdo, se muestran valores de tipo NULL. Esto se debe a que en la tabla DISTRITO, que se encuentra a la derecha, aparecen todos los distritos, forzando a la tabla de la izquierda a mostrar todos sus registros y rellenar con nulos.

```
SELECT *
    FROM VENDEDOR V
    RIGHT JOIN DISTRITO D ON D.IDE_DIS=V.IDE_DIS
GO
```

2. Muestre los distritos que no registran vendedor.

```
SELECT D.*
    FROM VENDEDOR V
    RIGHT JOIN DISTRITO D ON D.IDE_DIS=V.IDE_DIS
    WHERE V.IDE_DIS IS NULL
GO
```

4.12.3 Consultas FULL JOIN

Estas consultas combinan los valores de la primera tabla con los de la segunda, de forma que siempre devolverán filas de ambas tablas, aunque no cumplan la condición de correspondencia.

El formato es el siguiente:

```
SELECT <ALL> <*>
  <ALIAS.CAMPO AS CAMPO>
 FROM <TABLA> <AS ALIAS>
   <FULL JOIN >
   <ORDER BY CAMPO ASC | DESC>
```

Veamos la aplicación de Full join en la combinación de tablas.

1. Muestre el siguiente listado producto de la unión entre VENDEDOR y DISTRITO.

IDE_VEN	NOM_VEN	APE_VEN	SUE_VEN	FEC_ING	IDE_DIS	IDE_DIS	NOM_DIS
1	JUANA ROSA	CALVO BRIONES	2000.00	2019-12-11	1	1	SURCO
2	JUAN MIGUEL	MEDICO HURTADO	2200.00	2019-03-20	12	12	MAGDALENA
3	CARLOS VIDAL	CÁRDENAS JURADO	2500.00	2019-10-19	12	12	MAGDALENA
4	CESÁR AUGUSTO	OJEDA MENDOZA	1850.00	2019-11-11	11	11	BRENA
5	JULIO ARMANDO	VEGA VEGA	2500.00	2019-05-19	1	1	SURCO
6	ANA MARIA	FONSECA DE LA VEGA	2200.00	2020-05-04	10	10	LINCE
7	JOSÉ LUIS	PALACIOS MERZ	3500.00	2020-02-17	4	4	LA MOLINA

Este tipo de unión mostrará las filas de VENDEDOR y DISTRITO, aunque no tengan asociación.

```
SELECT *
    FROM VENDEDOR V
    FULL JOIN DISTRITO D ON D.IDE_DIS=V.IDE_DIS
GO
```

2. Muestre los distritos que no registran vendedor.

```
SELECT D.*
    FROM VENDEDOR V
    FULL JOIN DISTRITO D ON D.IDE_DIS=V.IDE_DIS
    WHERE V.APE_VEN IS NULL
GO
```

4.13 Consultas agrupadas

Este tipo de consultas permite mostrar todos los registros de una tabla. Su uso se basa en mostrar rápidamente todo el contenido de una tabla. El formato es el siguiente:

```
SELECT <ALL> <*>
  <ALIAS.CAMPO AS CAMPO>
  FROM <TABLA> <AS ALIAS>
   <INNER | LEFT | RIGHT | CROSS JOIN >
   <WHERE CONDICION>
   <GROUP BY CAMPO>
   <HAVING CONDICION>
   <ORDER BY CAMPO ASC | DESC>
```

4.13.1 Funciones agregadas

Son funciones que determinan un determinado valor sobre las columnas de una tabla. Solo se cuenta con cinco de estas funciones en SQL: suma, máximo, mínimo, promedio y conteo.

A. COUNT

Permite devolver el total de registros o filas encontrados en una tabla dependiendo de una determinada condición. El formato es el siguiente:

```
SELECT COUNT(CAMPO)
   FROM <TABLA>
 WHERE <CONDICION>
```

Veamos algunos casos del uso de COUNT.

1. Cuente el total de registros de productos.

   a. **Primera forma:** especificando una columna de la tabla.

```
SELECT COUNT(IDE_PRO) AS [TOTAL DE PRODUCTOS]
     FROM PRODUCTO
GO
```

   b. **Segunda forma:** usando el operador asterisco. Este representa a cualquier columna de la tabla.

```
SELECT COUNT(*) AS [TOTAL DE PRODUCTOS]
     FROM PRODUCTO
GO
```

2. Cuente el total de registros de clientes pertenecientes al año 2022.

```
SELECT COUNT(*)  AS [TOTAL DE CLIENTES EN EL 2022]
     FROM CLIENTE C
     WHERE YEAR(C.FEC_REG)=2022
GO
```

B. SUM

Permite devolver el acumulado de una columna de tipo numérico según un determinado criterio. El formato es el siguiente:

```
SELECT SUM(CAMPO)
   FROM <TABLA>
 WHERE <CONDICION>
```

Veamos algunos casos del uso de SUM.

1. Muestre el total acumulado de los precios de productos.

```
SELECT SUM(P.PRE_PRO) AS [PRECIO ACUMULADO]
     FROM PRODUCTO P
GO
```

2. Muestre el monto acumulado de *stock* actual solo de los productos importados.

```
SELECT SUM(P.SAC_PRO) AS [STOCK ACUMULADO]
     FROM PRODUCTO P
     WHERE IMP_PRO='V'
GO
```

3. Muestre el monto acumulado del producto entre el precio y la cantidad registrada en el detalle de la factura.

```
SELECT SUM(D.CAN_VEN*D.PRE_VEN) AS [SUBTOTAL ACUMULADO]
     FROM DETALLE_FACTURA D
GO
```

C. MAX

Permite devolver el máximo valor de un campo numérico encontrado en una tabla dependiendo de una determinada condición. El formato es el siguiente:

```
SELECT MAX(CAMPO)
   FROM <TABLA>
 WHERE <CONDICION>
```

Veamos un caso del uso de MAX.

1. Muestre el producto más caro que registra la tienda.

```
SELECT MAX(P.PRE_PRO) AS [PRECIO MAXIMO]
     FROM PRODUCTO P
GO
```

D. MIN

Permite devolver el mínimo valor de un campo numérico encontrado en una tabla dependiendo de una determinada condición. El formato es el siguiente:

```
SELECT MIN(CAMPO)
   FROM <TABLA>
 WHERE <CONDICION>
```

Veamos un caso del uso de MIN.

1. Muestre el producto con el precio más bajo que registra la tienda:

```
SELECT MIN(P.PRE_PRO) AS [PRECIO MINIMO]
     FROM PRODUCTO P
GO
```

E. AVG

Permite devolver el promedio de una columna de tipo numérico según un determinado criterio. El formato es el siguiente:

```
SELECT AVG(CAMPO)
   FROM <TABLA>
 WHERE <CONDICION>
```

Veamos un caso del uso de AVG.

1. Muestre el promedio de precios de los productos.

```
SELECT AVG(P.PRE_PRO) AS [PRECIO PROMEDIO]
      FROM PRODUCTO P
GO
```

4.13.2 Cláusula GROUP BY

Para recuperar información, agrupada según un criterio, se debe implementar la cláusula GROUP BY dentro de la consulta SELECT. GROUP BY agrupa un conjunto de registros de acuerdo con los valores de una o más columnas de una tabla. Para implementar mejor las consultas agrupadas se pueden usar funciones agregadas como COUNT, SUM, MAX, MIN y AVG. El formato es el siguiente:

```
SELECT <ALL> <*>
   <ALIAS.CAMPO AS CAMPO>
    FROM <TABLA> <AS ALIAS>
     <GROUP BY CAMPO>
     <HAVING CONDICION>
```

Veamos algunos casos básicos del uso de GROUP BY.

1. Muestre el total de clientes registrados por años.

```
Results
DISTRITO                                            TOTAL
--------------------------------------------------  -----------
ATE - VITARTE                                       5
BARRANCO                                            2
BELLAVISTA                                          8
BRENA                                               2
CALLAO                                              4
CARABAYLLO                                          7
CARMEN DE LA LEGUA                                  2
CHORRILLOS                                          5
```

```
SELECT D.NOM_DIS AS DISTRITO, COUNT(*) AS [TOTAL]
      FROM CLIENTE C
      JOIN DISTRITO D ON C.IDE_DIS=D.IDE_DIS
      GROUP BY D.NOM_DIS
GO
```

2. Muestre el total de facturas registradas por mes.

```
Results
MES            TOTAL
-----------    -----------
9              165
3              155
12             155
6              150
7              155
1              155
10             155
4              150
```

```
SELECT MONTH(F.FEC_FAC) AS MES, COUNT(*) AS TOTAL
    FROM FACTURA F
    GROUP BY MONTH(F.FEC_FAC)
GO
```

3. Muestre el monto acumulado (precio x cantidad) de las facturas.

```
Results
FACTURA        ACUMULADO
-----------    -----------
1              34
2              29
3              36
4              6
5              24
6              26
7              24
8              26
```

```
SELECT F.NUM_FAC AS FACTURA, SUM(DF.CAN_VEN*DF.CAN_VEN) AS ACUMULADO
    FROM FACTURA F
    JOIN DETALLE_FACTURA DF ON F.NUM_FAC=DF.NUM_FAC
    GROUP BY F.NUM_FAC
GO
```

4. Muestre el total de facturas registradas por vendedor.

```
Results
VENDEDOR                                      TOTAL DE FACTURAS
-------------------------------------------   -----------------
ANA MARÍA FONSECA DE LA VEGA                  78
BELINDA MIA CÁCERES ROCA                      61
CARLA MORIA ORTIZ POLO                        67
CARLOS CÉSAR LUDENA MENDOZA                   48
CARLOS VIDAL CÁRDENAS JURADO                  58
CÉSAR AUGUSTO OJEDA MENDOZA                   57
CÉSAR PETER CALLE DE LA CRUZ                  74
CONSUELO JUANA FERNÁNDEZ ZAMORA               66
```

```
SELECT V.NOM_VEN+SPACE(1)+V.APE_VEN AS VENDEDOR,
    COUNT(*) AS [TOTAL DE FACTURAS]
    FROM FACTURA F
    JOIN VENDEDOR V ON V.IDE_VEN=F.IDE_VEN
    GROUP BY V.NOM_VEN+SPACE(1)+V.APE_VEN
GO
```

Veamos algunos casos del uso de GROUP BY condicionados.

1. Si se tiene la información de las tablas PROVEEDOR y DISTRITO.

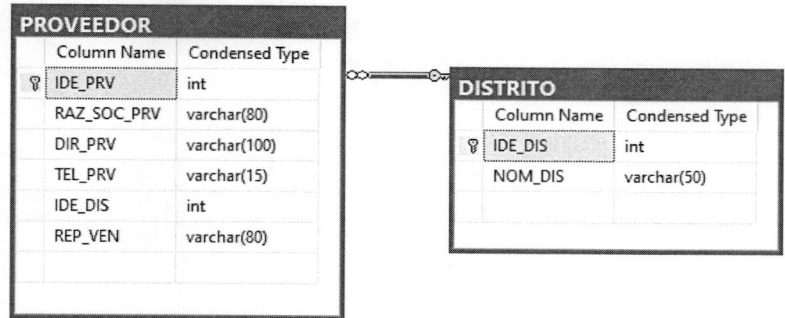

2. Y se necesita mostrar el total de proveedores por distrito, pero solo para los distritos cuyo número de proveedores sea mayor o igual a dos.

```
Results
DISTRITO                                                 TOTAL
-------------------------------------------------------- ----------
ATE - VITARTE                                            3
BARRANCO                                                 8
BELLAVISTA                                               5
BRENA                                                    4
CALLAO                                                   5
CARABAYLLO                                               3
CHORRILLOS                                               7
COMAS                                                    8
```

```
SELECT D.NOM_DIS AS DISTRITO, COUNT(*) AS TOTAL
    FROM PROVEEDOR P
    JOIN DISTRITO D ON P.IDE_DIS=D.IDE_DIS
    GROUP BY D.NOM_DIS
    HAVING COUNT(*)>1
GO
```

3. Si se tiene la información de la tabla FACTURA.

FACTURA

Column Name	Condensed Type
NUM_FAC	int
FEC_FAC	date
IDE_CLI	int
FEC_CAN	date
IDE_VEN	int

4. Y se necesita mostrar información agrupada sobre los años y meses del registro de las facturas, con la condición de que sean solo del primer semestre.

Results

AÑO	MES	TOTAL
2024	1	31
2024	2	29
2024	3	31
2024	4	30
2024	5	31
2024	6	30
2023	1	31
2023	2	28
2023	3	31
2023	4	30
2023	5	31
2023	6	30
2022	1	31
2022	2	28
2022	3	31

```
SELECT YEAR(F.FEC_FAC) AS AÑO, MONTH(F.FEC_FAC) AS MES,COUNT(*) AS TOTAL
    FROM FACTURA F
    GROUP BY YEAR(F.FEC_FAC), MONTH(F.FEC_FAC)
    HAVING MONTH(F.FEC_FAC) <=6
    ORDER BY 1 DESC, 2 ASC
GO
```

4.13.3 Cláusula GROUP BY con resúmenes

Los resúmenes solo se pueden aplicar a un grupo de información. Esto nos permitirá visualizar montos o cómputos realizados sobre un conjunto de información agrupada. El formato es el siguiente:

```
SELECT <ALL> <*>
   <ALIAS.CAMPO AS CAMPO>
   FROM <TABLA> <AS ALIAS>
    <GROUP BY CAMPO>
     [ ROLLUP ]
     [ CUBE ] <CAMPOS>
    <HAVING CONDICION>
```

a. **ROLLUP:** genera filas de agregado en la cláusula GROUP BY, filas de subtotal y una fila con un total general. El número de agrupaciones es igual al número de expresiones de la lista de elementos compuestos más uno. Ahí se muestran los resultantes.

b. **CUBE:** genera filas de agregado en la cláusula GROUP BY, una fila de superagregado y filas de tabulación cruzada. El número de agrupaciones es igual a 2^n, donde n es el número de expresiones de la lista de elementos compuestos.

Veamos algunos casos del uso de GROUP BY con resúmenes.

1. Si contamos con información de la tabla PRODUCTO.

PRODUCTO

Column Name	Condensed Type
IDE_PRO	int
DES_PRO	varchar(50)
PRE_PRO	money
SAC_PRO	int
SMI_PRO	int
UNI_PRO	varchar(30)

2. Se necesita mostrar el total de productos según el tipo de unidad. Además, se debe mostrar el total de productos registrados, como se muestra en la siguiente imagen:

```
Results

UNIDAD                               TOTAL
------------------------------    ----------
CIE                                  5
DOC                                  7
MLL                                  4
UNI                                  5
NULL                                 21

(5 rows affected)
```

A. USANDO ROLLUP

```
SELECT UNI_PRO AS UNIDAD, COUNT(*) AS TOTAL
      FROM PRODUCTO
      GROUP BY UNI_PRO
      WITH ROLLUP
GO
```

B. USANDO CUBE

```
SELECT UNI_PRO AS UNIDAD, COUNT(*) AS TOTAL
      FROM PRODUCTO
      GROUP BY CUBE (UNI_PRO)
GO
```

3. Si se necesita modificar el valor NULL dentro de la consulta agrupada con resúmenes, se puede usar el siguiente código:

```sql
SELECT CASE WHEN UNI_PRO IS NULL
                THEN 'TOTAL PRODUCTOS: '
                ELSE UNI_PRO
            END AS UNIDAD,
            COUNT(*) AS TOTAL
    FROM PRODUCTO
    GROUP BY CUBE (UNI_PRO)
GO

SELECT CASE WHEN UNI_PRO IS NULL
                THEN 'TOTAL PRODUCTOS: '
                ELSE UNI_PRO
            END AS UNIDAD,
            COUNT(*) AS TOTAL
    FROM PRODUCTO
    GROUP BY UNI_PRO
    WITH ROLLUP
GO
```

```
🔳 Results
 UNIDAD                                  TOTAL
 -------------------------------------   ---------
 CIE                                     5
 DOC                                     7
 MLL                                     4
 UNI                                     5
 TOTAL PRODUCTOS:                        21

 (5 rows affected)
```

4. Si se cuenta con información de la tabla FACTURA.

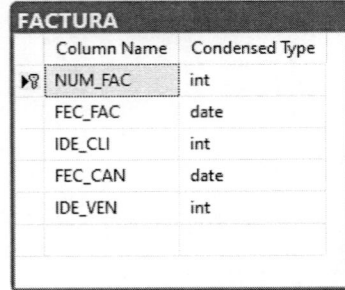

FACTURA	
Column Name	Condensed Type
⚷ NUM_FAC	int
FEC_FAC	date
IDE_CLI	int
FEC_CAN	date
IDE_VEN	int

5. Se necesita mostrar el total de facturas registrados por año agrupadas por meses, como se muestra en la siguiente imagen:

```
Results
AÑO              MES            TOTAL
-----------      -----------    -------
2019             8              27
2019             9              30
2019             10             31
2019             11             30
2019             12             31
2019             NULL           149
2020             1              31
2020             2              29
2020             3              31
2020             4              30
2020             5              31
```

```sql
SELECT YEAR(F.FEC_FAC) AS AÑO, MONTH(F.FEC_FAC) AS MES, COUNT(*) AS TOTAL
    FROM FACTURA F
    GROUP BY YEAR(F.FEC_FAC), MONTH(F.FEC_FAC)
    WITH ROLLUP
GO
```

6. Se puede modificar la impresión de NULL en la agrupación.

```
Results
2024    1                31
2024    2                29
2024    3                31
2024    4                30
2024    5                31
2024    6                30
2024    7                31
2024    8                31
2024    9                15
2024    TOTAL POR AÑO 259
TOTAL   TOTAL POR AÑO 1869

(69 rows affected)
```

```sql
SELECT CASE WHEN YEAR(F.FEC_FAC) IS NULL
                THEN 'TOTAL'
                ELSE CAST(YEAR(F.FEC_FAC) AS CHAR(4))
            END AS AÑO,
            CASE WHEN MONTH(F.FEC_FAC) IS NULL
                THEN  'TOTAL POR AÑO'
                ELSE CAST(MONTH(F.FEC_FAC) AS CHAR(2))
            END AS MES, COUNT(*) AS TOTAL
    FROM FACTURA F
    GROUP BY YEAR(F.FEC_FAC), MONTH(F.FEC_FAC)
    WITH ROLLUP
GO
```

4.14 Subconsultas

Es una sentencia SELECT anidada dentro de una instrucción SELECT, SELECT... INTO, INSERT... INTO, DELETE, UPDATE o dentro de otra subconsulta. El formato es el siguiente:

```
SELECT <ALL> <*> <SUBCONSULTA>
   FROM <TABLA> <AS ALIAS>
   <WHERE CONDICION - SUBCONSULTA>
```

Veamos algunos casos del uso de subconsultas.

1. Si se tienen las tablas PROVEEDOR y DISTRITO.

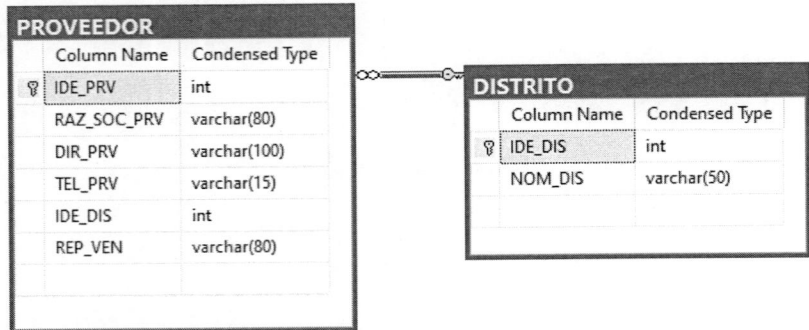

2. Implemente una consulta que permita mostrar los datos del proveedor adicionando el nombre del distrito.

```
SELECT P.IDE_PRV AS CODIGO,
       P.RAZ_SOC_PRV AS PROVEEDOR,
       P.DIR_PRV AS DIRECCION,
       P.TEL_PRV AS TELEFONO,
       (SELECT D.NOM_DIS FROM DISTRITO D WHERE D.IDE_DIS=P.IDE_DIS) AS DISTRITO,
       P.REP_VEN AS REPRESENTANTE
       FROM PROVEEDOR P
GO
```

CODIGO	PROVEEDOR	DIRECCIÓN
1	OLEOCENTRO ANDY EIRL	AV AVENIDA 1435
2	BOTICA MERY EIRL	AV AVENIDA 2218
3	ESTRUCTURAS METÁLICAS CHINGUEL EIRL	AV AVENIDA 3291 ANTES DEL ESTACIÓN SERVICIOS U?
4	MULTISERVICIOS H&S	JR CAJAMARCA 380
5	CLÍNICA SEÑOR DE LOS MILAGROS - UTC EIRL	AV AVENIDA 2233
6	INVERSIONES JH LEOFER EIRL	JR PEDRO RUIZ 108
7	AGRÍCOLA EL MONO EIRL	AV AVENIDA 2534
8	HOTEL BARCELONA	JR AMAZONAS 199 ENTRE AMAZONAS Y CRISTOBAL COL?
9	LUPER SAC	CR FERNANDO BELAUNDE TERRY CASERIO
10	MULTISERVICIOS JAUREGUI EIRL	JR ANGAMOS 130

3. Implemente una consulta que permita mostrar los proveedores de un determinado distrito.

```
SELECT P.*
    FROM PROVEEDOR P
    WHERE P.IDE_DIS=(SELECT D.IDE_DIS FROM DISTRITO D WHERE D.NOM_DIS='RIMAC')
GO
```

```
 Results
 IDE_PRV   RAZ_SOC_PRV                                              DIR_PRV
 --------- --------------------------------------------------------- ----------------------------------------------------------
 18        GEYOSI INGENIEROS SAC                                    JR  JULIO C. TELLO  URBANIZACIÓN  SECTOR VISALOT     820
 52        JC SERCON                                                JR  RODRIGUEZ DE MENDOZA 390

 (2 rows affected)


 Completion time: 2024-01-30T09:57:10.9377617-05:00
```

4.15 Vistas

Es un mecanismo que permite almacenar de forma permanente una consulta en SQL Server. Asimismo, genera un resultado a partir de una consulta almacenada en la vista y, finalmente, ejecuta nuevos resultados como si fuera una nueva tabla.

Es considerada como una tabla virtual cuyo contenido se compone de columnas y filas provenientes de una consulta. Esta consulta puede provenir de una o más tablas dentro de la misma base de datos.

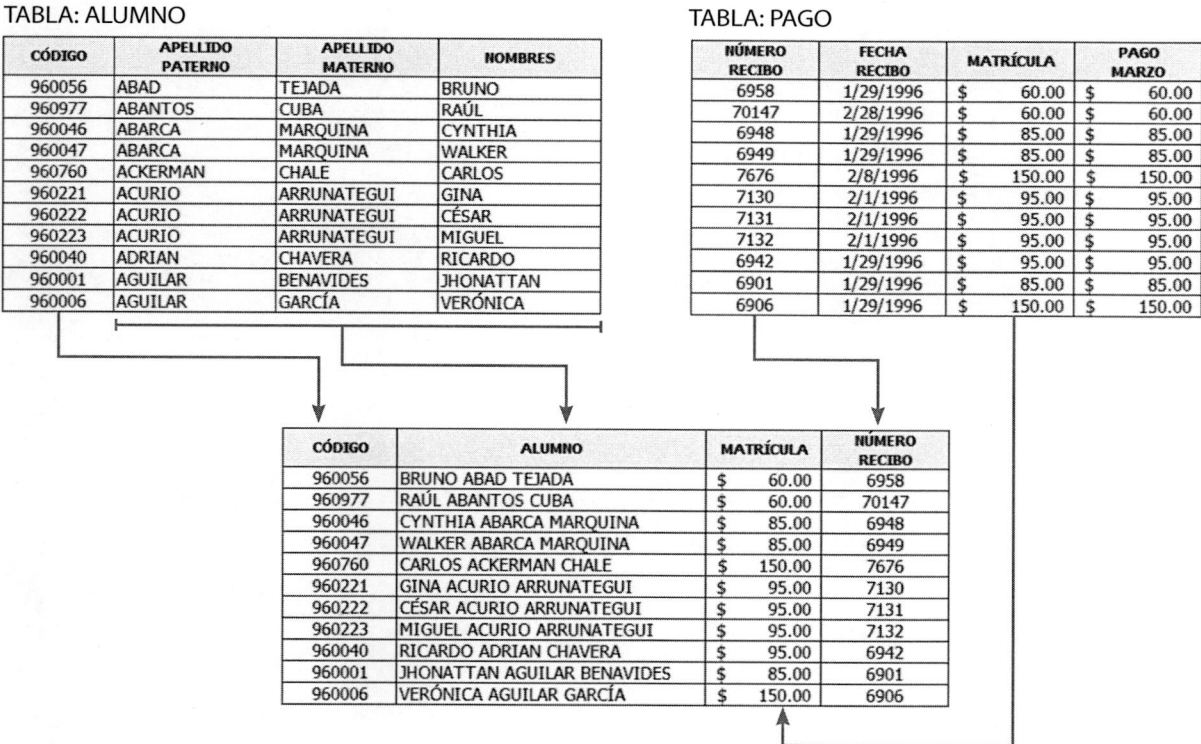

Figura 37. Representación de una vista
Fuente: Elaboración propia

Se puede implementar una vista a partir de la información de las tablas ALUMNO y PAGO. Asimismo, se debe considerar que una vista tiene como estructura la misma que proporciona sus fuentes; es decir, el nombre de la columna y el tipo de datos de la vista serán idénticos a los de su tabla original.

4.15.1 Ventajas del uso de vistas

El uso de las vistas tiene una serie de ventajas:

- Permite centrar, simplificar y personalizar la forma de mostrar la información a cada usuario.
- Se usa como mecanismo de seguridad y permite a los usuarios obtener acceso a la información proveniente de las tablas por medio de la vista.
- Proporciona una interfaz compatible con versiones anteriores al SQL para emular una tabla cuyo esquema ha cambiado debido a las nuevas versiones.

Asimismo, algunas características importantes de las vistas son:

- Las vistas solo pueden crearse en la base de datos activa.
- La instrucción CREATE VIEW permite crear una vista. Esta debe ser la primera instrucción dentro de un bloque de sentencias.
- El número máximo de columnas permitidas en la vista es 1024.

Cuando se realiza una consulta a través de una vista, el motor de base de datos se asegura de que todos los objetos de base de datos, a los que se hace referencia en algún lugar de la instrucción, existan. Asimismo, verifica que sean válidos en el contexto de la instrucción y que las instrucciones de modificación de datos no infrinjan ninguna regla de integridad de los datos. Las comprobaciones que no son correctas devuelven un mensaje de error. Las comprobaciones correctas traducen la acción a una acción con las tablas subyacentes.

Cuando se crea una vista, la información sobre ella se almacena en las vistas de catálogo sys.views, sys.columns y sys.sql_expression_dependencies. El texto de la instrucción CREATE VIEW se almacena en la vista de catálogo sys.sql_modules.

4.15.2 Creación de las vistas

```
CREATE VIEW NOMBREVISTA
AS
  SENTENCIAS
GO
```

Para asignar un nombre a una vista, se debe aplicar el mismo criterio que se usa para asignar uno a las tablas de una base de datos. A continuación, veamos cómo implementar una vista que permita mostrar información de las tablas VENDEDOR y DISTRITO.

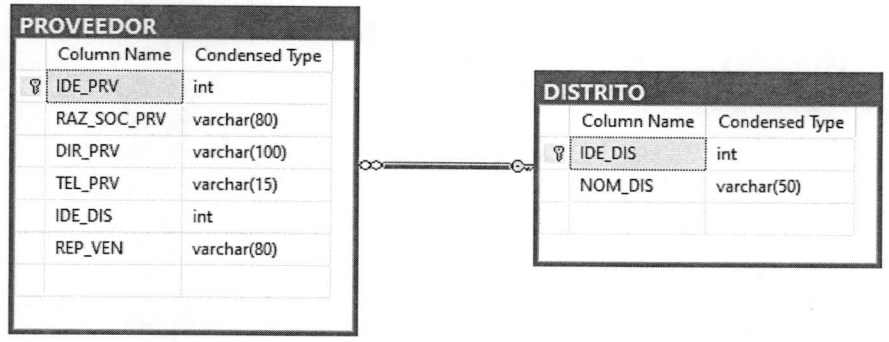

```
--VALIDACIÓN DE LA VISTA
IF OBJECT_ID('V_LISTAVENDEDOR') IS NOT NULL
     DROP VIEW V_LISTAVENDEDOR
GO


--CREANDO LA VISTA
CREATE VIEW V_LISTAVENDEDOR
AS
     SELECT V.IDE_VEN AS CODIGO,
            V.NOM_VEN+SPACE(1)+V.APE_VEN AS NOMBRE,
            V.SUE_VEN AS SUELDO,
            V.FEC_ING AS [FECHA INICIO],
            D.NOM_DIS AS DISTRITO
            FROM VENDEDOR V
            JOIN DISTRITO D ON V.IDE_DIS=D.IDE_DIS
GO


--PRUEBA:
SELECT * FROM V_LISTAVENDEDOR
GO
```

La implementación se inicia validando la existencia de la vista en la base de datos y usando la cláusula OBJECT_ID dentro de una sentencia selectiva. Luego, se crea la vista usando el mecanismo de unión Inner Join y especificando qué campos son necesarios para la vista. Se debe tener en cuenta que todos los campos deben tener un nombre de cabecera, ya que este será parte de la vista como si fuera una de las columnas que la componen. Finalmente, la prueba de la vista se realiza mediante una consulta select.

Se pueden realizar muchas consultas de los datos contenidos en una vista como si fuera una tabla. A continuación, veamos algunos ejemplos de consultas sobre la vista.

```
--Listar los vendedores del distrito La Molina
```

	CÓDIGO	NOMBRE	SUELDO	FECHA INICIO	DISTRITO
1	7	JOSÉ LUIS PALACIOS MERZ	3500.00	2016-02-17	LA MOLINA

```
SELECT V.*
    FROM V_LISTAVENDEDOR V
    WHERE V.DISTRITO='LA MOLINA'
GO
```

Listar los vendedores cuyo año de inicio en la empresa se encuentra entre los años 2019 y 2020.

	CÓDIGO	NOMBRE	SUELDO	FECHA INICIO	DISTRITO
1	1	JUANA ROSA CALVO BRIONES	2000.00	2019-12-11	SURCO
2	2	JUAN MIGUEL MÉDICO HURTADO	2200.00	2019-03-20	MAGDALENA
3	3	CARLOS VIDAL CÁRDENAS JURADO	2500.00	2019-10-19	MAGDALENA
4	4	CÉSAR AUGUSTO OJEDA MENDOZA	1850.00	2019-11-11	BRENA
5	5	JULIO ARMANDO VEGA VEGA	2500.00	2019-05-19	SURCO
6	6	ANA MARÍA FONSECA DE LA VEGA	2200.00	2020-05-04	LINCE
7	7	JOSÉ LUIS PALACIOS MERZ	3500.00	2020-02-17	LA MOLINA
8	8	RUBÉN MARCO LAZARO FERNANDEZ	2450.00	2020-08-16	JESÚS MARÍA

```
SELECT V.*
    FROM V_LISTAVENDEDOR V
    WHERE YEAR(V.[FECHA INICIO]) BETWEEN 2019 AND 2020
GO
```

Veamos el siguiente diagrama de base de datos.

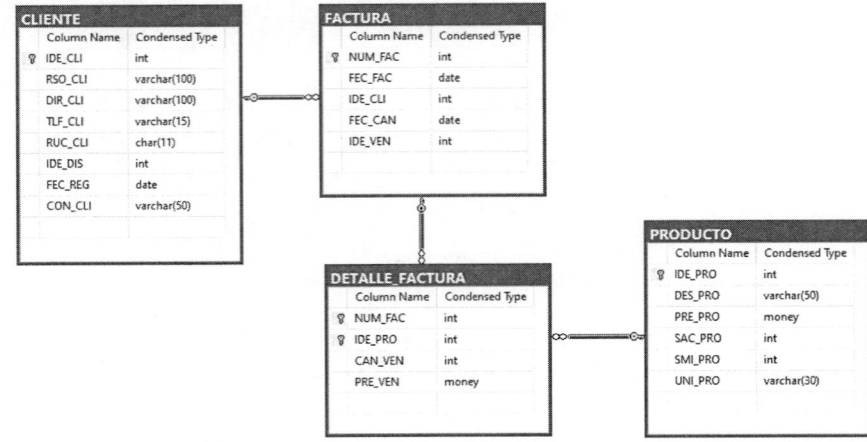

Figura 38. Diagrama Entidad Relación Ventas
Fuente: Elaboración propia

1. Implemente una vista que permita mostrar información del número de factura, el nombre del cliente, la descripción del producto y el subtotal facturado.

```sql
--VALIDACIÓN DE LA VISTA
IF OBJECT_ID('V_DETALLEFACTURA') IS NOT NULL
    DROP VIEW V_DETALLEFACTURA
GO
--CREANDO LA VISTA
CREATE VIEW V_DETALLEFACTURA
AS
    SELECT F.NUM_FAC AS NUMERO,
           C.RSO_CLI AS CLIENTE,
           P.DES_PRO AS PRODUCTO,
           D.CAN_VEN*D.PRE_VEN AS SUBTOTAL
           FROM FACTURA F
           JOIN CLIENTE C ON F.IDE_CLI=C.IDE_CLI
           JOIN DETALLE_FACTURA D ON D.NUM_FAC=F.NUM_FAC
           JOIN PRODUCTO P ON P.IDE_PRO=D.IDE_PRO
GO


--PRUEBA:
SELECT * FROM V_DETALLEFACTURA
GO
```

Results | Messages

	NÚMERO	CLIENTE	PRODUCTO	SUBTOTAL
1	1	COOP AGRARIA CAFETALERA BAGUA GRANDE LTD	PAPEL PERIÓDICO	30.60
2	1	COOP AGRARIA CAFETALERA BAGUA GRANDE LTD	CARTUCHO TINTA COLOR	184.80
3	1	COOP AGRARIA CAFETALERA BAGUA GRANDE LTD	LAPICERO NEGRO	33.60
4	2	CONSULTORES ASESORES Y CONSTRUCTORES ROMA SOCIEDAD ANÓNIMA CERRADA	PAPEL PERIÓDICO	20.40
5	2	CONSULTORES ASESORES Y CONSTRUCTORES ROMA SOCIEDAD ANÓNIMA CERRADA	PORTA DISKETTES	51.00
6	3	LA ANCESTRAL E.I.R.L.	PAPEL BOND OFICIO	22.40
7	3	LA ANCESTRAL E.I.R.L.	PORTA DISKETTES	18.80
8	3	LA ANCESTRAL E.I.R.L.	LAPICERO AZUL	18.80
9	4	ODONTOSALUD S.R.L.	PAPEL BOND A-4	72.40
10	4	ODONTOSALUD S.R.L.	TAJADOR PLÁSTICO	36.20
11	4	ODONTOSALUD S.R.L.	SOBRE MANILA OFICIO	13.20
12	5	LANDU SAC	PAPEL PERIÓDICO	44.80
13	5	LANDU SAC	LAPICERO AZUL	18.40

```sql
--Listar las facturas cuyo subtotal se encuentre entre $30 y $100
SELECT D.*
    FROM V_DETALLEFACTURA D
    WHERE D.SUBTOTAL BETWEEN 30 AND 100
GO
```

	NÚMERO	CLIENTE	PRODUCTO	SUBTOTAL
1	1	COOP AGRARIA CAFETALERA BAGUA GRANDE LTD	PAPEL PERIÓDICO	30.60
2	1	COOP AGRARIA CAFETALERA BAGUA GRANDE LTD	LAPICERO NEGRO	33.60
3	2	CONSULTORES ASESORES Y CONSTRUCTORES ROMA SOCIEDA...	PORTA DISKETTES	51.00
4	4	ODONTOSALUD S.R.L.	PAPEL BOND A-4	72.40
5	4	ODONTOSALUD S.R.L.	TAJADOR PLASTICO	36.20
6	5	LANDU SAC	PAPEL PERIÓDICO	44.80
7	5	LANDU SAC	LAPICERO ROJO	32.40
8	6	INGENIERÍA VIAL CONTRATISTA DEL PERÚ SOCIEDAD DE REPO...	FÓLDER PLÁSTICO A-4	96.00
9	7	COMERCIAL JOVITA EIRL	FÓLDER MANILA OFICIO	38.40
10	8	ROJASA SRL	SOBRE MANILA A-4	44.80
11	8	ROJASA SRL	LAPICERO NEGRO	63.60
12	9	ORGANIZACIÓN NO GUBERNAMENTAL DE DESARROLLO UCUMA...	PAPEL BOND OFICIO	57.60
13	10	GRANELI E.I.R.L.	LAPICERO NEGRO	36.20

```
--Listar las facturas del cliente ANCESTRAL
SELECT D.*
    FROM V_DETALLEFACTURA D
    WHERE D.CLIENTE = 'LA ANCESTRAL E.I.R.L.'
GO
```

	NÚMERO	CLIENTE	PRODUCTO	SUBTOTAL
1	3	LA ANCESTRAL E.I.R.L.	PAPEL BOND OFICIO	22.40
2	3	LA ANCESTRAL E.I.R.L.	PORTA DISKETTES	18.80
3	3	LA ANCESTRAL E.I.R.L.	LAPICERO AZUL	18.80
4	15	LA ANCESTRAL E.I.R.L.	PAPEL BOND OFICIO	81.00
5	15	LA ANCESTRAL E.I.R.L.	PORTA DISKETTES	62.40
6	15	LA ANCESTRAL E.I.R.L.	SOBRE MANILA OFICIO	106.00
7	82	LA ANCESTRAL E.I.R.L.	PAPEL BOND OFICIO	84.80
8	82	LA ANCESTRAL E.I.R.L.	PORTA DISKETTES	33.60
9	82	LA ANCESTRAL E.I.R.L.	SOBRE MANILA OFICIO	11.20
10	247	LA ANCESTRAL E.I.R.L.	TAJADOR METAL	22.40
11	247	LA ANCESTRAL E.I.R.L.	FÓLDER MANILA OFICIO	256.00
12	247	LA ANCESTRAL E.I.R.L.	LAPICERO NEGRO	124.80
13	328	LA ANCESTRAL E.I.R.L.	LAPICERO AZUL	36.20

Capítulo 5

Transact SQL

5.1 Introducción

Transact SQL es el lenguaje de programación que proporciona Microsoft SQL Server para extender el SQL estándar con otro tipo de instrucciones y elementos propios de los lenguajes de programación, debido a que esta parte está limitada en SQL. Presenta las siguientes características:

- No tiene sensibilidad entre mayúsculas y minúsculas, es decir, las sentencias se podrán escribir tanto en mayúsculas como minúsculas y el servidor las interpretará de la misma manera.
- Se pueden incluir comentarios de una línea con el símbolo guion+guion y un comentario (--) o comentarios de varias líneas con /* */ .
- El usuario no puede definir variables globales ya que estas son propias de SQL Server y son identificadas con @@variableGlobal.
- En el caso de variables locales se usa el operador DECLARE y siempre se empieza con @.

Con Transact SQL se puede programar las siguientes unidades de SQL Server:

- Procedimientos almacenados
- Funciones
- *Triggers*
- *Scripts*

5.2 Fundamentos de programación Transact SQL

Transact SQL amplía las sentencias SQL con una serie de extensiones que resultan de gran utilidad para la implementación de sentencias. Si no se toma en consideración la programación Transact SQL, se tendrán que seguir usando instrucciones simples y la lógica condicional o repetitiva se tendrá que realizar desde un lenguaje de programación asociado a SQL Server.

5.2.1 Variables, identificadores

En Transact SQL es posible declarar variables de tipo local ya que las globales que están implementadas tienen como propietario a SQL Server. La visibilidad de estas variables está limitada por las unidades de SQL Server; es decir, solo será accesible dentro de un proceso de lotes, un procedimiento almacenado, una función, etc. Las características de las variables son las siguientes:

- Normalmente se declaran al principio de un proceso por lotes, usando el operador DECLARE.
- El primer carácter de la variable debe ser un carácter alfabético (una letra) y los demás caracteres pueden contener letras, símbolos o números.
- Los nombres de las variables pueden contener de 1 a 128 caracteres.
- El identificador oficial de la variable local es @, el símbolo # representa una tabla temporal o procedimiento temporal y el símbolo ## indica un objeto global temporal.
- Para asignar un valor a una variable local se necesita el operador SET.

Formato para la declaración de variables locales

A. Declarar una variable

DECLARE@nombreVariable TipoDatos

B. Múltiples declaraciones

DECLARE@nombreVariable1 TipoDatos,

@nombreVariable1 TipoDatos,

@nombreVariable1 TipoDatos

Donde:

a. @nombreVariable: es el nombre de la variable que emplear. Debe empezar con @ obligatoriamente, ya que, si no se coloca, SQL lo interpretará como la columna de una tabla.

b. tipoDatos: es el ámbito de la variable, es decir, la capacidad que tendrá esa variable como cadena, números, fechas, etc.

Formato para la asignación de valores a una variable local

SET @nombreVariable = VALOR

Donde:

a. @nombreVariable: es el nombre de la variable previamente declarada con el operador DECLARE.

b. Valor: es el dato asignado a la variable. Se debe considerar que este valor debe ser del mismo tipo con el que se declaró. Se deben asignar los valores de acuerdo con el tipo de datos. Por ejemplo, los caracteres o fechas se deben colocar entre dos comillas simples y los datos numéricos sin comillas.

Formato para la declaración-asignación de una variable local

DECLARE @nombreVariable TIPODATOS = VALOR

La declaración asignación permite declarar una variable local y asignar en una misma línea un valor adecuado a la variable.

Formato para la declaración-asignación de variables locales

DECLARE@nombreVariable TIPODATOS = VALOR,

@nombreVariable TIPODATOS = VALOR,

@nombreVariable TIPODATOS = VALOR

Veamos algunos casos de uso de variables y asignaciones.

1. Implemente un *script* que permita calcular el promedio de cuatro notas de un determinado alumno. Las notas deberán estar inicializadas con valores predeterminados.

```
*** RESUMEN DE NOTAS ***
------------------------------------
ESTUDIANTE: FERNANDA TORRES LAZARO
LA NOTA 1: 12
LA NOTA 2: 20
LA NOTA 3: 15
LA NOTA 4: 18
------------------------------
EL PROMEDIO ES: 16.25
```

A. Primera forma: usando DECLARE y SET

```sql
--Declaración de variables
DECLARE @NOMBRE VARCHAR(30)
DECLARE @N1 INT,@N2 INT,@N3 INT,@N4 INT,@PROMEDIO DECIMAL(5,2)


--Asignación de valores
SET @NOMBRE = 'FERNANDA TORRES LAZARO'
SET @N1=12
SET @N2=20
SET @N3=15
SET @N4=18
--Calculando el promedio
SET @PROMEDIO=(@N1+@N2+@N3+@N4)/4.0


--Mostrando el resultado
PRINT '*** RESUMEN 'E NOTAS ***'
PRINT '------------------------------------'
PRINT 'ESTUDIANTE: '+@NOMBRE
PRINT 'LA NOTA 1: '+CAST(@N1 AS CHAR(2))
PRINT 'LA NOTA 2: '+CAST(@N2 AS CHAR(2))
PRINT 'LA NOTA 3: '+CAST(@N3 AS CHAR(2))
PRINT 'LA NOTA 4: '+CAST(@N4 AS CHAR(2))
PRINT '------------------------------'
PRINT 'EL PROMEDIO ES: '+CAST(@PROMEDIO AS CHAR(5))
GO
```

B. Segunda forma: usando DECLARE

```
--Declaración de variables
DECLARE @NOMBRE VARCHAR(30) = 'FERNANDA TORRES LAZARO'
DECLARE @N1 INT=12,@N2 INT=20,@N3 INT=15,@N4 INT=18,@PROMEDIO DECIMAL(5,2)

--Calculando el promedio
SET @PROMEDIO=(@N1+@N2+@N3+@N4)/4.0

--Mostrando el resultado
PRINT '*** RESUMEN DE NOTAS ***'
PRINT '------------------------------------'
PRINT 'ESTUDIANTE: '+@NOMBRE
PRINT 'LA NOTA 1: '+CAST(@N1 AS CHAR(2))
PRINT 'LA NOTA 2: '+CAST(@N2 AS CHAR(2))
PRINT 'LA NOTA 3: '+CAST(@N3 AS CHAR(2))
PRINT 'LA NOTA 4: '+CAST(@N4 AS CHAR(2))
PRINT '-------------------------------'
PRINT 'EL PROMEDIO ES: '+CAST(@PROMEDIO AS CHAR(5))
GO
```

2. Si usamos la información de la tabla PRODUCTO.

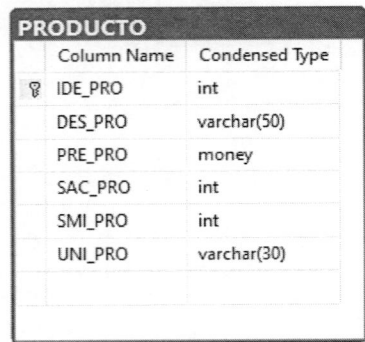

PRODUCTO		
	Column Name	Condensed Type
🔑	IDE_PRO	int
	DES_PRO	varchar(50)
	PRE_PRO	money
	SAC_PRO	int
	SMI_PRO	int
	UNI_PRO	varchar(30)

3. Necesitamos hacer una consulta que permita mostrar información de los productos con tipo de unidad «MLL» haciendo uso de variables locales.

	IDE_PRO	DES_PRO	PRE_PRO	UNI_PRO
1	1	PAPEL BOND A-4	35.00	MLL
2	2	PAPEL BOND OFICIO	35.00	MLL
3	3	PAPEL BULKY	10.00	MLL
4	4	PAPEL PERIÓDICO	9.00	MLL

```
DECLARE @UNI CHAR(3)='MLL'
SELECT P.IDE_PRO, P.DES_PRO,P.PRE_PRO, P.UNI_PRO
    FROM PRODUCTO P
    WHERE UNI_PRO = @UNI
GO
```

4. Si usamos la información de la tabla FACTURA.

FACTURA	
Column Name	Condensed Type
🔑 NUM_FAC	int
FEC_FAC	date
IDE_CLI	int
FEC_CAN	date
IDE_VEN	int

5. Necesitamos hacer una consulta que permita mostrar la razón social del cliente asociado a una determinada factura y que haga uso de variables locales. El resultado se debe mostrar de la siguiente manera:

```
📄 Messages
    LA FACTURA CON 5 TIENE COMO CLIENTE A INVERSIONES EDINSON E.I.R.LTDA

    Completion time: 2024-01-30T10:05:02.1972952-05:00
```

```sql
DECLARE @FACT INT= '5'
DECLARE @CLIENTE VARCHAR(30)
SELECT  @CLIENTE = C.RSO_CLI
    FROM FACTURA F
    JOIN CLIENTE C ON F.IDE_CLI=C.IDE_CLI
PRINT 'LA FACTURA CON '+CAST(@FACT AS VARCHAR(10))+ ' TIENE COMO CLIENTE A
                                        '+@CLIENTE
GO
```

5.2.2 Funciones CAST y CONVERT

El uso de CAST o CONVERT es para pasar de un tipo de datos a otro. Normalmente se realiza una conversión cuando una función requiere un tipo especial de datos como parámetro.

El formato es el siguiente:

```
CAST ( EXPRESION - VARIABLE AS TIPO_DATOS)
CONVERT ( TIPO_DATOS , EXPRESION - VARIABLE)
```

Veamos algunos casos sobre el uso de CAST y CONVERT.

1. Si tenemos un monto registrado en la variable local @MONTO de 1250.75 y se requiere mostrárselo al usuario por medio de la función PRINT. A continuación, veamos tres implementaciones: el primero sin conversión, el segundo con CAST y el tercero con CONVERT.

A. Primera versión

```
DECLARE @MONTO MONEY
SET @MONTO = 1250.75
PRINT 'EL MONTO INGRESADO ES: '+@MONTO
GO
```

Al no aplicar conversiones a la variable numérica @monto, se muestra el siguiente mensaje desde el servidor de SQL:

```
Msg 235, Level 16, State 0, Line 3
Cannot convert a char value to money.
The char value has incorrect syntax.
```

B. Segunda versión

```
DECLARE @MONTO MONEY
SET @MONTO = 1250.75
SELECT @MONTO AS [VALOR DE MONTO]
GO
```

Al enviar la información de la variable a la sentencia SELECT, automáticamente se realiza una conversión implícita y no genera error. El resultado se muestra de la siguiente manera:

```
VALOR DE MONTO
--------------------
1250.75

(1 row(s) affected)
```

C. Tercera versión

```
DECLARE @MONTO MONEY
SET @MONTO = 1250.75
PRINT 'EL MONTO INGRESADO ES: '+CAST(@MONTO AS VARCHAR(10))
GO
```

La función CAST convierte el valor numérico 1250.75 en un valor de tipo cadena que puede concatenarse al texto «El monto ingresado es:».

D. Cuarta versión

```
DECLARE @MONTO MONEY
SET @MONTO = 1250.75
PRINT 'EL MONTO INGRESADO ES: '+CONVERT(VARCHAR(10),@MONTO)
GO
```

La función CONVERT convierte el valor numérico 1250.75 en un valor de tipo cadena que puede concatenarse al texto «El monto ingresado es:».

E. Quinta versión

```
DECLARE @MONTO MONEY
SET @MONTO = 1250.75
PRINT 'EL MONTO INGRESADO ES: '+STR(@MONTO)
GO
```

La función STR convierte el valor numérico 1250.75 en un valor de tipo cadena, pero adiciona espacios en blanco en el lado izquierdo del resultado. Además, no precisa de decimales. Se muestra de la siguiente manera:

```
EL MONTO INGRESADO ES:        1251
```

5.3 Estructuras de control

El teorema de la estructura, también llamado teorema de Böhm-Jacopini (en honor a Corrado Böhm y Giuseppe Jacopini), establece que toda función computable puede ser implementada en un lenguaje de programación. En este caso, Transact SQL cuenta solo con tres estructuras lógicas. Estas tres formas, también llamadas estructuras de control, son las siguientes:

a. **Estructuras secuenciales:** se ejecutan las instrucciones una a continuación de la otra.

b. **Estructuras selectivas:** se ejecutan las instrucciones según el valor lógico de una variable.

c. **Estructuras repetitivas:** se ejecutan las instrucciones en forma repetida según una condición lógica, llamada ciclo o bucle.

En Transact SQL las estructuras de control permiten modificar el flujo de ejecución de las expresiones de un *script;* es decir, ahora se podrán insertar registros, modificarlos o eliminarlos de acuerdo a una condición. Las estructuras de control en Transact SQL se pueden realizar de las siguientes formas:

■ De acuerdo con una condición lógica, ejecutar un grupo u otro de sentencias (IF... ELSE).

■ De acuerdo con el valor de una variable, determinar uno u otro valor dentro de las columnas de una tabla (CASE).

■ Ejecutar un grupo de sentencias de forma repetida mientras una condición sea verdadera o falsa (WHILE).

5.3.1 Estructura selectiva IF

La estructura IF evalúa una condición lógica y, en función del resultado, se realiza una u otra expresión. Esta condición se especifica mediante una expresión lógica, en la que el resultado puede ser de tipo booleano, es decir, True o False. Presenta los siguientes formatos:

Formato simple

```
IF <CONDICION_LOGICA>  <expresion_verdadera>


IF <CONDICION_LOGICA>
<BEGIN>
  <expresiones_verdaderas>
<END>
```

Formato doble

La estructura IF doble permite controlar una expresión lógica. De este modo, se determina qué expresión ejecutar cuando la salida de esa expresión sea TRUE o qué acciones se realizarán al resultar FALSE.

```
IF <CONDICION_LOGICA>  <expresion_verdadera> else <expresion_falsa>

IF <CONDICION_LOGICA>
<BEGIN>
   <expresiones_verdaderas>
<END>
ELSE
<BEGIN>
   <expresiones_falsas>
<END>
```

Formato doblemente enlazado

La estructura IF doblemente anidada normalmente se usa cuando una expresión lógica devuelve más de un resultado lógico; es decir, trabaja de acuerdo con las alternativas implementadas dentro de la estructura. Es similar a trabajar con CASE.

```
IF <CONDICION_LOGICA>
<BEGIN>
<expresiones_verdaderas>
<END>
ELSE IF <CONDICION_LOGICA>
<BEGIN>
<expresiones_verdaderas>
<END>
```

```
ELSE
<BEGIN>
<expresiones_falsas>
<END>
```

Donde:

- a. **CONDICION_LOGICA:** es la expresión que el usuario debe determinar para ejecutar una o más expresiones. Hay que tener en cuenta que este es el momento de usar los operadores lógicos (< <= > >= <>) y relacionales (AND OR NOT EXISTS).
- b. **BEGIN:** marca el inicio de las expresiones si la condición resultara True en su evaluación.
- c. **END:** pone fin a las expresiones iniciada desde el operador BEGIN.

Veamos algunos casos de uso de IF.

1. Si contamos con la información de la tabla DISTRITO.

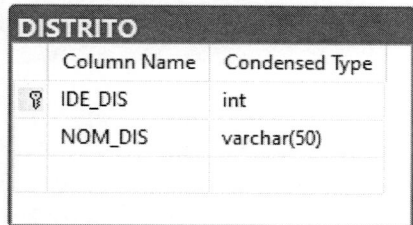

2. Implemente un código de programación Transact que permita registrar un nuevo distrito a partir de variables locales. Se debe evaluar que el nombre del distrito no exista en la tabla. En caso de que sea así, mostrar el mensaje «Distrito ya se encuentra registrado». En caso contrario mostrar «Distrito registrado correctamente».

```
--Declaramos las variables y le asignamos valor
DECLARE @CODIGO INT='38',@NOMBRE VARCHAR(40)='NUEVO SAN JUAN'

--Buscamos la existencia de dicho distrito
IF EXISTS(SELECT * FROM DISTRITO WHERE NOM_DIS=@NOMBRE)
BEGIN
 PRINT 'DISTRITO YA SE ENCUENTRA REGISTRADO'
END
ELSE
BEGIN
 INSERT INTO DISTRITO VALUES(@CODIGO,@NOMBRE)
 PRINT 'DISTRITO REGISTRADO CORRECTAMENTE'
END
GO
```

```
(1 row(s) affected)
DISTRITO REGISTRADO CORRECTAMENTE
```

3. Si ejecutamos por segunda vez el mismo código, el resultado varía, debido a que el distrito Nuevo San Juan ya se encuentra registrado.

```
DISTRITO YA SE ENCUENTRA REGISTRADO
```

4. Si contamos con la información de la tabla FACTURA.

FACTURA

	Column Name	Condensed Type
🔑	NUM_FAC	int
	FEC_FAC	date
	IDE_CLI	int
	FEC_CAN	date
	IDE_VEN	int

5. Implemente un código de programación Transact que permita mostrar el total de facturas registradas en un determinado año. Si en dicho año no hay facturas registradas, se debe mostrar el mensaje «No hay facturas registradas».

```
DECLARE @AÑO INT =2025,@TOTAL INT=0
IF (SELECT COUNT(*) FROM FACTURA F
                WHERE YEAR(F.FEC_FAC)=@AÑO) IS NULL
    PRINT 'NO HAY FACTURAS REGISTRADAS'
    ELSE
    BEGIN
        SELECT @TOTAL=COUNT(*) FROM FACTURA F
            WHERE YEAR(F.FEC_FAC)=@AÑO

        PRINT 'EN EL AÑO '+CAST(@AÑO AS CHAR(4))+' HAY '+
            CAST(@TOTAL AS VARCHAR(10))+ ' FACTURAS REGISTRADAS'
    END
GO
```

6. En una primera prueba con el año 2025 el resultado se muestra de la siguiente manera:

```
Messages
   EN EL AÑO 2025 HAY 0 FACTURAS REGISTRADAS

   Completion time: 2024-01-30T10:13:08.7778084-05:00
```

7. Si cambiamos el valor de la variable año por 2024, el resultado se muestra de la siguiente manera:

```
Messages
    EN EL AÑO 2024 HAY 259 FACTURAS REGISTRADAS

    Completion time: 2024-01-30T10:13:54.5655193-05:00
```

8. Si contamos con la información de la tabla PRODUCTO.

PRODUCTO	
Column Name	Condensed Type
🔑 IDE_PRO	int
DES_PRO	varchar(50)
PRE_PRO	money
SAC_PRO	int
SMI_PRO	int
UNI_PRO	varchar(30)

9. Implemente un código de programación Transact que permita mostrar una condición de acuerdo con el total de productos por tipo de unidad. Si la cantidad es menor a 10, mostrar el mensaje «CONDICIÓN: INICIAR REPORTE». En caso contrario mostrar el mensaje «CONDICIÓN: CONFORME».

```sql
DECLARE @UNIDAD CHAR(3)='MLL',@TOTAL INT
SELECT @TOTAL = COUNT(*) FROM PRODUCTO
     GROUP BY UNI_PRO
     HAVING UNI_PRO = @UNIDAD
PRINT 'EL TIPO DE UNIDAD '+@UNIDAD
PRINT 'TIENE UN TOTAL DE '+CAST(@TOTAL AS VARCHAR(5))+' PRODUCTOS'
IF @TOTAL>0 AND @TOTAL<10
                PRINT 'CONDICIÓN: INICIAR REPORTE'
            ELSE
                PRINT 'CONDICIÓN: CONFORME'
GO
```

10. En una primera prueba, con el valor MLL para la unidad, el resultado se muestra de la siguiente manera:

```
Messages
    EL TIPO DE UNIDAD MLL
    TIENE UN TOTAL DE 4 PRODUCTOS
    CONDICION: INICIAR REPORTE

    Completion time: 2024-01-30T10:15:34.4784957-05:00
```

11. Si cambiamos el valor de la variable unidad por UNI, el resultado se muestra de la siguiente manera:

```
Messages
  EL TIPO DE UNIDAD UNI
  TIENE UN TOTAL DE 5 PRODUCTOS
  CONDICION: INICIAR REPORTE

  Completion time: 2024-01-30T10:14:49.5505355-05:00
```

5.3.2 Estructura condicional múltiple CASE

Con frecuencia es necesario que existan más de dos posibles acciones en una determinada condición. Para esto se usan las estructuras de condicional múltiple. La estructura CASE evalúa una expresión que podrá tomar N valores distintos; según se elija uno de estos valores, se tomarán N posibles acciones.

Donde:

a. **CAMPO:** es el nombre de la columna que se va a comparar. También se pueden usar funciones SQL.

b. **WHEN:** especifica las expresiones que se van a buscar según la condición.

c. **THEN:** especifica las expresiones resultantes de una opción.

d. **ELSE:** determina qué acción se tomará cuando no se cumpla con ninguna de las condiciones u opciones.

e. **END:** especifica la finalización de la estructura CASE.

Veamos algunos casos sobre el uso de CASE.

1. Si tenemos información de la tabla PRODUCTO.

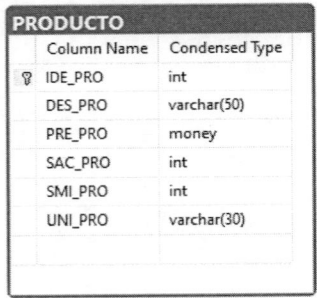

PRODUCTO	
Column Name	Condensed Type
🔑 IDE_PRO	int
DES_PRO	varchar(50)
PRE_PRO	money
SAC_PRO	int
SMI_PRO	int
UNI_PRO	varchar(30)

2. Se necesita listar el código, la descripción, el precio, el tipo de unidad y la descripción de la unidad según el siguiente criterio:

```
MLL > MILLARES
UNI > UNIDADES
DOC > DOCEN

CIE > CIENTO
```

	CÓDIGO	DESCRIPCIÓN	PRECIO	UNIDAD	DESCRIPCIÓN UNIDAD
1	1	PAPEL BOND A-4	35.00	MLL	MILLARES
2	2	PAPEL BOND OFICIO	35.00	MLL	MILLARES
3	3	PAPEL BULKY	10.00	MLL	MILLARES
4	4	PAPEL PERIÓDICO	9.00	MLL	MILLARES
5	5	CARTUCHO TINTA NEGRA	40.00	UNI	UNIDADES
6	6	CARTUCHO TINTA COLOR	45.00	UNI	UNIDADES
7	7	PORTA DISKETTES	3.50	UNI	UNIDADES
8	8	CAJA DE DISKETTES * 10	30.00	UNI	UNIDADES
9	9	BORRADOR DE TINTA	10.00	DOC	DOCENAS

```
SELECT P.IDE_PRO AS CODIGO,
      P.DES_PRO AS DESCRIPCION,
      P.PRE_PRO AS PRECIO,
      P.UNI_PRO AS UNIDAD,
      CASE P.UNI_PRO
            WHEN 'MLL' THEN 'MILLARES'
            WHEN 'UNI' THEN 'UNIDADES'
            WHEN 'DOC' THEN 'DOCENAS'
            WHEN 'CIE' THEN 'CIENTO'
      END AS [DESCRIPCION UNIDAD]
      FROM PRODUCTO P
GO
```

3. Si tenemos información de la tabla VENDEDOR.

VENDEDOR

	Column Name	Condensed Type
🔑	IDE_VEN	int
	NOM_VEN	varchar(20)
	APE_VEN	varchar(20)
	SUE_VEN	money
	FEC_ING	date
	IDE_DIS	int

4. Se necesita listar el código, el nombre del vendedor, el sueldo, la fecha de ingreso y la fecha en letras como se muestra en la imagen:

	CÓDIGO	VENDEDOR	SUELDO	FECHA INICIO	FECHA
1	1	JUANA ROSA CALVO BRIONES	2000.00	2019-12-11	11 DICIEMBRE 2019
2	2	JUAN MIGUEL MEDICO HURTADO	2200.00	2019-03-20	20 MARZO 2019
3	3	CARLOS VIDAL CÁRDENAS JURADO	2500.00	2019-10-19	19 OCTUBRE 2019
4	4	CÉSAR AUGUSTO OJEDA MENDOZA	1850.00	2019-11-11	11 NOVIEMBRE 2019
5	5	JULIO ARMANDO VEGA VEGA	2500.00	2019-05-19	19 MAYO 2019
6	6	ANA MARÍA FONSECA DE LA VEGA	2200.00	2020-05-04	4 MAYO 2020
7	7	JOSÉ LUIS PALACIOS MERZ	3500.00	2020-02-17	17 FEBRERO 2020
8	8	RUBÉN MARCO LAZARO FERNÁNDEZ	2450.00	2020-08-16	16 AGOSTO 2020

```
SELECT V.IDE_VEN AS CODIGO,
    V.NOM_VEN+SPACE(1)+ V.APE_VEN AS VENDEDOR,
    V.SUE_VEN AS SUELDO,
    V.FEC_ING AS [FECHA INICIO],
    CAST(DAY(V.FEC_ING) AS CHAR(2))+
    CASE MONTH(V.FEC_ING)
            WHEN 1 THEN ' ENERO '
            WHEN 2 THEN ' FEBRERO '
            WHEN 3 THEN ' MARZO '
            WHEN 4 THEN ' ABRIL '
            WHEN 5 THEN ' MAYO '
            WHEN 6 THEN ' JUNIO '
            WHEN 7 THEN ' JULIO '
            WHEN 8 THEN ' AGOSTO '
            WHEN 9 THEN ' SETIEMBRE '
            WHEN 10 THEN ' OCTUBRE '
            WHEN 11 THEN ' NOVIEMBRE '
            WHEN 12 THEN ' DICIEMBRE '
    END + CAST(YEAR(V.FEC_ING) AS CHAR(4)) AS [FECHA]
    FROM VENDEDOR V
GO
```

5. Si tenemos información de la tabla PROVEEDOR.

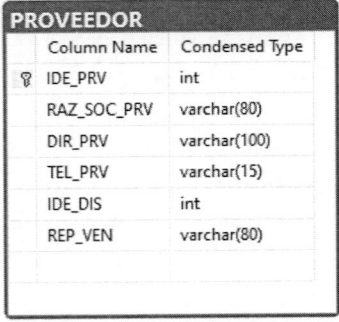

PROVEEDOR	
Column Name	Condensed Type
⚷ IDE_PRV	int
RAZ_SOC_PRV	varchar(80)
DIR_PRV	varchar(100)
TEL_PRV	varchar(15)
IDE_DIS	int
REP_VEN	varchar(80)

6. Se necesita listar el total de proveedores por distrito, adicionando el mensaje «NO CUENTA» solo si la cantidad de proveedores por distrito es cero:

	DISTRITO	TOTAL PROVEEDORES	MENSAJE
1	ATE - VITARTE	3	
2	BARRANCO	8	
3	BELLAVISTA	5	
4	BRENA	4	
5	CALLAO	5	
6	CARABAYLLO	3	
7	CARMEN DE LA LEGUA	0	NO CUENTA
8	CHORRILLOS	7	
9	COMAS	8	

```
SELECT      D.NOM_DIS AS DISTRITO,
            COUNT(P.IDE_DIS) AS [TOTAL PROVEEDORES],
            CASE
                  WHEN COUNT(P.IDE_DIS)=0 THEN 'NO CUENTA'
                  ELSE ''
            END AS [MENSAJE]
            FROM DISTRITO D
            LEFT JOIN PROVEEDOR P ON P.IDE_DIS=D.IDE_DIS
            GROUP BY D.NOM_DIS
GO
```

5.3.3 Estructura de control WHILE

Desde que fue diseñada, la computadora siempre tuvo como objetivo lograr que las aplicaciones reduzcan notablemente las líneas de código y que consigan, incluso, que aquellas instrucciones que solían ser repetidas sean tratadas dentro de un control de flujo repetitivo. Debido a esto se implementó una estructura de control repetitiva como WHILE en Transact SQL.

En este sentido, la sentencia WHILE repite un conjunto de instrucciones, en secuencia, un número determinado de veces. A esto se le denomina bucle o ciclo. Si se desea acumular sumas o determinar el mayor o menor elemento de un conjunto de valores, entonces se trata de un caso de repeticiones que puede ser controlado y administrado por la estructura repetitiva WHILE.

Por otro lado, WHILE establece una condición para la ejecución repetida de una instrucción o bloque de instrucciones SQL. Las instrucciones se ejecutan repetidamente siempre que la condición especificada sea verdadera. Se puede controlar la ejecución de instrucciones en el bucle WHILE con las palabras claves BREAK y CONTINUE.

El formato es el siguiente:

```
WHILE <condición>
    <expresion_repetida>
    [ BREAK ]
    <expresion_repetida>
    [ CONTINUE ]
  <expresion_repetida>
```

Donde:

a. **Condición:** se aplicará una evaluación lógica sobre esa condición para poder determinar cuántos ciclos darán las expresiones colocadas dentro de WHILE. Considere que se pueden usar los operadores lógicos y relaciones de SQL server.

b. **BREAK:** permite cortar el ciclo de repeticiones. Según la secuencia de instrucciones, se seguirá con la aplicación.

c. **CONTINUE:** permite regenerar el ciclo de repeticiones sin tener en cuenta las instrucciones asignadas después del operador CONTINUE.

Es mejor plantear la estructura WHILE con los operadores de inicio y fin (BEGIN END) para tener un mejor control de las expresiones internas del ciclo; además así se pueden usar las estructuras vistas anteriormente, como IF o CASE.

Veamos un caso que emplea WHILE.

1. Muestre los diez primeros números usando la estructura WHILE.

```
VALOR I: 1
VALOR I: 2
VALOR I: 3
VALOR I: 4
VALOR I: 5
VALOR I: 6
VALOR I: 7
VALOR I: 8
VALOR I: 9
VALOR I: 10
```

```
--Declarar la variable
DECLARE @N INT=0


--Ciclo de repeticiones
WHILE (@N<10)
BEGIN
 SET @N+=1
 PRINT 'VALOR I: '+CAST(@N AS CHAR(2))
END
GO
```

5.4 Control de errores en Transact SQL

Los lenguajes de programación permiten controlar los errores que puedan generarse en el código. SQL Server incorpora diferentes alternativas para controlar esos errores, encargando esta tarea al Transact SQL y no al lenguaje de programación. De esta forma, se desliga un poco de las validaciones propias del SQL. A partir de la versión 2005 del SQL Server, se incorpora el bloque TRY-CATCH, el cual permite gestionar los errores de manera adecuada.

El formato es el siguiente:

```
BEGIN TRY
     <Expresión_Sql>
END TRY
BEGIN CATCH
     <Expresion_Sql>
END CATCH
```

Donde:

a. **BEGIN TRY:** precisa el inicio del control de error en Transact SQL. En este bloque se coloca el *script* de trascendencia normal.

b. **END TRY:** indica la finalización del BEGIN TRY.

c. **BEGIN CATCH:** precisa el inicio del lado excepcional del *script*. Es decir, el bloque Begin Try le encomendará el trabajo a BEGIN CATCH al generarse cualquier tipo de error. Aquí entran a relucir las funciones especiales de errores que veremos a continuación.

d. **END CATCH:** indica la finalización del bloque BEGIN CATCH.

Consideraciones:

- El bloque TRY-CATCH detecta todos los errores de ejecución que tienen una gravedad mayor de 10 y que no cierran la conexión con la base de datos en SQL Server.

- La implementación de un bloque TRY-CATCH no puede abarcar varios bloques de este; es decir, no se podrá incluir dentro de un Try-Catch otro Try-Catch, ni mucho menos dentro de un bloque IF... Else, ya que generaría un error desde el motor de base de datos de SQL Server. No obstante, dentro del bloque BEGIN CATCH sí se puede implementar un BEGIN TRY.

- La forma de trabajo del bloque TRY-CATCH consiste en que, si no hay errores en el *script* incluido dentro de un bloque BEGIN TRY, se ejecutarán las sentencias inmediatamente después de la instrucción. En caso de que hubiera un error en el *script* incluido en un bloque BEGIN TRY, el control se transfiere a la primera instrucción del bloque BEGIN CATCH.

- Toda vez que la instrucción END CATCH sea la última de un *store procedure* o *trigger*, el control se devuelve a la instrucción que llamó al *store procedure* o activó el *trigger*.

- Los errores capturados por un bloque BEGIN CATCH no devuelven valor alguno a la aplicación que realiza la llamada. En caso de que necesite devolver alguna información, tendrán que implementarse funciones como RAISERROR o PRINT.

- La implementación de un bloque TRY... CATCH no se puede utilizar en una función definida por el usuario.

Funciones especiales de error:

a. **ERROR_NUMBER():** devuelve el número de error detectado.

b. **ERROR_MESSAGE():** devuelve el texto completo del mensaje de error. El texto incluye los valores suministrados para los parámetros sustituibles, como longitudes, nombres de objeto u horas.

c. **ERROR_SEVERITY():** devuelve la gravedad del error.

d. **ERROR_STATE():** devuelve el número de estado del error.

e. **ERROR_LINE():** devuelve el número de línea dentro de la rutina en que se produjo el error.

f. **ERROR_PROCEDURE():** devuelve el nombre del procedimiento almacenado o desencadenador en que se produjo el error.

Veamos algunos casos de uso del control de errores.

1. Implemente un *script* que permita mostrar los valores que emiten las funciones de control de errores a partir de una división por cero.

```
(0 row(s) affected)

ErrorNumber ErrorSeverity ErrorState ErrorProcedure   ErrorLine  ErrorMessage
----------- ------------- ---------- ---------------- ---------- --------------------------------
8134        16            1          NULL             2          Divide by zero error encountered.

(1 row(s) affected)
```

```sql
BEGIN TRY
    SELECT 1/0
END TRY
BEGIN CATCH
    SELECT
        ERROR_NUMBER() AS ErrorNumber,
        ERROR_SEVERITY() AS ErrorSeverity,
        ERROR_STATE() as ErrorState,
        ERROR_PROCEDURE() as ErrorProcedure,
        ERROR_LINE() as ErrorLine,
        ERROR_MESSAGE() as ErrorMessage
END CATCH
GO
```

2. Si tenemos información de la tabla DISTRITO.

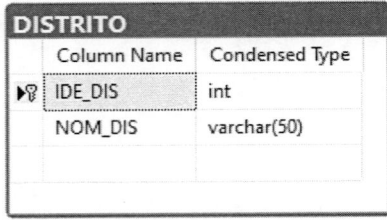

DISTRITO	
Column Name	Condensed Type
IDE_DIS	int
NOM_DIS	varchar(50)

3. Implemente un *script* que permita registrar un nuevo distrito. En caso de que ocurriera algún error en el registro, mostrar un mensaje.

```sql
BEGIN TRY
    DECLARE @COD INT='1',
            @DIS VARCHAR(40)='SAN JUAN DE ASIS'

    INSERT INTO DISTRITO VALUES(@COD,@DIS)
END TRY
BEGIN CATCH
    PRINT 'ERROR AL REGISTRAR EN LA TABLA DISTRITO'
END CATCH
```

4. Inicialmente se muestra de la siguiente manera:

```
Messages

   (0 rows affected)
   ERROR AL REGISTRAR EN LA TABLA DISTRITO

   Completion time: 2024-01-30T10:30:44.5585133-05:00
```

5. Cuando no se controlan los errores, el servidor responde con un formato preestablecido como el siguiente:

```
Messages
   Msg 8101, Level 16, State 1, Line 9882
   An explicit value for the identity column in table 'DISTRITO'
   can only be specified when a column list is used and IDENTITY_INSERT is ON.

   Completion time: 2024-01-30T10:26:04.5750816-05:00
```

6. Si en el *script* anterior se añadieron las funciones de control de error, se podría tener el siguiente informe:

```
Messages
   (0 rows affected)
   ERROR EN LA TABLA DISTRITO
   Numero de Error      :544
   Numero de Severidad :16
   Numero de Estado       :1
   Linea de Error N°    :5
   Mensaje de Error          :Cannot insert explicit value for identity column in table 'DISTRITO'
```

```
BEGIN TRY
     DECLARE @COD INT = '1',
                @DIS VARCHAR(40)='SAN JUAN DE ASIS'

     INSERT INTO DISTRITO(IDE_DIS,NOM_DIS) VALUES(@COD,@DIS)
END TRY
BEGIN CATCH
 PRINT 'ERROR EN LA TABLA DISTRITO'
 PRINT 'Numero de Error          :'+CAST(ERROR_NUMBER() AS VARCHAR(10))
 PRINT 'Numero de Severidad    :'+CAST(ERROR_SEVERITY() AS VARCHAR(10))
 PRINT 'Numero de Estado       :'+CAST(ERROR_STATE() AS VARCHAR(10))
 PRINT 'Linea de Error N°      :'+CAST(ERROR_LINE() AS VARCHAR(10))
 PRINT 'Mensaje de Error       :'+ERROR_MESSAGE()
END CATCH
```

5.5 Función @@ERROR

La función del sistema @@ERROR devuelve 0 si la última sentencia Transact-SQL se ejecutó con éxito; si la sentencia causó un error, @@ERROR devuelve el número de error. Hay que tener en cuenta que el valor de @@ERROR cambia al finalizar cada sentencia Transact-SQL.

Si se tiene en cuenta que @@ERROR obtiene un nuevo valor cuando se completa cada sentencia Transact-SQL, entonces se deberán considerar las siguientes opciones:

- Use la función @@ERROR después de una instrucción Transact-SQL.

- Guarde @@ERROR en una variable local de tipo entero después de que se complete la instrucción Transact-SQL. El valor de la variable se puede usar inmediatamente después de la asignación.

- Para mostrar el número de error, SQL presenta una lista de posibles errores usando la siguiente sentencia:

```
SELECT * FROM SYS.SYSMESSAGES
```

```
error       severity dlevel description
----------- -------- ------ ------------------------------------------------------
21          20       0      Warning: Fatal error %d occurred at %S_DATE. Note the error and
101         15       0      Query not allowed in Waitfor.
102         15       0      Incorrect syntax near '%.*ls'.
103         15       0      The %S_MSG that starts with '%.*ls' is too long. Maximum length
104         15       0      ORDER BY items must appear in the select list if the statement
105         15       0      Unclosed quotation mark after the character string '%.*ls'.
106         16       0      Too many table names in the query. The maximum allowable is %d.
```

Consideraciones:

- @@ERROR debe comprobarse o guardarse después de cada instrucción Transact-SQL porque un programador no puede predecir qué instrucción puede generar un error. Esto dobla el número de instrucciones Transact-SQL que deben codificarse para implementar un fragmento de lógica dado.

- Las construcciones TRY... CATCH son mucho más simples. Un bloque de instrucciones Transact-SQL está delimitado por instrucciones BEGIN TRY y END TRY; después, se escribe un bloque CATCH para gestionar los errores que puedan generarse mediante el bloque de instrucciones.

- Fuera de un bloque CATCH, @@ERROR es la única parte de un error de Database Engine (motor de base de datos) disponible en el lote, procedimiento almacenado o desencadenador que ha generado el error. El resto de las partes del error, como su gravedad, estado y texto del mensaje que contienen cadenas de sustitución (nombres de objeto, por ejemplo), solo se devuelven a la aplicación, donde pueden procesarse mediante los mecanismos de control de errores de las API. Si el error invoca un bloque CATCH, se pueden usar las funciones del sistema ERROR_LINE, ERROR_MESSAGE, ERROR_PROCEDURE, ERROR_NUMBER, ERROR_SEVERITY y ERROR_STATE.

Veamos algunos casos de uso del control de errores.

1. Si tenemos información de la tabla VENDEDOR.

VENDEDOR	
Column Name	Condensed Type
IDE_VEN	int
NOM_VEN	varchar(20)
APE_VEN	varchar(20)
SUE_VEN	money
FEC_ING	date
IDE_DIS	int

2. Implemente un *script* que permita actualizar el código del distrito de un determinado vendedor.

```
Messages
    Msg 547, Level 16, State 0, Line 9878
    The UPDATE statement conflicted with the FOREIGN KEY constraint "FK__VENDEDOR__IDE_DI__398D8EEE".
    The conflict occurred in database "BD_VENTAS", table "dbo.DISTRITO", column 'IDE_DIS'.
    The statement has been terminated.
    OCURRIÓ UN ERROR AL ACTUALIZAR LA TABLA VENDEDOR

    Completion time: 2024-01-30T10:32:58.3747582-05:00
```

```
UPDATE VENDEDOR
        SET IDE_DIS='60'
        WHERE IDE_VEN='1'
IF @@ERROR<>0
        PRINT 'OCURRIÓ UN ERROR AL ACTUALIZAR LA TABLA VENDEDOR'
GO
```

3. Para poder mejorar el manejo del error sobre la actualización de un vendedor, puede usar el siguiente código:

```
Messages

    (0 rows affected)
    OCURRIÓ UN ERROR AL ACTUALIZAR LA TABLA VENDEDOR

    Completion time: 2024-01-30T10:34:25.2902356-05:00
```

```
BEGIN TRY
        UPDATE VENDEDOR
                SET IDE_DIS='60'
                WHERE IDE_VEN='1'
END TRY
```

```
BEGIN CATCH
     IF @@ERROR<>0
             PRINT 'OCURRIÓ UN ERROR AL ACTUALIZAR LA TABLA VENDEDOR'
END CATCH
GO
```

5.6 Función RAISERROR

Se usa para devolver mensajes definidos por el usuario a las aplicaciones con el mismo formato que un error del sistema o un mensaje de advertencia generado por el motor de base de datos de SQL Server.

El formato es el siguiente:

RAISERROR <msg_id | msg_str | @local_variable,severity ,state>

Donde:

a. **msg_id:** es un número de mensaje de error definido por el usuario almacenado en el catálogo SYS.MESSAGES mediante el procedimiento almacenado SP_ADDMESSAGE. Los números de los mensajes de error definidos por el usuario deben ser mayores a 50 000, ya que este número es el tope de los números asignados en forma nativa en el motor de base de datos de SQL. Si no se especifica msg_id, RAISERROR genera un mensaje de error con el número 50 000.

b. **msg_str:** si se especifica msg_str, RAISERROR genera un mensaje de error con el número 50 000. msg_str es una cadena de caracteres que incluye especificaciones de conversión opcionales. Cada especificación de conversión define cómo se aplica el formato a un valor de la lista de argumentos y cómo se coloca en un campo en la posición indicada en la especificación de conversión de msg_str. Las especificaciones de conversión tienen el siguiente formato:

% [[flag] [width] [. precision] [h | l]] type

c. **severity:** es el nivel de gravedad definido por el usuario asociado a este mensaje. Cuando se utiliza msg_id para generar un mensaje definido por el usuario creado mediante sp_addmessage, la gravedad especificada en RAISERROR reemplaza la gravedad especificada en sp_addmessage.

Todos los usuarios pueden especificar los niveles de gravedad del 0 al 18. Solo los miembros de la función fija de servidor sysadmin o los usuarios con permisos ALTER TRACE pueden especificar los niveles de gravedad del 19 al 25. Para los niveles de gravedad del 19 al 25 se necesita la opción WITH LOG.

d. **state:** es un número entero entre 0 y 255. Los valores negativos o mayores a 255 generan un error.

Consideraciones:

- RAISERROR permite asignar un número de error, una gravedad y un estado específico.
- Se puede solicitar que el error se guarde en el registro de errores del motor de base de datos y en el registro de aplicación de Microsoft Windows.
- Se pueden sustituir los valores de argumento en el texto del mensaje de forma parecida a la función PRINT. Tanto RAISERROR como PRINT se pueden usar para devolver mensajes de información o advertencia a una aplicación.
- Cuando se use RAISERROR para devolver un mensaje de error definido por el usuario, se debe utilizar un número de estado distinto en cada RAISERROR que haga referencia al error. Esto puede ayudar a diagnosticar los errores cuando se generan.

Veamos algunos casos de uso del control de errores.

1. Implemente un *script* que permita controlar el error de una división irreal.

```
Msg 50000, Level 16, State 1, Line 13
Divide by zero error encountered.
```

```
BEGIN TRY
    PRINT 1/0
END TRY
BEGIN CATCH
    DECLARE @MENSAJEERROR VARCHAR(4000)
    DECLARE @SEVERIDAD INT
    DECLARE @ESTADO INT

    SELECT
        @MENSAJEERROR = ERROR_MESSAGE(),
        @SEVERIDAD = ERROR_SEVERITY(),
        @ESTADO = ERROR_STATE()
    RAISERROR (@MENSAJEERROR,@SEVERIDAD,@ESTADO)
END CATCH
GO
```

Capítulo 6

Procedimientos almacenados

6.1 Procedimientos almacenados

Un procedimiento almacenado es un conjunto de instrucciones de Transact-SQL o una referencia a un método de Common Language Runtime (CLR) de Microsoft.NET Framework. Este puede aceptar y devolver parámetros proporcionados por el usuario.

Los procedimientos se pueden crear para uso permanente o temporal en una sesión, usando un procedimiento local temporal. Asimismo, para su uso temporal en todas las sesiones se puede crear un procedimiento temporal global.

El motor de base de datos considera al procedimiento almacenado como un objeto que contiene un conjunto de instrucciones SQL que se ejecutan en conjunto con un mismo nombre y una sola llamada.

Se deben tener en cuenta las siguientes consideraciones generales sobre los procedimientos almacenados:

- Todo procedimiento almacenado se registra en el servidor actual.
- Pueden incluir atributos de seguridad como permisos y cadenas de propiedad. Además, se les pueden asociar certificados.
- Los procedimientos almacenados mejoran la seguridad de una aplicación.
- Una operación que necesite centenares de líneas de código Transact-SQL puede realizarse mediante una sola instrucción que ejecute el código en un procedimiento, en vez de enviar cientos de líneas de código por la red.

6.2 Tipos de procedimientos almacenados

Se describen particularmente tres tipos de procedimientos almacenados:

- **a.** Procedimientos almacenados del sistema
- **b.** Procedimientos almacenados definidos por el usuario
- **c.** Procedimientos almacenados extendidos

6.3 Procedimientos almacenados del sistema

Los procedimientos almacenados del sistema son guardados generalmente en la base de datos master y se reconocen por el prefijo SP_. Realizan una amplia variedad de tareas para soportar las funciones de SQL Server, por ejemplo:

- Llamadas de aplicaciones externas para datos de las tablas del sistema
- Procedimientos generales para la administración de las bases de datos
- Funciones de administración de seguridad

A continuación, nombraremos algunos procedimientos almacenados del sistema y propondremos algunos casos relevantes de estos.

1. Procedimiento almacenado del sistema que muestre los privilegios de las columnas involucradas en la tabla PRODUCTO

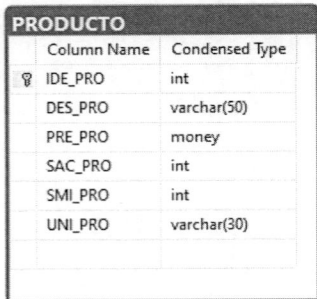

```
SP_COLUMN_PRIVILEGES PRODUCTO
GO
```

	TABLE_QUALIFIER	TABLE_OWNER	TABLE_NAME	COLUMN_NAME	GRANTOR	GRANTEE	PRIVILEGE	IS_GRANTABLE
1	BD_VENTAS	dbo	PRODUCTO	DES_PRO	dbo	dbo	INSERT	YES
2	BD_VENTAS	dbo	PRODUCTO	DES_PRO	dbo	dbo	REFERENCES	YES
3	BD_VENTAS	dbo	PRODUCTO	DES_PRO	dbo	dbo	SELECT	YES
4	BD_VENTAS	dbo	PRODUCTO	DES_PRO	dbo	dbo	UPDATE	YES
5	BD_VENTAS	dbo	PRODUCTO	IDE_PRO	dbo	dbo	INSERT	YES
6	BD_VENTAS	dbo	PRODUCTO	IDE_PRO	dbo	dbo	REFERENCES	YES
7	BD_VENTAS	dbo	PRODUCTO	IDE_PRO	dbo	dbo	SELECT	YES
8	BD_VENTAS	dbo	PRODUCTO	IDE_PRO	dbo	dbo	UPDATE	YES
9	BD_VENTAS	dbo	PRODUCTO	PRE_PRO	dbo	dbo	INSERT	YES
10	BD_VENTAS	dbo	PRODUCTO	PRE_PRO	dbo	dbo	REFERENCES	YES
11	BD_VENTAS	dbo	PRODUCTO	PRE_PRO	dbo	dbo	SELECT	YES
12	BD_VENTAS	dbo	PRODUCTO	PRE_PRO	dbo	dbo	UPDATE	YES

2. Procedimiento almacenado del sistema que muestre las columnas de la tabla PRODUCTO

```
SP_COLUMNS PRODUCTO
GO
```

	TABLE_QUALIFIER	TABLE_OWNER	TABLE_NAME	COLUMN_NAME	DATA_TYPE	TYPE_NAME	PRECISION	LENGTH
1	BD_VENTAS	dbo	PRODUCTO	IDE_PRO	4	int identity	10	4
2	BD_VENTAS	dbo	PRODUCTO	DES_PRO	12	varchar	50	50
3	BD_VENTAS	dbo	PRODUCTO	PRE_PRO	3	money	19	21
4	BD_VENTAS	dbo	PRODUCTO	SAC_PRO	4	int	10	4
5	BD_VENTAS	dbo	PRODUCTO	SMI_PRO	4	int	10	4
6	BD_VENTAS	dbo	PRODUCTO	UNI_PRO	12	varchar	30	30

3. Procedimiento almacenado que liste la información del producto con código P001

	IDE_PRO	DES_PRO	PRE_PRO	SAC_PRO	SMI_PRO	UNI_PRO
1	1	PAPEL BOND A-4	35.00	200	1500	MLL

```
EXECUTE  SP_EXECUTESQL
         N'SELECT * FROM PRODUCTO
         WHERE IDE_PRO = @COD',
         N'@COD INT',
         @COD = '1'
GO
```

4. Procedimiento almacenado del sistema que devuelva una lista de nombres de atributos y sus valores correspondientes para SQL Server, la puerta de enlace de la base de datos o el origen de datos subyacente del servidor activo

```
attribute_id attribute_name                          attribute_value
------------ --------------------------------------  --------------------------------------------------
1            DBMS_NAME                               Microsoft SQL Server
2            DBMS_VER                                Microsoft SQL Server 2012 - 11.0.2218.0 - 11.0.2218.0
10           OWNER_TERM                              owner
11           TABLE_TERM                              table
12           MAX_OWNER_NAME_LENGTH                   128
13           TABLE_LENGTH                            128
14           MAX_QUAL_LENGTH                         128
15           COLUMN_LENGTH                           128
16           IDENTIFIER_CASE                         MIXED
17           TX_ISOLATION                            2
18           COLLATION_SEQ                           charset=iso_1 collation=Modern_Spanish_CI_AS
19           SAVEPOINT_SUPPORT                       Y
20           MULTI_RESULT_SETS                       Y
22           ACCESSIBLE_TABLES                       Y
100          USERID_LENGTH                           128
101          QUALIFIER_TERM                          database
```

```
SP_SERVER_INFO
GO
```

5. Procedimiento almacenado que liste las tablas creadas dentro de la base de datos VENTAS

	TABLE_QUALIFIER	TABLE_OWNER	TABLE_NAME	TABLE_TYPE	REMARKS
1	BD_VENTAS	dbo	ABASTECIMIENTO	TABLE	NULL
2	BD_VENTAS	dbo	CLIENTE	TABLE	NULL
3	BD_VENTAS	dbo	DETALLE_COMPRA	TABLE	NULL
4	BD_VENTAS	dbo	DETALLE_FACTURA	TABLE	NULL
5	BD_VENTAS	dbo	DISTRITO	TABLE	NULL
6	BD_VENTAS	dbo	FACTURA	TABLE	NULL
7	BD_VENTAS	dbo	ORDEN_COMPRA	TABLE	NULL
8	BD_VENTAS	dbo	PRODUCTO	TABLE	NULL
9	BD_VENTAS	dbo	PROVEEDOR	TABLE	NULL
10	BD_VENTAS	dbo	sysdiagrams	TABLE	NULL
11	BD_VENTAS	dbo	VENDEDOR	TABLE	NULL

```
SP_TABLES
GO
```

6.4 Instrucción EXECUTE y SP_EXECUTESQL

La instrucción EXECUTE indica que SQLClient, ODBC, OLE DB o DB-Library debe ejecutar una o varias instrucciones Transact-SQL preparadas. Estas instrucciones deben cumplir con la sintaxis evaluada desde el motor de base de datos de SQL.

Formato EXECUTE

```
EXEC | EXECUTE <NOMBRE DEL PROCEDIMIENTO> <PARÁMETROS>
GO
```

Se especifica el nombre del procedimiento almacenado y, opcionalmente, se colocan los parámetros del procedimiento según su implementación.

SP_EXECUTESQL es un procedimiento almacenado que ejecuta una cadena Unicode, en la cual admite la sustitución de parámetros. Se debe considerar que el valor deberá ser mínimamente de tipo NVARCHAR y el procedimiento deberá ejecutarse obligatoriamente con la instrucción EXEC.

A continuación, veamos algunos casos sobre el uso de la sentencia Execute y SP_EXECUTESQL.

1. Implemente un procedimiento almacenado que permita listar los registros de la tabla PRODUCTO.

- **Usando Exec**

```
DECLARE @X VARCHAR(MAX)
SET @X='SELECT * FROM PRODUCTO'
EXEC(@X)
GO
```

- **Usando SP_EXECUTESQL**

```
DECLARE @X NVARCHAR(MAX)
SET @X='SELECT * FROM PRODUCTO'
EXEC SP_EXECUTESQL @X
GO
```

6.5 Procedimientos almacenados definidos por el usuario

Son procedimientos que se implementan de forma personalizada según la necesidad del usuario. Aquí se podrá emplear cualquier instrucción vista hasta el momento.

El formato es el siguiente:

```
CREATE   PROCEDURE   <NOMBRE_PROCEDIMIENTO>   <(@PARAMETRO TIPO_DATOS) >
AS
BEGIN
    CUERPO_DEL_PROCEDIMIENTO
END
```

A continuación, veamos algunos casos de uso de procedimientos almacenados sin definición de parámetros.

1. Implemente un procedimiento almacenado que permita devolver los cinco productos con los precios más altos registrados en la tabla PRODUCTO.

	IDE_PRO	DES_PRO	PRE_PRO	SAC_PRO	SMI_PRO	UNI_PRO
1	20	FÓLDER PLÁSTICO A-4	50.00	3080	1100	CIE
2	21	PROTECTOR DE PANTALLA	50.00	20	5	UNI
3	6	CARTUCHO TINTA COLOR	45.00	58	35	UNI
4	5	CARTUCHO TINTA NEGRA	40.00	50	30	UNI
5	1	PAPEL BOND A-4	35.00	200	1500	MLL

```
--Validando el procedimiento almacenado
IF OBJECT_ID('TOP5PRECIOS') IS NOT NULL
BEGIN
     DROP PROCEDURE TOP5PRECIOS
END
GO

--Creando el procedimiento almacenado
```

```
CREATE PROCEDURE TOP5PRECIOS
AS
    SET ROWCOUNT 5
    SELECT * FROM PRODUCTO ORDER BY PRE_PRO DESC
GO


--Ejecutando el procedimiento almacenado
EXECUTE TOP5PRECIOS
GO
```

2. Implemente un procedimiento almacenado que permita realizar el siguiente reporte.

	CÓDIGO	VENDEDOR	SUELDO	FECHA DE INICIO	DISTRITO
1	1	JUANA ROSA CALVO BRIONES	2000.00	2019-12-11	MIRAFLORES
2	2	JUAN MIGUEL MÉDICO HURTADO	2200.00	2019-03-20	MAGDALENA
3	3	CARLOS VIDAL CÁRDENAS JURADO	2500.00	2019-10-19	MAGDALENA
4	4	CÉSAR AUGUSTO OJEDA MENDOZA	1850.00	2019-11-11	BRENA
5	5	JULIO ARMANDO VEGA VEGA	2500.00	2019-05-19	SURCO
6	6	ANA MARÍA FONSECA DE LA VEGA	2200.00	2020-05-04	LINCE
7	7	JOSÉ LUIS PALACIOS MERZ	3500.00	2020-02-17	LA MOLINA
8	8	RUBÉN MARCO LAZARO FERNÁNDEZ	2450.00	2020-08-16	JESÚS MARÍA

```
IF OBJECT_ID('SP_LISTADOVENDEDOR')IS NOT NULL
    DROP PROC SP_LISTADOVENDEDOR
GO
CREATE PROC SP_LISTADOVENDEDOR
AS
    SELECT V.IDE_VEN AS CODIGO,
           V.NOM_VEN+SPACE(1)+V.APE_VEN AS VENDEDOR,
           V.SUE_VEN AS SUELDO,
           V.FEC_ING AS [FECHA DE INICIO],
           D.NOM_DIS AS DISTRITO
           FROM VENDEDOR V
           JOIN DISTRITO D ON V.IDE_DIS=D.IDE_DIS
GO
--PRUEBA
EXEC SP_LISTADOVENDEDOR
GO
```

3. Implemente un procedimiento almacenado que permita mostrar el total de clientes registrados por distrito.

	DISTRITO	TOTAL DE CLIENTES
1	ATE - VITARTE	5
2	BARRANCO	2
3	BELLAVISTA	8
4	BRENA	2
5	CALLAO	4
6	CARABAYLLO	7
7	CARMEN DE LA LEGUA	2
8	CHORRILLOS	5

```
IF OBJECT_ID('SP_CLIENTESxDISTRITO')IS NOT NULL
    DROP PROC SP_CLIENTESxDISTRITO
GO
CREATE PROC SP_CLIENTESxDISTRITO
AS
    SELECT D.NOM_DIS AS DISTRITO,
           COUNT(*) AS [TOTAL DE CLIENTES]
           FROM CLIENTE C
           JOIN DISTRITO D ON C.IDE_DIS=D.IDE_DIS
           GROUP BY D.NOM_DIS
GO
--PRUEBA:
EXEC SP_CLIENTESxDISTRITO
GO
```

A continuación, veamos algunos casos del uso de procedimientos almacenados con definición de parámetros.

1. Implemente un procedimiento almacenado que permita mostrar información de un determinado producto.

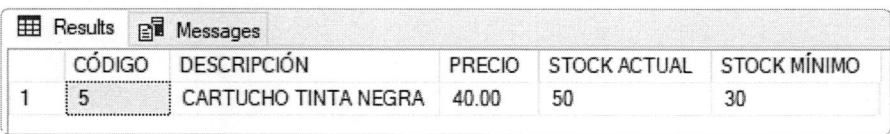

	CÓDIGO	DESCRIPCIÓN	PRECIO	STOCK ACTUAL	STOCK MÍNIMO
1	5	CARTUCHO TINTA NEGRA	40.00	50	30

```
IF OBJECT_ID('SP_MUESTRAPRODUCTO')IS NOT NULL
    DROP PROC SP_MUESTRAPRODUCTO
GO
CREATE PROC SP_MUESTRAPRODUCTO(@COD CHAR(5))
AS
    SELECT P.COD_PRO AS CODIGO,
           P.DES_PRO AS DESCRIPCION,
           P.PRE_PRO AS PRECIO,
           P.SAC_PRO AS [STOCK ACTUAL],
           P.SMI_PRO AS [STOCK MINIMO]
```

```
            FROM PRODUCTO P
            WHERE P.COD_PRO=@COD
GO
--PRUEBA:
EXEC SP_MUESTRAPRODUCTO '5'
```

2. Implemente un procedimiento almacenado que permita mostrar el total de facturas registradas en un determinado año.

	AÑO	TOTAL DE FACTURAS
1	2023	365

```
IF OBJECT_ID('SP_FACTURASxAÑO')IS NOT NULL
    DROP PROC SP_FACTURASxAÑO
GO
CREATE PROC SP_FACTURASxAÑO(@AÑO INT)
AS
    SELECT YEAR(F.FEC_FAC) AS AÑO,
        COUNT(*) AS [TOTAL DE FACTURAS]
        FROM FACTURA F
        GROUP BY YEAR(F.FEC_FAC)
        HAVING YEAR(F.FEC_FAC) = @AÑO
GO
--PRUEBA:
EXEC SP_FACTURASxAÑO 2023
```

3. Implemente un procedimiento almacenado que permita listar los clientes de un determinado distrito.

	CÓDIGO	CLIENTE	DIRECCIÓN	TELÉFONO	DISTRITO	FECHA DE REGISTRO
1	1	FINSETH SAC	AV. LOS VINEDOS 150	4342318	SAN MIGUEL	2021-02-21
2	3	SERVIEMSA SAC	JR. COLLAGATE 522	75012403	SAN MIGUEL	2021-03-11
3	6	BERKER SRLTDA	AV. LOS PROCERES 521	3810322	SAN MIGUEL	2021-05-20
4	10	LANDU SAC	AV.NICOLAS DE AYLLON 1453	3267840	SAN MIGUEL	2022-04-13
5	12	SUCERTE SAC	JR. GRITO DE HUAURA 114	4206434	SAN MIGUEL	2022-04-11
6	33	MULTISERVICIOS PROFESIONALES SRL	JR AMAZONAS SIN ZONA 848 2DO	937079279	SAN MIGUEL	2022-02-01
7	130	SERVICIOS GENERALES, COMERCIO Y CONSTRUCCIÓN K&L...	AV MARIANO MELGAR SIN ZONA 658	954020734	SAN MIGUEL	2023-07-01

```
IF OBJECT_ID('SP_CLIENTExDISTRITO')IS NOT NULL
    DROP PROC SP_CLIENTExDISTRITO
GO
CREATE PROC SP_CLIENTExDISTRITO(@DIS VARCHAR(30))
AS
```

```sql
        SELECT C.IDE_CLI AS CODIGO,
               C.RSO_CLI AS CLIENTE,
               C.DIR_CLI AS DIRECCION,
               C.TLF_CLI AS TELEFONO,
               D.NOM_DIS AS DISTRITO,
               C.FEC_REG AS [FECHA DE REGISTRO]
               FROM CLIENTE C
               JOIN DISTRITO D ON C.IDE_DIS=D.IDE_DIS
               WHERE D.NOM_DIS=@DIS
GO


--PRUEBA:
EXEC SP_CLIENTExDISTRITO 'SAN MIGUEL'
GO
```

4. Implemente un procedimiento almacenado que permita listar las facturas en un determinado año y un determinado mes.

	NÚMERO	FECHA FACTURADA	CLIENTE	FECHA CANCELACIÓN	VENDEDOR
1	1397	2023-06-01	KADIA SRLTDA	2023-06-03	RUBÉN JORGE DIAZ VERA
2	1398	2023-06-02	CONSORCIO EDUCATIVO NUESTRA SEÑORA DEL PERPETUO S...	2023-06-04	CARLOS CÉSAR LUDENA MENDOZA
3	1399	2023-06-03	COPYMER EIRL	2023-06-05	JUANA ROSA CALVO BRIONES
4	1400	2023-06-04	OCP ARQUITECTO E.I.R.L	2023-06-06	CESAR AUGUSTO OJEDA MENDOZA
5	1401	2023-06-05	FINSETH SAC	2023-06-07	RUBÉN MARCO LAZARO FERNANDEZ
6	1402	2023-06-06	ELECTRÓNICA UNIVERSAL E.I.R.L.	2023-06-08	JOSÉ ANTONIO CORONA SOTO
7	1403	2023-06-07	TECNOLOGÍAS Y PROYECTOS VIALES SOCIEDAD ANÓNIMA CE...	2023-06-09	JULIO ARMANDO VEGA VEGA
8	1404	2023-06-08	NEGOCIOS GENERALES CLAUDIA S.R.L.	2023-06-10	MARORI DINA TORRES RAMOS

```sql
IF OBJECT_ID('SP_FACTURASxAÑOxMES')IS NOT NULL
     DROP PROC SP_FACTURASxAÑOxMES
GO
CREATE PROC SP_FACTURASxAÑOxMES(@AÑO INT,@MES INT)
AS
     SELECT F.NUM_FAC AS NUMERO,
            F.FEC_FAC AS [FECHA FACTURADA],
            C.RSO_CLI AS CLIENTE,
            F.FEC_CAN AS [FECHA CANCELACION],
            V.NOM_VEN+SPACE(1)+V.APE_VEN AS VENDEDOR
            FROM FACTURA F
            JOIN CLIENTE C ON C.IDE_CLI=F.IDE_CLI
            JOIN VENDEDOR V ON V.IDE_VEN=F.IDE_VEN
            WHERE YEAR(F.FEC_FAC)=@AÑO AND MONTH(F.FEC_FAC)=@MES
GO
```

```
--PRUEBA:
EXEC SP_FACTURASxAÑOxMES 2023,6
GO
```

5. Implemente un procedimiento almacenado que permita registrar un nuevo cliente. Se debe validar el código del distrito.

```
(1 row(s) affected)
CLIENTE REGISTRADO CORRECTAMENTE
```

```
IF OBJECT_ID('SP_NUEVOCLIENTE') IS NOT NULL
BEGIN
      DROP PROCEDURE SP_NUEVOCLIENTE
END
GO
--2.
CREATE PROCEDURE SP_NUEVOCLIENTE(@IDE INT,@RSO VARCHAR(30),
                                 @DIR VARCHAR(100),@TLF VARCHAR(9),
                                 @RUC VARCHAR(11),@DIS INT,
                                 @REG DATE,@TIP VARCHAR(10),
                                 @CON VARCHAR(30))
AS
      BEGIN TRY
            IF EXISTS(SELECT * FROM DISTRITO D WHERE D.IDE_DIS=@DIS)
            BEGIN
                  INSERT INTO CLIENTE
                      VALUES (@IDE,@RSO,@DIR,@TLF,
                              @RUC,@DIS,@REG,@TIP,@CON)
                  PRINT 'CLIENTE REGISTRADO CORRECTAMENTE'
            END
            ELSE
                  PRINT 'ERROR AL REGISTRAR'
      END TRY
      BEGIN CATCH
            PRINT 'OCURRIÓ UN ERROR AL REGISTRAR'
      END CATCH
GO
--PRUEBA:
EXEC      SP_NUEVOCLIENTE      '71','TAI      LOY','AV.      UNIVERSITARIA
3424','4529636','51551585745','D01','25/10/2024','1','JUAN GARCIA'
GO
```

A continuación, veamos algunos ejemplos de uso de procedimientos almacenados con parámetros de salida.

1. Implemente un procedimiento almacenado que permita mostrar el total de facturas registradas en un determinado año.

```
Messages
EL TOTAL DE FACTURAS REGISTRADAS EN EL AÑO 2023 ES 365

Completion time: 2024-01-30T10:56:54.6815579-05:00
```

```
IF OBJECT_ID('SP_TOTALFACTURAS') IS NOT NULL
BEGIN
     DROP PROCEDURE SP_TOTALFACTURAS
END
GO


CREATE PROCEDURE SP_TOTALFACTURAS(@AÑO INT, @TOTAL INT OUTPUT)
AS
     SELECT @TOTAL= COUNT(*)
          FROM FACTURA F
          WHERE YEAR(F.FEC_FAC) = @AÑO
GO


--PRUEBA
DECLARE @T INT,@AÑO INT = 2023
EXEC SP_TOTALFACTURAS @AÑO,@TOTAL=@T OUTPUT
PRINT 'EL TOTAL DE FACTURAS REGISTRADAS EN EL AÑO ' +
     CAST(@AÑO AS CHAR(4)) + ' ES ' + CAST(@T AS VARCHAR(10))
GO
```

6.6 Opciones sobre los procedimientos almacenados

Los procedimientos almacenados representan objetos dentro de la base de datos que pueden ser administrados por medio de sentencias DD.

Formato para visualizar el contenido de un procedimiento almacenado

```
IF OBJECT_ID('NOMBRE_PROCEDIMIENTO') IS NOT NULL
  DROP PROC NOMBRE_PROCEDIMIENTO
GO
```

Formato para crear un procedimiento almacenado

```
CREATE PROCEDURE <NOMBRE_PROCEDIMIENTO>
AS
  --CONTENIDO DEL PROCEDIMIENTO
GO
```

Formato para modificar un procedimiento almacenado

```
ALTER PROCEDURE <NOMBRE_PROCEDIMIENTO>
AS
  --MODIFICAR EL CONTENIDO
GO
```

Formato para eliminar un procedimiento almacenado

```
DROP  PROCEDURE <NOMBRE_PROCEDIMIENTO>
GO
```

Formato para listar todos los procedimientos almacenados de una base de datos

```
SELEC P.NAME,P.ID,P.CRDATE,P.TYPE FROM SYS.SYSOBJECTS P
          WHERE P.XTYPE''P'
GO
```

Por ejemplo, si queremos visualizar los procedimientos almacenados de la base de datos VENTAS, el resultado se muestra del siguiente modo:

	NAME	ID	CRDATE	TYPE
1	sp_upgraddiagrams	1413580074	2024-01-30 09:41:24.617	P
2	sp_helpdiagrams	1477580302	2024-01-30 09:41:24.630	P
3	sp_helpdiagramdefinition	1493580359	2024-01-30 09:41:24.630	P
4	sp_creatediagram	1509580416	2024-01-30 09:41:24.630	P
5	sp_renamediagram	1525580473	2024-01-30 09:41:24.633	P
6	sp_alterdiagram	1541580530	2024-01-30 09:41:24.637	P
7	sp_dropdiagram	1557580587	2024-01-30 09:41:24.640	P
8	TOP5PRECIOS	1589580701	2024-01-30 10:39:15.733	P
9	SP_LISTADOVENDEDOR	1605580758	2024-01-30 10:40:23.727	P
10	SP_CLIENTESxDISTRITO	1621580815	2024-01-30 10:42:28.120	P
11	SP_MUESTRAPRODUCTO	1637580872	2024-01-30 10:46:01.120	P
12	SP_FACTURASxAÑO	1653580929	2024-01-30 10:46:55.130	P
13	SP_CLIENTExDISTRITO	1669580986	2024-01-30 10:49:55.370	P
14	SP_FACTURASxAÑOxMES	1685581043	2024-01-30 10:51:46.017	P
15	SP_TOTALFACTURAS	1701581100	2024-01-30 10:56:38.373	P

Formato para visualizar el contenido de un procedimiento almacenado

```
SP_HELPTEXT NOMBRE_PROCEDIMIENTO
GO
```

Capítulo 7

Funciones

7.1 Funciones

Los problemas complejos son más fáciles de resolver si se dividen en porciones de código llamadas *scripts*. Esto permite al programador de Transact SQL dividir en unidades de programas o módulos que estén diseñadas para una tarea específica. La ventaja de esto es que solo se escribirán una vez, pero se pueden invocar desde cualquier módulo de consulta, ya que estas funciones se crean dentro de una base de datos y quedan registradas en esta.

Hasta el momento hemos usado varias funciones con la misión de devolver algún valor o ejecutar alguna acción, por ejemplo, GETDATE() en las fechas o @@FETCH_STATUS en la implementación de cursores. Al igual que en estos casos, encontraremos muchas funciones preestablecidas y, por lo tanto, se puede llegar a establecer la siguiente clasificación:

a. Funciones del sistema
b. Funciones definidas por el usuario
   - Funciones escalares
   - Funciones de tabla
   - Funciones tabla *online*

7.2 Funciones del sistema

SQL Server cuenta con una infinita variedad de funciones, dependiendo de los valores, objetos o configuraciones que se desea realizar. Estas funciones se dividen normalmente en cuatro grupos:

a. Funciones de conjunto de filas
b. Funciones de agregado
c. Funciones de categoría
d. Funciones escalares

7.2.1 Funciones de agregado

Son funciones que se caracterizan por operar sobre una colección de valores y por devolver un solo valor de resumen. Las describiremos a continuación.

A. Funciones escalares

Operan sobre un valor y después devuelven otro valor. Las funciones escalares se pueden utilizar donde la expresión sea válida. A continuación, describiremos cada una de estas funciones:

- **AVG:** determina el promedio de valores.

  Implemente un *script* que permita determinar el promedio subtotal desde la tabla DETALLE_FACTURA.

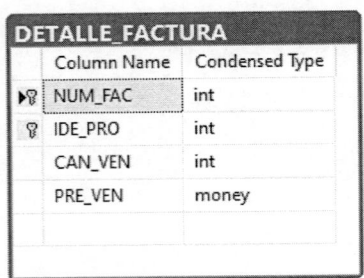

DETALLE_FACTURA	
Column Name	Condensed Type
NUM_FAC	int
IDE_PRO	int
CAN_VEN	int
PRE_VEN	money

```
SELECT AVG(D.CAN_VEN*D.PRE_VEN)
     FROM DETALLE_FACTURA D
GO
```

- **MIN:** determina el mínimo valor encontrado.

  Implemente un *script* que determine el menor valor en el *stock* actual. Mostrar qué productos tienen el mismo *stock* que el menor valor.

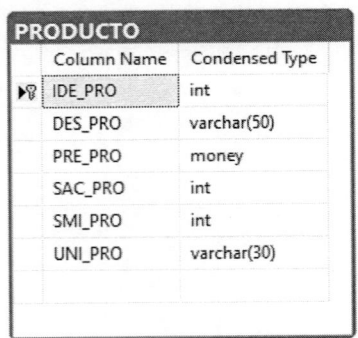

PRODUCTO	
Column Name	Condensed Type
IDE_PRO	int
DES_PRO	varchar(50)
PRE_PRO	money
SAC_PRO	int
SMI_PRO	int
UNI_PRO	varchar(30)

```
--Determinar el mínimo stock actual
DECLARE @MENOR INT
SELECT @MENOR = MIN(P.SAC_PRO)
     FROM PRODUCTO P

--Buscar los productos con igual stock al mínimo
SELECT P.IDE_PRO AS CODIGO,
```

```
    P.DES_PRO AS DESCRIPCION,
    P.PRE_PRO AS PRECIO,
    P.SAC_PRO AS [STOCK ACTUAL]
    FROM PRODUCTO P
    WHERE P.SAC_PRO=@MENOR
GO
```

- **SUM:** devuelve la suma acumulada de los valores numéricos de un campo de una tabla.

  Implemente un *script* que permita mostrar el monto subtotal de las facturas registradas.

```
SELECT YEAR(F.FEC_FAC) AS AÑO,SUM(DF.CAN_VEN*DF.PRE_VEN) AS [SUBTOTAL POR AÑO]
    FROM DETALLE_FACTURA DF
    JOIN FACTURA F ON DF.NUM_FAC=F.NUM_FAC
    GROUP BY YEAR(F.FEC_FAC)
GO
```

- **COUNT:** devuelve el total de registros de una tabla según un determinado criterio.

  Implemente un *script* que permita mostrar el total de facturas registradas por un determinado vendedor.

```
SELECT V.NOM_VEN+SPACE(1)+V.APE_VEN AS VENDEDOR,
    COUNT(*) AS TOTAL
    FROM VENDEDOR V
    JOIN FACTURA F ON V.IDE_VEN=F.IDE_VEN
    GROUP BY V.NOM_VEN+SPACE(1)+V.APE_VEN
GO
```

- **MAX:** devuelve el valor máximo.

  Implemente un *script* que permita mostrar los distritos con el máximo número de proveedores registrados.

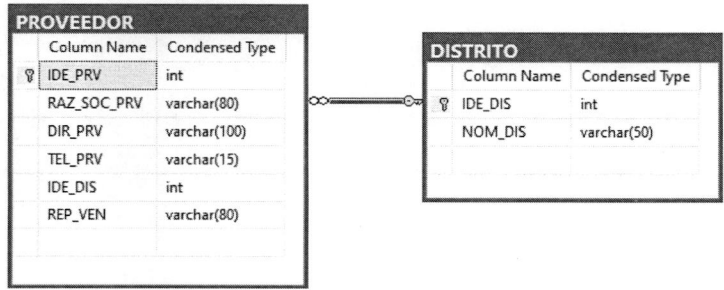

```
--Obtener el máximo valor
DECLARE @MAXIMO INT
SELECT @MAXIMO = MAX(X.[TOTAL PROVEEDORES])
     FROM ( SELECT D.NOM_DIS AS DISTRITO,
            COUNT(*) AS [TOTAL PROVEEDORES]
            FROM DISTRITO D
            JOIN PROVEEDOR P ON D.IDE_DIS=P.IDE_DIS
            GROUP BY D.NOM_DIS
            ) AS X

--Mostrar los distritos con el máximo número de proveedores
SELECT X.DISTRITO,X.[TOTAL PROVEEDORES]
     FROM ( SELECT D.NOM_DIS AS DISTRITO,
            COUNT(*) AS [TOTAL PROVEEDORES]
            FROM DISTRITO D
            JOIN PROVEEDOR P ON D.IDE_DIS=P.IDE_DIS
            GROUP BY D.NOM_DIS
            ) AS X
     WHERE X.[TOTAL PROVEEDORES]=@MAXIMO
GO
```

B. Funciones de configuración

Devuelven información acerca de la configuración actual. Estas funciones son las siguientes:

- **@@SERVERNAME:** muestra el nombre del servidor.

```
SELECT @@SERVERNAME

----------------------
USER-PC\PC

(1 row(s) affected)
```

- **@@LANGUAGE:** muestra el idioma configurado en el servidor.

```
SELECT @@LANGUAGE

----------------------
us_english

(1 row(s) affected)
```

- **@@SERVICENAME:** muestra el nombre de la instancia del servidor SQL.

```
SELECT @@SERVICENAME

----------------------
PC

(1 row(s) affected)
```

- **@@VERSION:** muestra la versión de SQL server actual.

SELECT @@VERSION

```
Results

----------------------------------------------------------------------------
Microsoft SQL Server 2022 (RTM) - 16.0.1000.6 (X64)
     Oct  8 2022 05:58:25
     Copyright (C) 2022 Microsoft Corporation
     Developer Edition (64-bit) on Windows 10 Pro 10.0 <X64> (Build 19045: )
```

C. Funciones de conversión

Admiten conversión y conversión de tipos de datos. Son las siguientes:

- **CAST – CONVERT:** realizan conversiones de tipos. La diferencia entre CAST y CONVERT es la forma en la que especifican sus parámetros.

    Implemente un *script* que permita imprimir un total de clientes por distrito.

```
--Usando CAST
DECLARE @TOTAL INT
SELECT @TOTAL=COUNT(*)
    FROM DISTRITO D
    JOIN CLIENTE C ON D.IDE_DIS=C.IDE_DIS
    WHERE D.NOM_DIS='SAN MIGUEL'
PRINT 'TOTAL: '+CAST(@TOTAL AS CHAR(5))
GO


--Usando CONVERT
DECLARE @TOTAL INT
SELECT @TOTAL=COUNT(*)
    FROM DISTRITO D
    JOIN CLIENTE C ON D.IDE_DIS=C.IDE_DIS
    WHERE D.NOM_DIS='SAN MIGUEL'
PRINT 'TOTAL: '+CONVERT(CHAR(5),@TOTAL)
GO
```

- **PARSE:** se recomienda su uso para convertir tipos de cadena a tipos de fecha y hora y de número.

    Implemente un *script* que permita convertir un valor monetario expresado en caracteres a tipo moneda.

```
CONVERSION
--------------------
2585.50

(1 row(s) affected)
```

```
DECLARE @MONTO VARCHAR(10) = '2585,50'
SELECT PARSE(@MONTO AS money USING 'es-ES') AS CONVERSION
GO
```

- **TRY_PARSE:** se recomienda su uso para convertir tipos de cadena a tipos de fecha y hora y de número.

  Implemente un *script* que permita convertir un valor monetario expresado en caracteres a tipo moneda.

```
CONVERSION
-------------------
2585.50

(1 row(s) affected)
```

```
DECLARE @MONTO VARCHAR(10) = '2585,50'
SELECT TRY_PARSE(@MONTO AS money USING 'es-ES') AS CONVERSION
GO
```

D. Funciones del cursor

Devuelven información acerca de los cursores. Por ejemplo:

- **@@FETCH_STATUS:** devuelve el estado de la última instrucción FETCH del cursor, emitida contra cualquier cursor abierto actualmente por la conexión. Los valores que emite son los siguientes:
  - **0:** la instrucción FETCH se ejecutó correctamente.
  - **-1:** la instrucción FETCH no se ejecutó correctamente o la fila estaba más allá del conjunto de resultados.
  - **-2:** falta la fila capturada.
  - **-9:** el cursor no está realizando una operación de búsqueda.

E. Tipos de datos y funciones de fecha y hora

Llevan a cabo operaciones sobre un valor de entrada de fecha y hora, y devuelven un valor numérico, de cadena o de fecha y hora. A continuación, la descripción de cada una:

- **DATENAME:** devuelve una cadena de caracteres que representa el parámetro especificado. Los parámetros se muestran de la siguiente manera:

year	yy, yyyy
quarter	qq, q
month	mm, m
dayofyear	dy, y
day	dd, d
week	wk, ww
weekday	dw, w
hour	Hh
minute	mi, n
second	ss, s
millisecond	Ms
microsecond	Mcs
nanosecond	Ns

Implemente un *script* que devuelva el mes, de la fecha actual, en letras.

```
SELECT DATENAME(MM,GETDATE())
GO
```

- **DAY:** devuelve el valor numérico del día de una fecha determinada.

   Implemente un *script* que muestre el número de día de la fecha actual.

```
DIA ACTUAL
-----------
15

(1 row(s) affected)
```

```
SELECT DAY(GETDATE()) AS [DIA ACTUAL]
GO
```

- **YEAR:** devuelve el valor numérico del año de una fecha determinada.

   Implemente un *script* que permita mostrar los años en que se registraron las facturas.

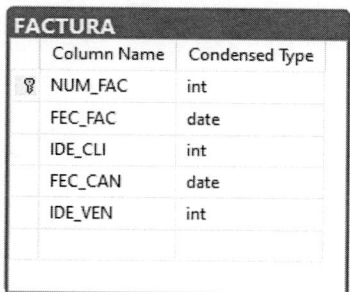

FACTURA

	Column Name	Condensed Type
🔑	NUM_FAC	int
	FEC_FAC	date
	IDE_CLI	int
	FEC_CAN	date
	IDE_VEN	int

```
SELECT F.NUM_FAC AS FACTURA,
     F.FEC_FAC AS FECHA,
     YEAR(F.FEC_FAC) AS [AÑO DE REGISTRO]
     FROM FACTURA F
GO
```

	FACTURA	FECHA	AÑO DE REGISTRO
1	1	2019-08-05	2019
2	2	2019-08-06	2019
3	3	2019-08-07	2019
4	4	2019-08-08	2019
5	5	2019-08-09	2019
6	6	2019-08-10	2019
7	7	2019-08-11	2019
8	8	2019-08-12	2019
9	9	2019-08-13	2019
10	10	2019-08-14	2019

- **DATEDIFF:** devuelve un valor numérico que representa la diferencia entre dos fechas.

  Implemente un *script* que permita mostrar la cantidad de años que tiene registradas cada factura con respecto a la fecha actual.

FACTURA		
	Column Name	Condensed Type
🔑	NUM_FAC	int
	FEC_FAC	date
	IDE_CLI	int
	FEC_CAN	date
	IDE_VEN	int

```sql
SELECT F.NUM_FAC AS FACTURA,
    F.FEC_FAC AS FECHA,
    DATEDIFF(YY,F.FEC_FAC,GETDATE()) AS [AÑOS]
    FROM FACTURA F
GO
```

	FACTURA	FECHA	AÑOS
1	1	2019-08-05	5
2	2	2019-08-06	5
3	3	2019-08-07	5
4	4	2019-08-08	5
5	5	2019-08-09	5
6	6	2019-08-10	5
7	7	2019-08-11	5
8	8	2019-08-12	5
9	9	2019-08-13	5
10	10	2019-08-14	5
11	11	2019-08-15	5

- **SET DATEFORMAT:** define el formato de la fecha que se especifica en consultas o inserciones de registros. Tenemos las siguientes opciones:

  SET DATEFORMAT DMY

  SET DATEFORMAT YMD

  SET DATEFORMAT DYM

  Implemente un *script* que permita configurar el formato de la fecha con día, mes y año.

```sql
SET DATEFORMAT DMY
GO
```

- **GETDATE:** devuelve el valor de la fecha actual.

  Implemente un *script* que muestre el número de día de la fecha actual.

	FECHA ACTUAL
1	2024-01-30 11:16:54.350

```
SELECT GETDATE() AS [FECHA ACTUAL]
GO
```

- **DATEPART:** devuelve un valor numérico correspondiente a una parte de la fecha. Los parámetros se muestran de la siguiente manera:

year	yy, yyyy
quarter	qq, q
month	mm, m
dayofyear	dy, y
day	dd, d
week	wk, ww
weekday	dw, w
hour	Hh
minute	mi, n
second	ss, s
millisecond	Ms
microsecond	Mcs
nanosecond	Ns

Implemente un *script* que devuelva el mes de la fecha actual.

```
SELECT DATEPART(MM,GETDATE()) AS [MES ACTUAL]
GO
```

- **MONTH:** devuelve el valor numérico del MES de una fecha determinada.

  Implemente un *script* que muestre el número de mes de la fecha actual.

```
MES ACTUAL
-----------
3

(1 row(s) affected)
```

```
SELECT MONTH(GETDATE()) AS [MES ACTUAL]
GO
```

- **DATEADD:** permite aumentar o disminuir valores en una fecha determinada.

  Implemente un *script* que permita mostrar las diez fechas posteriores, de forma que los pagos se realicen de mes a mes.

```
Messages
LISTADO DE FECHAS DE PAGO
FECHA ACTUAL: 2024-01-30
-----------------------------------
2024-02-29
2024-03-30
2024-04-30
2024-05-30
2024-06-30
2024-07-30
2024-08-30
2024-09-30
2024-10-30
2024-11-30

Completion time: 2024-01-30T11:17:25.9243543-05:00
```

```sql
DECLARE @FECHA DATE = GETDATE()
DECLARE @I INT = 1
PRINT 'LISTADO DE FECHAS DE PAGO'
PRINT 'FECHA ACTUAL: '+CAST(@FECHA AS VARCHAR(10))
PRINT '-----------------------------------'
WHILE @I<=10
BEGIN
    PRINT DATEADD(MONTH,@I,@FECHA)
    SET @I+=1
END
GO
```

F. Funciones lógicas

Realizan operaciones lógicas. Son las siguientes:

- **CHOOSE:** devuelve un valor de un conjunto de valores especificado por un índice.

  Implemente un *script* que permita mostrar los datos de las facturas, adicionando el día y mes en letras y el año desde la fecha de facturación.

	FACTURA	FECHA	DÍA	MES	AÑO
1856	1856	2024-09-02	2	SETIEMBRE	2024
1857	1857	2024-09-03	3	SETIEMBRE	2024
1858	1858	2024-09-04	4	SETIEMBRE	2024
1859	1859	2024-09-05	5	SETIEMBRE	2024
1860	1860	2024-09-06	6	SETIEMBRE	2024
1861	1861	2024-09-07	7	SETIEMBRE	2024
1862	1862	2024-09-08	8	SETIEMBRE	2024
1863	1863	2024-09-09	9	SETIEMBRE	2024
1864	1864	2024-09-10	10	SETIEMBRE	2024
1865	1865	2024-09-11	11	SETIEMBRE	2024
1866	1866	2024-09-12	12	SETIEMBRE	2024
1867	1867	2024-09-13	13	SETIEMBRE	2024
1868	1868	2024-09-14	14	SETIEMBRE	2024
1869	1869	2024-09-15	15	SETIEMBRE	2024

```
SELECT F.NUM_FAC AS FACTURA,
     F.FEC_FAC AS FECHA,
     DAY(F.FEC_FAC) AS DIA,
     CHOOSE(MONTH(F.FEC_FAC),'ENERO','FEBRERO','MARZO',
          'ABRIL','MAYO','JUNIO',
          'JULIO','AGOSTO','SETIEMBRE',
          'OCTUBRE','NOVIEMBRE','DICIEMBRE') AS MES,
     YEAR(F.FEC_FAC) AS AÑO
     FROM FACTURA F
GO
```

G. Funciones matemáticas

Realizan cálculos basados en valores de entrada proporcionados como parámetros a las funciones y devuelven valores numéricos. A continuación, un listado de estas:

- ABS
- DEGREES
- RAND
- ACOS
- EXP
- ROUND
- ASIN
- FLOOR
- SIGN
- ATAN
- LOG
- SIN

- ATN2
- LOG10
- SQRT
- CEILING
- PI
- SQUARE
- COS
- POWER
- TAN
- COT
- RADIANS

H. Funciones de cadena

Realizan operaciones en el valor de entrada de una cadena (char o varchar) y devuelven una cadena o un valor numérico. Son las siguientes:

- **ASCII:** devuelve el valor numérico ASCII que representa a un determinado carácter.

    Implemente un *script* que permita mostrar el código ASCII de las letras Ñ y ñ.

```
Ñ           ñ
----------- ----------
209         241

(1 row(s) affected)
```

```
SELECT ASCII('Ñ') AS Ñ, ASCII('ñ') AS ñ
GO
```

- **LTRIM:** devuelve una cadena de caracteres quitando los espacios en blanco en el lado izquierdo de la cadena.

  Implemente un *script* que permita declarar una variable con diez espacios en blanco y otra variable con un código de cuatro caracteres; luego, se debe mostrar la unión de ambas variables sin espacios.

```
CÓDIGO          CÓDIGO SIN ESPACIO
-------------- ------------------
          C010 C010

(1 row(s) affected)
```

```sql
DECLARE @ESPACIO CHAR(10) = '          '
DECLARE @CODIGO CHAR(4)='C010'
SELECT @ESPACIO+@CODIGO AS CODIGO,
     LTRIM(@ESPACIO+@CODIGO) AS [CODIGO SIN ESPACIO]
GO
```

- **CHAR:** convierte un código Ascii en un carácter.

  Implemente un *script* que permita mostrar los caracteres de los valores 209 y 241.

```
209   241
----  ----
Ñ     ñ

(1 row(s) affected)
```

```sql
SELECT CHAR(209) AS '209', CHAR(241) AS '241'
GO
```

- **SPACE:** asigna una cantidad de espacios en blanco en una cadena de caracteres.

  Implemente un *script* que permita mostrar el nombre del vendedor concatenado a su apellido.

```
CONCATENADO        VENDEDOR
---------------------------------
JUANAALVA          JUANA ALVA
JUANSOTO           JUAN SOTO
CARLOSAREVALO      CARLOS AREVALO
CESAROJEDA         CESAR OJEDA
JULIOVEGA          JULIO VEGA
ANAORTEGA          ANA ORTEGA
JOSEPALACIOS       JOSE PALACIOS
RUBENGOMEZ         RUBEN GOMEZ
PATRICIAARCE       PATRICIA ARCE
RENATOPEREZ        RENATO PEREZ

(10 row(s) affected)
```

```sql
SELECT V.NOM_VEN+V.APE_VEN AS CONCATENADO,
     V.NOM_VEN+SPACE(1)+V.APE_VEN AS VENDEDOR
     FROM VENDEDOR V
GO
```

- **STR:** convierte un valor numérico en un valor de tipo cadena con espacios en blanco en el lado izquierdo.

  Implemente un *script* que permita imprimir un valor de tipo numérico.

```
EL VALOR DE N ES:          1234
```

```
DECLARE @N INT = 1234
PRINT 'EL VALOR DE N ES: '+STR(@N)
GO
```

- **CONCAT:** permite unir dos o más cadenas.

  Implemente un *script* que permita mostrar el nombre del vendedor concatenado a su apellido.

```
CONCATENADO        VENDEDOR
--------------------------------
JUANAALVA          JUANA ALVA
JUANSOTO           JUAN SOTO
CARLOSAREVALO      CARLOS AREVALO
CESAROJEDA         CESAR OJEDA
JULIOVEGA          JULIO VEGA
ANAORTEGA          ANA ORTEGA
JOSEPALACIOS       JOSE PALACIOS
RUBENGOMEZ         RUBEN GOMEZ
PATRICIAARCE       PATRICIA ARCE
RENATOPEREZ        RENATO PEREZ

(10 row(s) affected)
```

```
SELECT CONCAT(V.NOM_VEN,V.APE_VEN) AS CONCATENADO,
    CONCAT(V.NOM_VEN,SPACE(1),V.APE_VEN) AS VENDEDOR
    FROM VENDEDOR V
GO
```

- **REPLACE:** permite reemplazar una cadena por otra dentro de una cadena base.

  Implemente un *script* que permita mostrar el código de los clientes reemplazando el número cero por un carácter «x».

	CÓDIGO	NUEVO CÓDIGO
148	148	148
149	149	149
150	150	15X
151	151	151
152	152	152

```
SELECT C.IDE_CLI AS CODIGO,
    REPLACE(C.IDE_CLI,'0','X') AS [NUEVO CODIGO]
    FROM CLIENTE C
GO
```

- **SUBSTRING:** devuelve una cadena de caracteres desde una posición inicial y una determinada cantidad de caracteres.

  Implemente un *script* que permita separar la fecha de registro del cliente en día, mes y año.

	FECHA	AÑO	MES	DÍA
1	2021-02-21	2021	02	21
2	2021-02-21	2021	02	21
3	2021-03-11	2021	03	11
4	2021-03-12	2021	03	12
5	2021-04-20	2021	04	20
6	2021-05-20	2021	05	20
7	2021-09-12	2021	09	12
8	2022-03-11	2022	03	11
9	2022-04-10	2022	04	10
10	2022-04-13	2022	04	13
11	2022-04-12	2022	04	12

```
SELECT C.FEC_REG AS FECHA,
    SUBSTRING(CAST(C.FEC_REG AS VARCHAR(10)),1,4) AS AÑO,
    SUBSTRING(CAST(C.FEC_REG AS VARCHAR(10)),6,2) AS MES,
    SUBSTRING(CAST(C.FEC_REG AS VARCHAR(10)),9,2) AS DIA
    FROM CLIENTE C
GO
```

- **FORMAT:** devuelve un valor con formato aplicado normalmente a valores de tipo fecha/hora, número y cadenas.

  1. Implemente un *script* que permita mostrar la fecha actual en diferentes formatos:

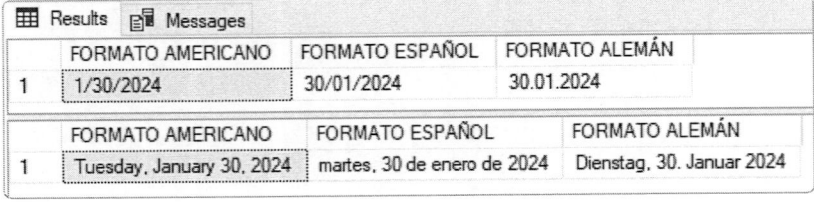

	FORMATO AMERICANO	FORMATO ESPAÑOL	FORMATO ALEMÁN
1	1/30/2024	30/01/2024	30.01.2024

	FORMATO AMERICANO	FORMATO ESPAÑOL	FORMATO ALEMÁN
1	Tuesday, January 30, 2024	martes, 30 de enero de 2024	Dienstag, 30. Januar 2024

```
DECLARE @FECHA DATETIME = GETDATE()
SELECT FORMAT ( @FECHA, 'd', 'en-US' )
                    AS 'FORMATO AMERICANO'
    ,FORMAT ( @FECHA, 'd', 'es-Es' )
                    AS 'FORMATO ESPAÑOL'
    ,FORMAT ( @FECHA, 'd', 'de-de' )
                    AS 'FORMATO ALEMAN'
```

```
SELECT FORMAT ( @FECHA, 'D', 'en-US' )
                                AS 'FORMATO AMERICANO'
      ,FORMAT ( @FECHA, 'D', 'es-Es' )
                                AS 'FORMATO ESPAÑOL'
      ,FORMAT ( @FECHA, 'D', 'de-de' )
                                AS 'FORMATO ALEMAN'
GO
```

2. Implemente un *script* que permita mostrar el número telefónico en el formato 99-999999.

```
NÚMERO TELEFÓNICO
-----------------------
982-360540

(1 row(s) affected)
```

```
DECLARE @TELEFONO INT='982360540'
SELECT FORMAT(@TELEFONO,'###-######') AS 'NUMERO TELEFONICO'
GO
```

3. Implemente un *script* que permita mostrar el sueldo de los vendedores con el formato de moneda.

```
SUELDO                  FORMATO MONEDA
--------------------    ---------------
1000.00                 $1,000.00
1200.00                 $1,200.00
1500.00                 $1,500.00
850.00                  $850.00
1500.00                 $1,500.00
1200.00                 $1,200.00
2500.00                 $2,500.00
1450.00                 $1,450.00
1800.00                 $1,800.00
1550.00                 $1,550.00

(10 row(s) affected)
```

```
SELECT V.SUE_VEN AS SUELDO,
    FORMAT(V.SUE_VEN, 'C', 'en-us') AS 'FORMATO MONEDA'
FROM VENDEDOR V
```

- **REPLICATE:** permite asignar uno o más caracteres en una cadena.

  Implemente un *script* que permita asignar números al lado izquierdo de un número entero, a partir del código de la factura.

	ESTADO	FACTURA CON FORMATO
1	1	000001
2	2	000002
3	3	000003
4	4	000004
5	5	000005
6	6	000006
7	7	000007
8	8	000008
9	9	000009
10	10	000010
11	11	000011

```sql
SELECT F.NUM_FAC AS ESTADO,
    REPLICATE('0', (6 - LEN(F.NUM_FAC))) +
                CAST(F.NUM_FAC AS VARCHAR(10))
                AS [FACTURA CON FORMATO]
    FROM FACTURA F
GO
```

- **LEFT:** devuelve una cantidad de caracteres desde el lado izquierdo de la cadena.

  Implemente un *script* que permita mostrar el primer carácter del teléfono del cliente.

	TELÉFONO	NÚMERO INICIAL
1	4342318	4
2	4406335	4
3	75012403	7
4	3725910	3
5	4446177	4
6	3810322	3
7	5289034	5
8	2249493	2
9	43233519	4
10	3267840	3
11	4598175	4
12	4206434	4

```sql
SELECT C.TLF_CLI AS TELEFONO,
    LEFT(C.TLF_CLI,1) AS [NUMERO INICIAL]
    FROM CLIENTE C
GO
```

- **REVERSE:** devuelve el valor inverso de una cadena de caracteres.

  Implemente un *script* que permita mostrar el código del cliente de forma inversa.

	CÓDIGO	NUEVO CÓDIGO
10	10	01
11	11	11
12	12	21
13	13	31
14	14	41
15	15	51
16	16	61
17	17	71
18	18	81
19	19	91
20	20	02

```
SELECT C.IDE_CLI AS CODIGO,
     REVERSE(C.IDE_CLI) AS [NUEVO CODIGO]
     FROM CLIENTE C
GO
```

- **UPPER:** devuelve en mayúsculas una cadena de caracteres.

  Implemente un *script* que permita mostrar el correo electrónico en mayúsculas.

```
CORREO                                    CORREO MAYÚSCULAS
---------------------------------------   ---------------------------------------
manuel.torresr@hotmail.com                MANUEL.TORRESR@HOTMAIL.COM

(1 row(s) affected)
```

```
DECLARE @CORREO VARCHAR(40)='manuel.torresr@hotmail.com'
SELECT @CORREO AS [CORREO],
     UPPER(@CORREO) AS [CORREO MAYUSCULAS]
GO
```

- **LEN:** devuelve el número de caracteres que representa la longitud de la cadena.

  Implemente un *script* que muestre la cantidad de caracteres que contiene los apellidos del vendedor.

```
APELLIDOS            TOTAL DE CARACTERES
-------------------- --------------------
ALVA                 4
SOTO                 4
AREVALO              7
OJEDA                5
VEGA                 4
ORTEGA               6
PALACIOS             8
GÓMEZ                5
ARCE                 4
PÉREZ                5

(10 row(s) affected)
```

```
SELECT V.APE_VEN AS APELLIDOS,
     LEN(V.APE_VEN) AS [TOTAL DE CARACTERES]
     FROM VENDEDOR V
GO
```

- **RIGHT:** obtiene caracteres desde el lado derecho de una cadena.

  Implemente un *script* que permita mostrar el número de la factura con ceros a la izquierda.

	FACTURA	CÓDIGO CON FORMATO
1	1	000001
2	2	000002
3	3	000003
4	4	000004
5	5	000005
6	6	000006
7	7	000007
8	8	000008
9	9	000009
10	10	000010
11	11	000011

```
SELECT F.NUM_FAC AS FACTURA,
     RIGHT('000000' + LTRIM(RTRIM(F.NUM_FAC)),6)
                              AS [CODIGO CON FORMATO]

     FROM FACTURA F
GO
```

- **LOWER:** devuelve en minúsculas una cadena de caracteres.

  Implemente un *script* que permita mostrar el correo electrónico en minúsculas.

```
CORREO                                        CORREO MINÚSCULAS
--------------------------------------------- -----------------------------
MANUEL.TORRES@HOTMAIL.COM                     manuel.torres@hotmail.com

(1 row(s) affected)
```

```
DECLARE @CORREO VARCHAR(40)='MANUEL.TORRES@HOTMAIL.COM'
SELECT @CORREO AS [CORREO],
     LOWER(@CORREO) AS [CORREO MINUSCULAS]
GO
```

7.3 Funciones definidas por el usuario

Es un tipo de implementación registrada por Transact-SQL que tiene por finalidad devolver un valor. En los lenguajes de programación este valor debe ser obtenido por algún medio, mientras que SQL Server lo puede mostrar a través de una consulta SELECT o la función PRINT, o asignarlo a una variable local mediante la sentencia SET.

Las funciones definidas por el usuario no se pueden utilizar para realizar acciones que modifiquen el estado de la base de datos. Estas, así como las funciones de sistema, se pueden llamar desde una consulta. Las funciones escalares se pueden ejecutar con la instrucción EXECUTE, al igual que los procedimientos almacenados.

7.3.1 Funciones escalares

Son funciones que devuelven un solo valor a quien lo invoque. Estas funciones luego se integran a sentencias como consultas, actualizaciones o eliminaciones.

El formato es el siguiente:

```
CREATE FUNCTION <PROPIETARIO. NOMBRE_FUNCION >(@PARAMETRO TIPODATO)
RETURNS <TIPODATO_RETORNADO>
< AS >
    BEGIN
        --CUERPO_FUNCION
        RETURN EXPRESION_SALIDA
    END
```

Donde:

a. **PROPIETARIO:** SQL Server administra sus objetos por medio de su creador, es decir, un propietario de un grupo de objetos. Aquellos objetos creados por cuenta del rol SYSADMIN pertenecen automáticamente a la cuenta DBO.

  DBO es una cuenta de usuario muy particular ya que no puede ser utilizada para establecer conexiones a la base de datos, pero cuenta con privilegios especiales. Además, esta cuenta es la dueña de la base de datos. Por lo tanto, los objetos pertenecientes a la cuenta DBO tienen todos los permisos con estos objetos, y también se pueden derivar a otras cuentas de usuario. Cuando esto sucede se debe especificar el nombre del propietario, el objeto y el propietario. Al ejecutar las funciones definidas por el usuario se tiene que especificar el propietario, ya que se necesita comprobar qué tipo de permiso tiene ese usuario. Se puede especificar de la siguiente manera: DBO.FN_CALCULA().

b. **@PARAMETRO:** se definen las variables de entrada a la función, es decir, quien lo invoque tiene que enviar un valor por cada parámetro especificado en la función. Se debe tener mucho cuidado con el tipo de datos de estos valores.

c. **RETURNS:** permite especificar el tipo de datos de salida de la expresión en una función. Hay que tener en cuenta que una función de tipo escalar devuelve siempre un valor y, por lo tanto, se debe especificar de qué tipo de datos es el valor de la salida.

d. RETURN: aquí se especifica el valor de salida de la función. Se puede enviar directamente un valor o por medio de una expresión.

Veamos algunos casos de uso de funciones escalares:

A. Función que permita calcular el 12 % de un monto

```
--Validando la existencia de la función
IF OBJECT_ID('FN_CALCULADESCUENTO') IS NOT NULL
    DROP FUNCTION FN_CALCULADESCUENTO
GO
--Creando la función
CREATE FUNCTION FN_CALCULADESCUENTO(@SUBTOTAL MONEY)
RETURNS MONEY
BEGIN
    RETURN @SUBTOTAL * 0.12
END
--Prueba 1
SELECT DBO.FN_CALCULADESCUENTO(1500) AS DESCUENTO
GO
```

```
DESCUENTO
--------------------
180.00

(1 row(s) affected)
```

```
--Prueba 2
SELECT F.NUM_FAC AS FACTURA,F.CAN_VEN*F.PRE_VEN AS SUBTOTAL,
    DBO.FN_CALCULADESCUENTO(F.PRE_VEN*F.CAN_VEN) AS DESCUENTO
    FROM DETALLE_FACTURA F
GO
```

	FACTURA	SUBTOTAL	DESCUENTO
1	1	30.60	3.672
2	1	184.80	22.176
3	1	33.60	4.032
4	2	20.40	2.448
5	2	51.00	6.12
6	3	22.40	2.688
7	3	18.80	2.256
8	3	18.80	2.256
9	4	72.40	8.688
10	4	36.20	4.344
11	4	13.20	1.584

B. Función que permita mostrar el nombre del distrito a partir del código de este

```
--Validando la existencia de la función
IF OBJECT_ID('FN_MUESTRADISTRITO') IS NOT NULL
     DROP FUNCTION FN_MUESTRADISTRITO
GO
--Creando la función
CREATE FUNCTION FN_MUESTRADISTRITO(@COD INT)
RETURNS VARCHAR(30)
BEGIN
     DECLARE @DIS VARCHAR(30)
     SELECT @DIS = D.NOM_DIS FROM DISTRITO D WHERE D.IDE_DIS=@COD
     RETURN @DIS
END
--Prueba 1
SELECT DBO.FN_MUESTRADISTRITO('1') AS DISTRITO
GO
```

```
DISTRITO
-------------------------------
SURCO

(1 row(s) affected)
```

```
--Prueba 2
SELECT C.IDE_CLI AS CODIGO,
     C.RSO_CLI AS CLIENTE,
     DBO.FN_MUESTRADISTRITO(C.IDE_DIS) AS DISTRITO,
     C.RUC_CLI AS RUC
     FROM CLIENTE C
GO
```

	CÓDIGO	CLIENTE	DISTRITO	RUC
1	1	FINSETH SAC	SAN MIGUEL	48632081
2	2	ORBI SRLTDA	LA MOLINA	57031642
3	3	SERVIEMSA SAC	SAN MIGUEL	12214444154
4	4	ISSA SAC	SURCO	46720199
5	5	MASS SAC	SURQUILLO	83175942
6	6	BERKER SRLTDA	SAN MIGUEL	54890124
7	7	FIDENZA SA	LOS OLIVOS	16204790
8	8	INTECH SAC	SAN BORJA	34021824
9	9	PROMINENT SRLTDA	BRENA	1221145245
10	10	LANDU SAC	SAN MIGUEL	30405261
11	11	FILASUR SAC	ATE - VITARTE	70345201

Implemente un *script* que permita mostrar la fecha de facturación en letras.

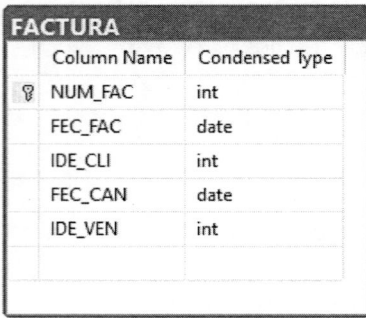

FACTURA		
	Column Name	Condensed Type
🔑	NUM_FAC	int
	FEC_FAC	date
	IDE_CLI	int
	FEC_CAN	date
	IDE_VEN	int

```sql
IF OBJECT_ID('FN_MESLETRAS') IS NOT NULL
BEGIN
    DROP FUNCTION FN_MESLETRAS
END
GO


CREATE FUNCTION FN_MESLETRAS(@FECHA DATE)
RETURNS VARCHAR(20)
AS
BEGIN
    DECLARE @NOMBRE VARCHAR(20)
    SET @NOMBRE=
     CASE DATENAME(MONTH,@FECHA)
       WHEN 'JANUARY' THEN 'ENERO'
       WHEN 'FEBRUARY' THEN 'FEBRERO'
       WHEN 'MARCH' THEN 'MARZO'
       WHEN 'APRIL' THEN 'ABRIL'
       WHEN 'MAY' THEN 'MAYO'
       WHEN 'JUNE' THEN 'JUNIO'
       WHEN 'JULY' THEN 'JULIO'
       WHEN 'AUGUST' THEN 'AGOSTO'
       WHEN 'SEPTEMBER' THEN 'SETIEMBRE'
       WHEN 'OCTOBER' THEN 'OCTUBRE'
       WHEN 'NOVEMBER' THEN 'NOVIEMBRE'
       WHEN 'DECEMBER' THEN 'DICIEMBRE'
     END
    RETURN @NOMBRE
 END
 GO
```

```
--PRUEBA 1
SELECT DBO.FN_MESLETRAS(GETDATE())
GO
```

```
----------------------
MARZO

(1 row(s) affected)
```

```
--PRUEBA 2
SELECT F.FEC_FAC AS NUMERO,
     F.FEC_FAC AS FECHA,
     CAST(DAY(F.FEC_FAC) AS CHAR(2))+' DE '
                 +DBO.FN_MESLETRAS(F.FEC_FAC)+' DEL '+
                 CAST(YEAR(F.FEC_FAC) AS CHAR(4)) AS [FECHA EN LETRAS]
FROM FACTURA F

GO
```

	NÚMERO	FECHA	FECHA EN LETRAS
1859	2024-09-05	2024-09-05	5 DE SETIEMBRE DEL 2024
1860	2024-09-06	2024-09-06	6 DE SETIEMBRE DEL 2024
1861	2024-09-07	2024-09-07	7 DE SETIEMBRE DEL 2024
1862	2024-09-08	2024-09-08	8 DE SETIEMBRE DEL 2024
1863	2024-09-09	2024-09-09	9 DE SETIEMBRE DEL 2024
1864	2024-09-10	2024-09-10	10 DE SETIEMBRE DEL 2024
1865	2024-09-11	2024-09-11	11 DE SETIEMBRE DEL 2024
1866	2024-09-12	2024-09-12	12 DE SETIEMBRE DEL 2024
1867	2024-09-13	2024-09-13	13 DE SETIEMBRE DEL 2024
1868	2024-09-14	2024-09-14	14 DE SETIEMBRE DEL 2024
1869	2024-09-15	2024-09-15	15 DE SETIEMBRE DEL 2024

7.3.2 Funciones tabla en línea

Son funciones que devuelven los registros de una tabla como un conjunto.

El formato es el siguiente:

```
CREATE FUNCTION <PROPIETARIO. NOMBRE_FUNCION >(@PARAMETRO TIPODATO)
RETURNS TABLE
< AS >
   BEGIN
        RETURN (CONSULTA)
   END
```

Donde:

a. RETURNS TABLE: especifica que la devolución de la función se refiere a un conjunto de valores.

b. RETURN (consulta): aquí se especifica la consulta que permite ser devuelta por la función. Se debe tener en cuenta que los parámetros de la función pueden ser usados en la condición de la consulta.

Veamos algunos casos para el uso de funciones tabla en línea:

A. Función que permita listar los productos

PRODUCTO		
	Column Name	Condensed Type
🔑	IDE_PRO	int
	DES_PRO	varchar(50)
	PRE_PRO	money
	SAC_PRO	int
	SMI_PRO	int
	UNI_PRO	varchar(30)

```
IF OBJECT_ID('FN_PRODUCTOS') IS NOT NULL
BEGIN
     DROP F'NCTION FN_PRODUCTOS
END
GO


CREATE FUNCTION FN_PRODUCTOS()
RETURNS TABLE
AS
     RETURN (SELECT P.IDE_PRO AS CODIGO, P.DES_PRO AS DESCRIPCION,
               P.PRE_PRO AS PRECIO, P.SAC_PRO AS [STOCK ACTUAL],
               P.SMI_PRO AS [STOCK MINIMO],P.UNI_PRO AS UNIDAD
               FROM PRODUCTO P)
GO
--PRUEBA
SELECT * FROM FN_PRODUCTOS()
GO
```

	CÓDIGO	DESCRIPCIÓN	PRECIO	STOCK ACTUAL	STOCK MÍNIMO	UNIDAD
1	1	PAPEL BOND A-4	35.00	200	1500	MLL
2	2	PAPEL BOND OFICIO	35.00	50	1500	MLL
3	3	PAPEL BULKY	10.00	498	1000	MLL
4	4	PAPEL PERIÓDICO	9.00	4285	1000	MLL
5	5	CARTUCHO TINTA NEGRA	40.00	50	30	UNI
6	6	CARTUCHO TINTA COLOR	45.00	58	35	UNI
7	7	PORTA DISKETTES	3.50	300	100	UNI
8	8	CAJA DE DISKETTES * 10	30.00	125	180	UNI
9	9	BORRADOR DE TINTA	10.00	100	500	DOC
10	10	BORRADOR BLANCO	8.00	2000	400	DOC

B. Función que permita mostrar un listado de los clientes según el distrito

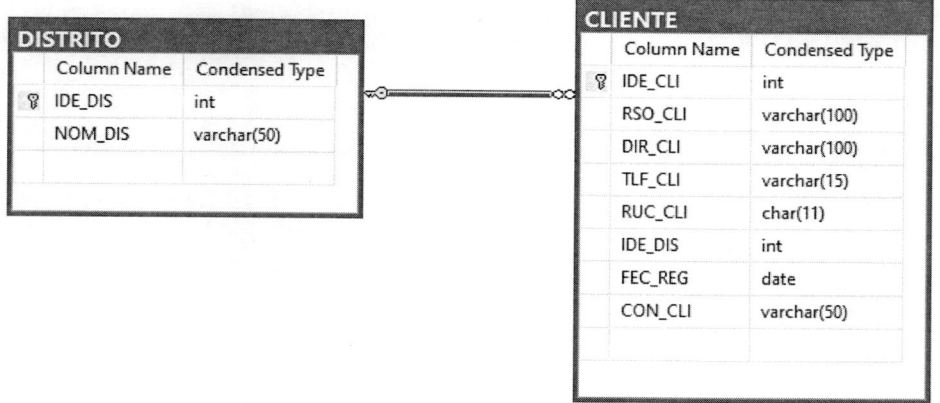

```
IF OBJECT_ID('FN_CLIENTESXDISTRITO') IS NOT NULL
BEGIN
        DROP FUNCTION FN_CLIENTESXDISTRITO
END
GO


CREATE FUNCTION FN_CLIENTESXDISTRITO(@DIS VARCHAR(30))
RETURNS TABLE
AS
    RETURN (
        SELECT C.IDE_CLI AS CODIGO, C.RSO_CLI AS CLIENTE,
               C.DIR_CLI AS DIRECCION,
               D.NOM_DIS AS DISTRITO,
               C.TLF_CLI AS TELEFONO
        FROM CLIENTE C
        JOIN DISTRITO D ON C.IDE_DIS=D.IDE_DIS
        WHERE D.NOM_DIS=@DIS
    )
GO


--PRUEBA
SELECT * FROM FN_CLIENTESXDISTRITO('SAN MIGUEL')
GO
```

	CÓDIGO	CLIENTE	DIRECCIÓN	DISTRITO	TELÉFONO
1	1	FINSETH SAC	AV. LOS VINEDOS 150	SAN MIGUEL	4342318
2	3	SERVIEMSA SAC	JR. COLLAGATE 522	SAN MIGUEL	75012403
3	6	BERKER SRLTDA	AV. LOS PROCERES 521	SAN MIGUEL	3810322
4	10	LANDU SAC	AV.NICOLÁS DE AYLLÓN 1453	SAN MIGUEL	3267840
5	12	SUCERTE SAC	JR. GRITO DE HUAURA 114	SAN MIGUEL	4206434
6	33	MULTISERVICIOS PROFESIONALES SRL	JR AMAZONAS SIN ZONA 848 2DO	SAN MIGUEL	937079279
7	130	SERVICIOS GENERALES, COMERCIO Y CONSTRUCCIÓN K&L...	AV MARIANO MELGAR SIN ZONA 658	SAN MIGUEL	954020734

7.3.3 Funciones tabla multisentencia

Son funciones que devuelven los registros de una tabla como un conjunto.

El formato es el siguiente:

```
CREATE FUNCTION <PROPIETARIO. NOMBRE_FUNCION >(@PARAMETRO TIPODATO)
RETURNS @VARIABLE TABLE (ARGUMENTO)
< AS >
    BEGIN
        --CUERPO DE LA FUNCION
        RETURN
    END
```

Veamos algunos casos para el uso de funciones tabla multisentencia:

A. Función que permita mostrar los datos de la tabla DISTRITO

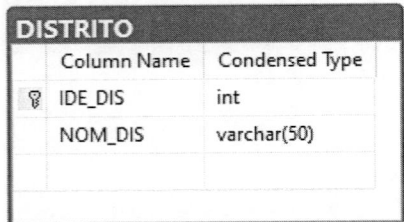

DISTRITO	
Column Name	Condensed Type
🔑 IDE_DIS	int
NOM_DIS	varchar(50)

```
IF OBJECT_ID('FN_LISTADODISTRITO') IS NOT NULL
BEGIN
    DROP FUNCTION FN_LISTADODISTRITO
END
GO


CREATE FUNCTION FN_LISTADODISTRITO()
RETURNS @TABLA TABLE(
        COD INT,
        DIS VARCHAR(40))
AS
BEGIN
    INSERT INTO @TABLA
        SELECT D.IDE_DIS AS CODIGO,
            D.NOM_DIS AS DISTRITO
            FROM DISTRITO D
    RETURN
END
GO
```

```
--PRUEBA:
SELECT * FROM FN_LISTADODISTRITO()
GO
```

B. Función que permita mostrar dos columnas de las tablas DISTRITO, CLIENTE y VENDEDOR desde una sola función

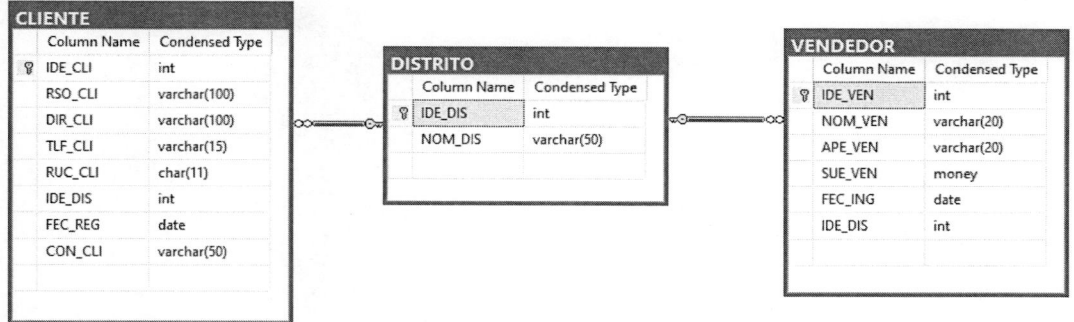

```
IF OBJECT_ID('FN_VISTATABLA') IS NOT NULL
BEGIN
     DROP FUNCTION DBO.FN_VISTATABLA
END
GO


CREATE FUNCTION FN_VISTATABLA(@TABLA VARCHAR(20))
RETURNS @MATRIZ TABLE (CODIGO INT,DESCRIPCION VARCHAR(150))
AS
BEGIN
     IF @TABLA='DISTRITO'
          INSERT INTO @MATRIZ
               SELECT D.IDE_DIS, D.NOM_DIS
                    FROM DISTRITO D
          ELSE IF @TABLA='CLIENTE'
               INSERT INTO @MATRIZ
               SELECT C.IDE_CLI,C.RSO_CLI
                    FROM CLIENTE C
          ELSE IF @TABLA='VENDEDOR'
               INSERT INTO @MATRIZ
               SELECT V.IDE_VEN, V.NOM_VEN+SPACE(1)+V.APE_VEN
                    FROM VENDEDOR V
     RETURN
END
GO
```

```
--PRUEBA 1
SELECT * FROM FN_VISTATABLA('DISTRITO')
GO


--PRUEBA 2
SELECT * FROM FN_VISTATABLA('CLIENTE')
GO


--PRUEBA 3
SELECT * FROM FN_VISTATABLA('VENDEDOR')
GO
```

Capítulo 8

Cursores

8.1 Cursores

Hasta el momento hemos visto que la sentencia SELECT trabaja para mostrar filas de registros de una determinada tabla o valor agrupado, o para asignar valores a las variables locales. No obstante, se debe tener en cuenta que esta instrucción controla los registros de una tabla de forma matricial. Por eso, si en algún momento se desea almacenar información desde una tabla, se debe declarar una variable de tipo TABLE.

A pesar de eso, hasta ahora no se ha visto el control de los registros fila por fila, ya que para esto se tendría que recorrer todo el conjunto de registros enviados desde SELECT y tratar de bajarlos a variables locales, lo cual resultaría bastante complejo. Po esta razón se cuenta con cursores dentro de Transact SQL, los cuales permitirán tener el control fila por fila de un conjunto de registros.

Existen algunas aplicaciones en línea que no pueden controlar información en conjunto. Estas aplicaciones necesitan un mecanismo que trabaje cada vez con una fila o un pequeño bloque de filas. Ante esto, los cursores son una extensión de los conjuntos de resultados que proporcionan ese mecanismo.

¿En qué casos usaremos los cursores? Si ya tenemos acceso a las filas de una tabla una a una, entonces podremos obtener esos valores y controlarlos desde variables locales, y así poder acumular valores, contarlos, aplicar quiebres, etc.

Consideraciones:

- Permiten situarse en filas específicas del conjunto de resultados.
- Recuperan una fila o un bloque de filas de la posición actual en el conjunto de resultados.
- Aceptan modificaciones de los datos en la posición actual del conjunto de resultados.
- Aceptan diferentes grados de visibilidad para los cambios que realizan otros usuarios en la información de la base de datos que se presenta en el conjunto de resultados.

8.2 Proceso de implementación de un cursor

Para implementar un cursor hay que seguir unos pasos específicos. Lo recomendable siempre es hacerlo siguiendo un procedimiento almacenado. Eso se verá más adelante, cuando hablemos de *store procedure* en este mismo capítulo. Los pasos son los siguientes:

1. Declare el cursor y asigne un conjunto de resultados provenientes de la instrucción SELECT.

2. Abra el cursor para que se active. Use el operador OPEN.

3. Recupere las filas del cursor que desea visualizar y use la estructura repetitiva WHILE para ese trabajo. Este es el momento de usar la variable global @@FETCH_STATUS.

4. Tenga en cuenta que se pueden realizar operaciones de actualización o eliminación en la fila de la posición actual del cursor.

5. Cierre el cursor usando el operador CLOSE.

6. Libere el cursor usando el operador DEALLOCATE.

8.3 Tipos de cursores

Los tipos de cursores admitidos por Microsoft SQL Server son cuatro. La instrucción DECLARE CURSOR se ha ampliado para que se puedan especificar cuatro tipos para los cursores de Transact-SQL.

Estos cursores varían en su capacidad para detectar cambios en el conjunto de resultados y en los recursos que consumen, como la memoria y el espacio de tempdb. Un cursor puede detectar cambios en las filas solo cuando intenta recuperarlas una segunda vez. El origen de datos no puede notificar al cursor las modificaciones realizadas en las filas recuperadas actualmente. El nivel de aislamiento de la transacción influye también en la capacidad de un cursor para detectar los cambios.

Los cuatro tipos de cursor de servidor de la API que admite el servidor SQL Server son los siguientes:

a. Cursores estáticos

b. Cursores dinámicos

c. Cursores de solo avance

d. Cursores controlados por conjunto de claves

8.4 Declaración de CURSOR

Formato de la declaración de un CURSOR

```
DECLARE NOMBRE_CURSOR CURSOR
FOR EXPRESION_SELECT
```

Donde:

a. **NOMBRE_CURSOR:** es el nombre definido al cursor.

b. **EXPRESION_SELECT:** es la consulta base del cursor.

Formato de la apertura de un CURSOR

```
OPEN NOMBRE_CURSOR
```

Formato de la recuperación de registros desde el CURSOR

```
FETCH
     [[NEXT|PRIOR|FIRST|LAST
      | ABSOLUTE N | @NVAR
      | RELATIVE N | @NVAR
   ] FROM ] NOMBRE_CURSOR | @VARIABLECURSOR
[ INTO @NOMBRE_VARIABLE[ ,...N ] ]
```

Donde:

a. **NEXT:** devuelve la fila de resultados inmediatamente posterior a la fila actual y aumenta la fila actual a la fila devuelta. Si FETCH NEXT es la primera operación de recuperación en un cursor, se devuelve la primera fila del conjunto de resultados. NEXT es la opción predeterminada para la recuperación de cursores.

b. **PRIOR:** devuelve la fila de resultados inmediatamente anterior a la fila actual y reduce la fila actual a la fila devuelta. Si FETCH PRIOR es la primera operación de recuperación en un cursor, no se devuelve ninguna fila y el cursor queda posicionado delante de la primera fila.

c. **FIRST:** devuelve la primera fila del cursor y la convierte en la fila actual.

d. **LAST:** devuelve la última fila del cursor y la convierte en la fila actual.

e. **ABSOLUTE N | @NVAR:** si N o @NVAR es positivo, se devuelve la fila N al principio del cursor y la fila devuelta se convierte en la nueva fila actual. Si N o @NVAR es negativo, se devuelve la fila N anterior al final del cursor y la fila devuelta se convierte en la nueva fila actual. Si N o @NVAR es 0, no se devuelven filas.

f. **RELATIVE N | @NVAR:** si N o @nvar es positivo, se devuelve la fila N posterior a la fila actual y la fila devuelta se convierte en la nueva fila actual. Si N o @NVAR es negativo, se devuelve la fila N anterior a la fila actual y la fila devuelta se convierte en la nueva fila actual. Si N o @NVAR es 0, se devuelve la fila actual. Si se especifica FETCH RELATIVE con N o @NVAR establecidos en un número negativo o en 0, en la primera operación de recuperación que se realiza en un cursor no se devuelven filas.

Formato de cierre de un CURSOR

Cierra un cursor abierto mediante la liberación del conjunto de resultados actuales y todos los bloqueos de cursor mantenidos en las filas en las que está colocado. CLOSE deja las estructuras de datos accesibles para que se puedan volver a abrir. Sin embargo, las recuperaciones y las actualizaciones posicionadas no se permiten hasta que se vuelva a abrir el cursor. CLOSE debe ejecutarse en un cursor abierto, por lo que no se permite en cursores que solo están declarados o que ya están cerrados.

```
CLOSE NOMBRE_CURSOR
```

Sintaxis de la liberación de recursos de un CURSOR

```
DEALLOCATE NOMBRE_CURSOR
```

Veamos algunos casos de manejo de cursores.

1. Implemente un *script* que permita crear un cursor donde se impriman todos los registros de la tabla CLIENTE.

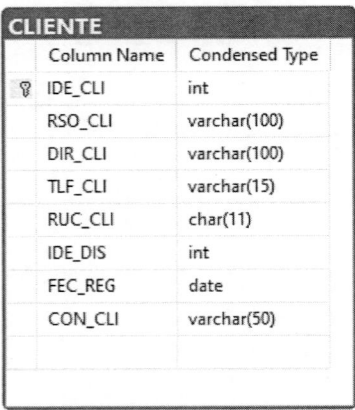

CLIENTE	
Column Name	Condensed Type
🔑 IDE_CLI	int
RSO_CLI	varchar(100)
DIR_CLI	varchar(100)
TLF_CLI	varchar(15)
RUC_CLI	char(11)
IDE_DIS	int
FEC_REG	date
CON_CLI	varchar(50)

```
--DECLARACIÓN DE VARIABLES
DECLARE @IDE INT,@CLI CHAR(15),@DIR CHAR(30),
        @TEL CHAR(15),@DIS CHAR(20),@FEC DATE
--DECLARANDO EL CURSOR
DECLARE C_CLIENTES CURSOR
    FOR SELECT C.IDE_CLI, C.RSO_CLI,
              C.DIR_CLI,C.TLF_CLI,D.NOM_DIS,C.FEC_REG
              FROM CLIENTE C
              JOIN DISTRITO D ON C.IDE_DIS=D.IDE_DIS
--ABRIR EL CURSOR
OPEN C_CLIENTES
--OBTENER EL PRIMER REGISTRO
FETCH C_CLIENTES INTO @IDE,@CLI,@DIR,@TEL,@DIS,@FEC
PRINT 'IDE   CLIENTE    DIRECCION    TELEFONO    DISTRITO    FECHA REG.'
PRINT '--------------------------------------------------------------------
'
--RECORRER POR EL CURSOR
WHILE @@FETCH_STATUS=0
BEGIN
    PRINT CAST(@IDE AS VARCHAR(10))+SPACE(5)+@CLI+SPACE(5)+@DIR+SPACE(5)+
          @TEL+@DIS+CAST(@FEC AS CHAR(10))
    FETCH C_CLIENTES INTO @IDE,@CLI,@DIR,@TEL,@DIS,@FEC
```

```
END
--CERRAR E INHABILITAR EL CURSOR
CLOSE C_CLIENTES
DEALLOCATE C_CLIENTES
GO
```

📰 Messages

IDE	CLIENTE	DIRECCIÓN	TELÉFONO	DISTRITO	FECHA REG.
1	FINSETH SAC	AV. LOS VINEDOS 150	4342318	SAN MIGUEL	2021-02-21
2	ORBI SRLTDA	AV. EMILIO CAVENECIA 225	4406335	LA MOLINA	2021-02-21
3	SERVIEMSA SAC	JR. COLLAGATE 522	75012403	SAN MIGUEL	2021-03-11
4	ISSA SAC	CALLE LOS AVIADORES 263	3725910	SURCO	2021-03-12
5	MASS SAC	AV. TOMÁS MARSANO 880	4446177	SURQUILLO	2021-04-20
6	BERKER SRLTDA	AV. LOS PRÓCERES 521	3810322	SAN MIGUEL	2021-05-20
7	FIDENZA SA	JR. EL NIQUEL 282	5289034	LOS OLIVOS	2021-09-12

2. Implemente un *script* que permita crear un cursor donde se impriman todos los registros de la tabla PRODUCTO dependiendo de la unidad.

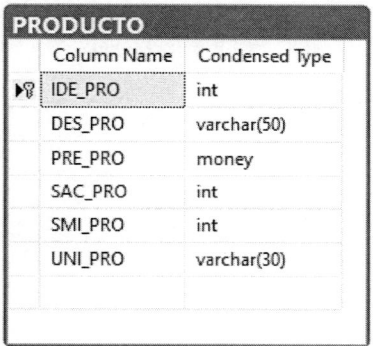

PRODUCTO

Column Name	Condensed Type
IDE_PRO	int
DES_PRO	varchar(50)
PRE_PRO	money
SAC_PRO	int
SMI_PRO	int
UNI_PRO	varchar(30)

```
DECLARE @COD INT,@DES CHAR(20),
         @PRE MONEY,@UNI CHAR(5),@TOTAL INT=0,@UNIDAD CHAR(5)='MLL'
DECLARE MICURSOR CURSOR
    FOR SELECT P.IDE_PRO,P.DES_PRO,P.PRE_PRO,P.UNI_PRO
              FROM PRODUCTO P
              WHERE P.UNI_PRO=@UNIDAD
OPEN MICURSOR
FETCH MICURSOR INTO @COD,@DES,@PRE,@UNI
PRINT 'CODIGO    PRODUCTO                   PRECIO      UNIDAD'
PRINT '----------------------------------------------------------------'
WHILE @@FETCH_STATUS=0
BEGIN
    SET @TOTAL+=1
    PRINT  CAST(@COD  AS  VARCHAR(10))+SPACE(5)+@DES+SPACE(5)+CAST(@PRE  AS
CHAR(8))+SPACE(5)+@UNI
    FETCH MICURSOR INTO @COD,@DES,@PRE,@UNI
END
```

```
PRINT '-------------------------------------------------------------'
PRINT 'EL TOTAL DE PRODUCTOS DE LA '+
          @UNIDAD+' ES:'+CAST(@TOTAL AS CHAR(6))
CLOSE MICURSOR
DEALLOCATE MICURSOR
GO
```

```
📰 Messages
    CÓDIGO     PRODUCTO                    PRECIO       UNIDAD
    ---------------------------------------------------------
    1        PAPEL BOND A-4               35.00      MLL
    2        PAPEL BOND OFICIO            35.00      MLL
    3        PAPEL BULKY                  10.00      MLL
    4        PAPEL PERIÓDICO               9.00      MLL
    ---------------------------------------------------------
    EL TOTAL DE PRODUCTOS DE LA MLL    ES:4

    Completion time: 2024-01-30T12:02:56.8249836-05:00
```

3. Implemente un script que permita crear un cursor donde se impriman los clientes por distrito:

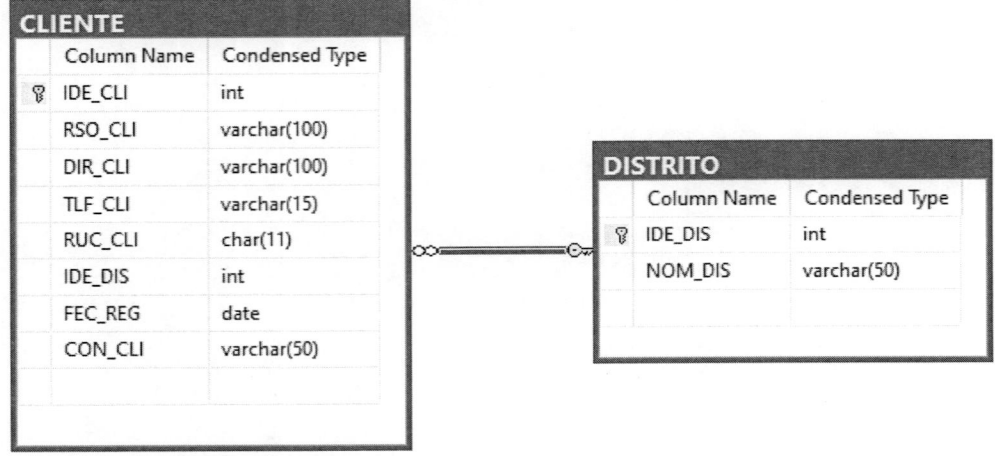

```
DECLARE @IDE INT,@DIST CHAR(15)
DECLARE C_DISTRITO CURSOR FOR
     SELECT D.IDE_DIS,D.NOM_DIS FROM DISTRITO D
OPEN C_DISTRITO
FETCH C_DISTRITO INTO @IDE,@DIST
WHILE @@FETCH_STATUS=0
BEGIN
     ------------------CURSOR CLIENTES -----------------------------------
     PRINT ''
     PRINT 'DISTRITO: '+@DIST
     DECLARE @COD INT,@CLI CHAR(15),@DIR CHAR(30),
          @TEL CHAR(15),@DIS CHAR(20),@FEC DATE
     DECLARE C_CLIENTES CURSOR FOR
```

```
            SELECT C.IDE_CLI, C.RSO_CLI,
                   C.DIR_CLI,C.TLF_CLI,D.NOM_DIS,C.FEC_REG
                   FROM CLIENTE C
                   JOIN DISTRITO D ON C.IDE_DIS=D.IDE_DIS
                   WHERE C.IDE_DIS=@IDE
        OPEN C_CLIENTES
        FETCH C_CLIENTES INTO @COD,@CLI,@DIR,@TEL,@DIS,@FEC
        PRINT SPACE(5)+'CODIGO    CLIENTE  DIRECCION  TELEFONO DISTRITO FECHAREG'
        PRINT SPACE(5)+'--------------------------------------------------------------'
        WHILE @@FETCH_STATUS=0
        BEGIN
            PRINT SPACE(10)+CAST(@COD AS CHAR(5))+SPACE(5)+@CLI+SPACE(5)+
                @DIR+SPACE(5)+@TEL+SPACE(5)+@DIS+SPACE(5)+CAST(@FEC AS CHAR(10))
            FETCH C_CLIENTES INTO @COD,@CLI,@DIR,@TEL,@DIS,@FEC
        END
        CLOSE C_CLIENTES
        DEALLOCATE C_CLIENTES
        --------------------------------------------------------------------
        FETCH C_DISTRITO INTO @IDE,@DIST
END
CLOSE C_DISTRITO
DEALLOCATE C_DISTRITO
GO
```

```
Messages
DISTRITO: SURCO
    CÓDIGO    CLIENTE    DIRECCIÓN     TELÉFONO   DISTRITO FECHAREG
    --------------------------------------------------------------
        4      ISSA SAC          CALLE LOS AVIADORES 263      3725910      SURCO      2021-03-12
       31      ESTUDIO CONTABL   JR LIBERTAD SIN ZONA 1226    931593587    SURCO      2021-12-01
       36      AGRUM INGENIERO   JR RECREO SIN ZONA 431       935178381    SURCO      2022-05-01
       83      FERUHUJA S.A.C.   JR  COMERCIO  SIN ZONA  548  917038387    SURCO      2022-12-01
      139      ELECTRONICA UNI   JR  JR RODRIGUEZ DE MENDOZA S 912022208   SURCO      2022-09-01

DISTRITO: JESÚS MARÍA
    CÓDIGO    CLIENTE    DIRECCIÓN     TELÉFONO   DISTRITO FECHAREG
    --------------------------------------------------------------
       20      CRAMER SAC        JR. MARISCAL MILLER 1131     4719061      JESUS MARIA 2022-05-10
       29      BEBIDAS AMAZONI   JR CHINCHA ALTA SIN ZONA 684 990777573    JESUS MARIA 2021-10-01
      153      EMPRESA DE SEGU   JR  AYACUCHO  SIN ZONA  600  910155429    JESUS MARIA 2023-11-01
```

4. Implemente un *script* que permita crear un cursor donde se impriman los clientes:

CLIENTE

	Column Name	Condensed Type
🔑	IDE_CLI	int
	RSO_CLI	varchar(100)
	DIR_CLI	varchar(100)
	TLF_CLI	varchar(15)
	RUC_CLI	char(11)
	IDE_DIS	int
	FEC_REG	date
	CON_CLI	varchar(50)

```
DECLARE @N INT=5
DECLARE MICURSOR CURSOR SCROLL
     FOR SELECT * FROM CLIENTE
OPEN MICURSOR
FETCH FIRST FROM MICURSOR
FETCH ABSOLUTE @N FROM MICURSOR
FETCH LAST FROM MICURSOR
CLOSE MICURSOR
DEALLOCATE MICURSOR
GO
```

Results | Messages

	IDE_CLI	RSO_CLI	DIR_CLI	TLF_CLI	RUC_CLI	IDE_DIS	FEC_REG	CON_CLI
1	1	FINSETH SAC	AV. LOS VINEDOS 150	4342318	48632081	5	2021-02-21	ALICIA BARRETO ROLDAN

	IDE_CLI	RSO_CLI	DIR_CLI	TLF_CLI	RUC_CLI	IDE_DIS	FEC_REG	CON_CLI
1	5	MASS SAC	AV. TOMÁS MARSANO 880	4446177	83175942	14	2021-04-20	KATIA ARMEJO MIRANDA

	IDE_CLI	RSO_CLI	DIR_CLI	TLF_CLI	RUC_CLI	IDE_DIS	FEC_REG	CON_CLI
1	158	AGROFERWIL S.R.L.	JR JIRÓN SIN ZONA 775 A MEDIA CDRA DE UGEL	911905358	15505210287	36	2024-04-01	MONTENEGRO QUISPE JULIO CESAR

Capítulo 9

Triggers

9.1 Triggers

Un *trigger* o disparador, en una base de datos, es un procedimiento que se ejecuta cuando se cumple una determinada condición al realizar una operación. Dependiendo de la base de datos, los *triggers* pueden ser de inserción (INSERT), actualización (UPDATE) o borrado (DELETE). Algunas bases de datos pueden ejecutar *triggers* al crear, borrar o editar usuarios, tablas, bases de datos u otros objetos.

Usos:

- Permiten registrar, auditar y monitorear los procesos de cambio de valores a las tablas de la base de datos activa.
- Pueden validar los valores aprobando o negando acciones realizadas por las sentencias de tipo DML.
- Pueden preservar la consistencia y claridad de los valores ejecutando acciones relacionadas con los objetos de tipo tabla de la base de datos activa.

Ventajas:

- Ofrecen chequeos de seguridad de los valores con respecto a los objetos y tablas de una base de datos.
- Fuerzan restricciones dinámicas de integridad de datos y de integridad referencial.
- Aseguran que las operaciones relacionadas se realicen juntas en forma implícita.
- Ofrecen un mayor control sobre los objetos de una base de datos.

Desventajas:

- Se debe programar con anticipación lo que deben realizar.
- Al ser un procedimiento, no se puede invocar directamente.
- Siempre serán creados para un conjunto de registros y no para uno solo, ya que dispara por operación DML.
- No son aplicables en tablas temporales.

9.2 Tipos de triggers

a. **Triggers DML:** se aplican a sentencias que controlan los registros de una tabla de datos.

b. **Triggers DDL:** se aplican a objetos contenidos del objeto de una base de datos.

Formato para triggers DML

```
CREATE TRIGGER <NOMBRE_TRIGGER>
ON <TABLE>
    FOR | AFTER | INSTEAD OF
    [ INSERT ] [ , ] [ UPDATE ] [ , ] [ DELETE ]
AS
    SENTENCIA_SQL
```

Formato para triggers DDL

```
CREATE TRIGGER NOMBRE_TRIGGER>
ON [ ALL SERVER | DATABASE ]
FOR | AFTER
AS
    SENTENCIA SQL
```

Donde:

a. **TABLE / VIEW:** es la tabla o vista en que se ejecuta el desencadenador DML; algunas veces se denomina tabla del desencadenador o vista del desencadenador. Es opcional especificar el nombre completo de la tabla o vista. Solo se puede hacer referencia a una vista mediante un desencadenador INSTEAD OF.

b. **DATABASE:** aplica el ámbito de un desencadenador DDL a la base de datos actual. Si se especifica, el desencadenador se activa cada vez que event_type o event_group tienen lugar en la base de datos actual.

c. **FOR | AFTER:** especifica que el desencadenador DML solo se activa cuando todas las operaciones especificadas en la instrucción SQL desencadenadora se han ejecutado correctamente. Además, todas las acciones referenciales en cascada y las comprobaciones de restricciones deben ser correctas para que este desencadenador se ejecute. AFTER es el valor predeterminado cuando solo se especifica la palabra clave FOR. Los desencadenadores AFTER no se pueden definir en las vistas.

d. **INSTEAD OF:** especifica que se ejecuta el desencadenador DML en vez de la instrucción SQL desencadenadora, por lo que se suplantan las acciones de las instrucciones desencadenadoras. INSTEAD OF no se puede especificar para los desencadenadores DDL.

Como máximo, se puede definir un desencadenador INSTEAD OF por cada instrucción INSERT, UPDATE o DELETE en cada tabla o vista. No obstante, es posible definir otras vistas que tengan su propio desencadenador INSTEAD OF.

9.3 Opciones del trigger

```
Mostrar todos los triggers de la base de datos
SELECT * FROM SYS.TRIGGERS
GO


Eliminar un trigger
DROP TRIGGER <NOMBRE TRIGGER>
GO


Inhabilitar un trigger: La inhabilitación indica que la tabla podrá ejecutar sus
sentencias DML sin mayor control del trigger inhabilitado.
DISABLE TRIGGER <NOMBRE CURSOR>
 ON <TABLA>
GO


Habilitar un trigger
ENABLE TRIGGER <NOMBRE CURSOR>
 ON <TABLA>
GO


Inhabilitar todos los trigger
ALTER TABLE PASAJERO
DISABLE TRIGGER ALL
```

Veamos algunos casos del uso de *trigger* para DML.

1. Implemente un *trigger* que permita mostrar un mensaje cada vez que se inserte o actualice un registro en la tabla CLIENTE.

CLIENTE	
Column Name	Condensed Type
IDE_CLI	int
RSO_CLI	varchar(100)
DIR_CLI	varchar(100)
TLF_CLI	varchar(15)
RUC_CLI	char(11)
IDE_DIS	int
FEC_REG	date
CON_CLI	varchar(50)

```
--Creando el Trigger
CREATE TRIGGER TX_MENSAJE_CLIENTE
ON CLIENTE
FOR INSERT, UPDATE
AS
PRINT 'MENSAJE DISPARADO POR LA INSERCIÓN O
                ACTUALIZACIÓN DE LA TABLA CLIENTE'
GO


--Probar el Trigger con inserción
INSERT INTO CLIENTE
    VALUES('22','HINOJOSA','AV. LIMA 131',
            '5214521','42412155','1','08/01/2023','1',
            'JOSE RUPPER')
GO
--Probar el trigger con actualización
UPDATE CLIENTE
    SET FEC_REG='10/12/2023'
    WHERE COD_CLI='22'
GO
```

```
MENSAJE DISPARADO POR LA INSERCIÓN O
            ACTUALIZACIÓN DE LA TABLA CLIENTE

(1 row(s) affected)
```

2. Implemente un *trigger* que permita crear un histórico de los registros realizados a la tabla FACTURA, en la cual por cada registro realizado por un cliente se deberá enviar el código del cliente y el conteo total de facturas realizadas por ese cliente a una nueva llamada FACTURASXCLIENTE.

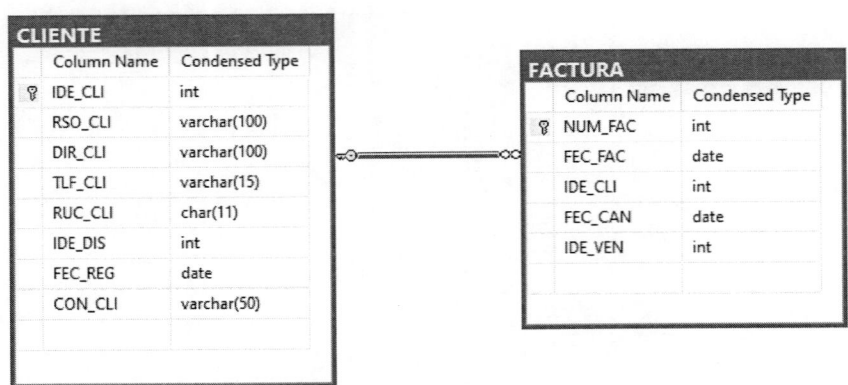

```
--Creando la tabla
CREATE TABLE FACTURASXCLIENTE(
    CLIENTE       VARCHAR(30) NOT NULL,
    TOTAL         INT
)
GO


--Creando el Trigger
CREATE TRIGGER TX_FACTURASxCLIENTE
ON FACTURA
AFTER INSERT
AS
    DECLARE @TOTAL INT,@CLI VARCHAR(30)
    SELECT @TOTAL=COUNT(*)
          FROM INSERTED,FACTURA
          WHERE FACTURA.IDE_CLI=INSERTED.IDE_CLI

    SELECT @CLI=INSERTED.IDE_CLI FROM INSERTED

    IF EXISTS(SELECT * FROM FACTURASxCLIENTE WHERE CLIENTE=@CLI)
          UPDATE FACTURASXCLIENTE
                SET TOTAL=@TOTAL
                WHERE CLIENTE=@CLI
          ELSE
                INSERT INTO FACTURASXCLIENTE VALUES(@CLI,@TOTAL)
GO


--PROBAR
INSERT INTO FACTURA VALUES('21','06-02-2023','13','10-03-2023','2')
GO
```

```
(1 row(s) affected)

(1 row(s) affected)
```

```
--COMPROBANDO LAS TABLAS
SELECT * FROM FACTURA
GO


SELECT * FROM FACTURASXCLIENTE
GO
```

3. Implemente un *trigger* que permita controlar los registros de la tabla DISTRITO. Si el nombre de ese distrito fue registrado, entonces deberá mostrar con qué código fue registrado; en caso contrario, se debe emitir un mensaje de DISTRITO REGISTRADO CORRECTAMENTE.

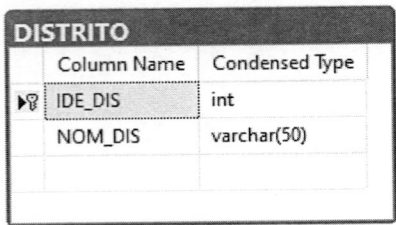

```
CREATE TRIGGER TX_VALIDA_DISTRITO
ON DISTRITO
FOR INSERT
AS
 IF (SELECT COUNT(*) FROM INSERTED,DISTRITO
                     WHERE INSERTED.NOM_DIS=DISTRITO.NOM_DIS)>1
     BEGIN
       DECLARE @DISTRITO VARCHAR(30),@COD INT
       SELECT @DISTRITO=NOM_DIS FROM INSERTED

       ROLLBACK

       SELECT @COD=IDE_DIS FROM DISTRITO
                 WHERE DISTRITO.NOM_DIS=@DISTRITO

       PRINT 'NOMBRE DE DISTRITO YA REGISTRADO EN LA TABLA'
       PRINT ''
       PRINT 'EL DISTRITO '+@DISTRITO+
             ' SE ENCUENTRA REGISTRADO CON EL CODIGO: '+CAST(@IDE AS CHAR(10))

     END
     ELSE
       PRINT 'DISTRITO REGISTRADO CORRECTAMENTE'
GO

--PRUEBA
INSERT INTO DISTRITO VALUES('D38','SANTA MARIA')
GO
```

4. Implemente un *trigger* que permita controlar la eliminación de un registro de la tabla CLIENTE. Si ese cliente tiene facturas registradas, no se debe permitir su eliminación y se debe mostrar un mensaje. En caso contrario mostrar el mensaje de eliminación correcto.

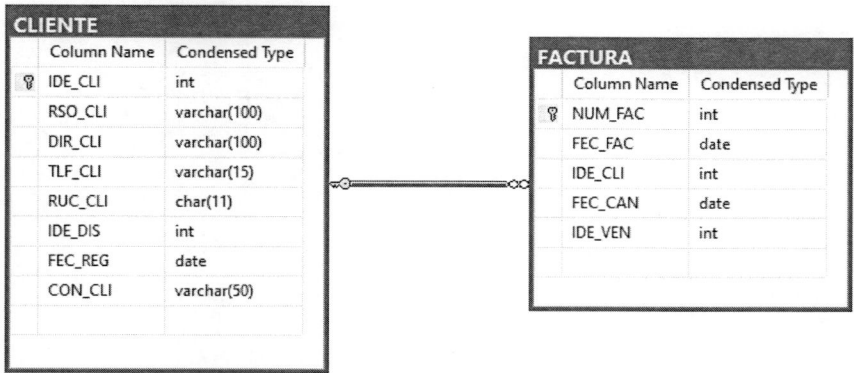

```
CREATE TRIGGER TX_ELIMINACLIENTE
ON CLIENTE
INSTEAD OF DELETE
AS
    IF EXISTS(SELECT * FROM FACTURA
                 WHERE FACTURA.IDE_CLI=(SELECT DELETED.IDE_CLI
                                           FROM DELETED))
    BEGIN
     ROLLBACK TRANSACTION
     PRINT 'EL CLIENTE TIENE FACTURAS REGISTRADAS, NO PUEDE ELIMINARSE'
    END
    ELSE
     PRINT 'CLIENTE ELIMINADO CORRECTAMENTE'
GO

--PRUEBA
DELETE CLIENTE WHERE IDE_CLI='1'

        EL CLIENTE TIENE FACTURAS REGISTRADAS, NO PUEDE ELIMINARSE
        Msg 3609, Level 16, State 1, Line 1
        The transaction ended in the trigger.
        The batch has been aborted.
```

5. Implemente un *trigger* que permita controlar el registro de un detalle de factura en el cual se evalúe la cantidad registrada para que no se registre un valor inferior a cero en la columna correspondiente a la cantidad de venta.

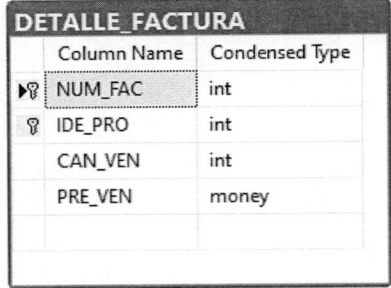

DETALLE_FACTURA	
Column Name	Condensed Type
NUM_FAC	int
IDE_PRO	int
CAN_VEN	int
PRE_VEN	money

```
CREATE TRIGGER TX_VALIDADETALLE
ON DETALLE_FACTURA
FOR INSERT
AS
     IF (SELECT CAN_VEN FROM INSERTED)<=0
     BEGIN
          ROLLBACK TRANSACTION
          PRINT 'NO PUEDE REGISTRAR CANTIDADES
                     INFERIORES A CERO'
     END
     ELSE
          PRINT 'CANTIDAD REGISTRADA CORRECTAMENTE'
GO

--PRUEBA:
INSERT INTO DETALLE_FACTURA VALUES('20','13',-5,15)
GO
```

```
NO PUEDE REGISTRAR CANTIDADES
INFERIORES A CERO
Msg 3609, Level 16, State 1, Line 1
The transaction ended in the trigger. The batch has been aborted.
```

6. Implemente un *trigger* que permita crear una réplica de los registros insertados en la tabla PROVEEDOR. Para ese proceso se debe implementar una nueva tabla llamada PROVEEDOR_BAK, con las mismas columnas que la tabla PROVEEDOR.

PROVEEDOR	
Column Name	Condensed Type
IDE_PRV	int
RAZ_SOC_PRV	varchar(80)
DIR_PRV	varchar(100)
TEL_PRV	varchar(15)
IDE_DIS	int
REP_VEN	varchar(80)

```sql
--Validando la existencia de la tabla
IF OBJECT_ID('PROVEEDOR_BAK') IS NOT NULL
BEGIN
     DROP TABLE PROVEEDOR_BAK
END
GO


--Creando la tabla proveedor copia
CREATE TABLE PROVEEDOR_BAK(
     IDE_PRV INT         NOT NULL,
     RSO_PRV VARCHAR(80) NOT NULL,
     DIR_PRV VARCHAR(100)NOT NULL,
     TEL_PRV CHAR(15)    NULL,
     IDE_DIS INT         NOT NULL,
     REP_VEN VARCHAR(80) NOT NULL
)
GO


--Creando el trigger
CREATE TRIGGER TX_REPLICAPROVEEDOR
ON PROVEEDOR
AFTER INSERT
AS
BEGIN
     INSERT PROVEEDOR_BAK
           SELECT * FROM INSERTED
END
GO


--PRUEBA
INSERT INTO PROVEEDOR
     VALUES('21','BARI','AV. ARNALDO MARQUEZ 1219',
             NULL,'2','VANESA QUINTANA')
GO


--COMPROBAR LOS LISTADOS
SELECT * FROM PROVEEDOR
GO
SELECT * FROM PROVEEDOR_BAK
GO
```

Veamos algunos casos del uso de *trigger* para DDL.

1. Implemente un *trigger* que permita bloquear la aplicación de las instrucciones ALTER y DROP TABLE en la base de datos BD_VENTAS.

```
USE BD_VENTAS
GO


--Validar la existencia del Trigger
IF EXISTS (SELECT * FROM SYS.TRIGGERS
                WHERE PARENT_CLASS = 0 AND
                NAME = 'POLITICA')
     DROP TRIGGER POLITICA ON DATABASE
GO


--Creando el Trigger
CREATE TRIGGER POLITICA
ON DATABASE
FOR DROP_TABLE, ALTER_TABLE
AS
    ROLLBACK TRANSACTION
     PRINT 'SI DESEA ELIMINAR O ALTERAR SUS TABLAS'
     PRINT 'PRIMERO DEBE INHABILITAR EL TRIGGER POLITICA'
GO


--PRUEBA
DROP TABLE DETALLE_FACTURA
GO
```

```
SI DESEA ELIMINAR O ALTERAR SUS TABLAS
PRIMERO DEBE INHABILITAR EL TRIGGER POLITICA
Msg 3609, Level 16, State 2, Line 1
The transaction ended in the trigger. The batch has been aborted.
```

Marcombo es una editorial especializada en libros técnicos y científicos que cuenta con más de 75 años de experiencia.

Los títulos de Marcombo están escritos por grandes especialistas y tratan materias sobre tecnología, empresa, instalaciones y otros temas relacionados con las ciencias e ingenierías. Asimismo, Marcombo publica libros sobre formación profesional, certificados de profesionalidad y universitarios; materias de siempre y actuales que avalan una rigurosa y dilatada trayectoria editorial.

Marcombo está a su disposición para ofrecerle las mejores obras técnicas, científicas y de formación de ayer, hoy y siempre. Los autores, nacionales e internacionales, comparten su amplia experiencia mostrando tutoriales de contenidos paso a paso, expertos consejos e ideas motivadoras que reforzarán sus conocimientos. Estos libros son una valiosa herramienta con la que potenciará notablemente sus habilidades y conocimientos técnicos.

Queremos agradecer su confianza en los libros de Marcombo. Por eso, queremos compartir con usted diversos regalos digitales de algunos de los temas de referencia. Puede acceder a ellos dentro del apartado Contenido gratuito en **www.marcombo.com**